routes de la soie

SUR LES TRACES
DU
BOUDDHA

Ouvrage publié avec le concours du
Centre national des Lettres

Paru dans la même collection :

Georges Le Fèvre
LA CROISIÈRE JAUNE

ISBN : 2 901795-44-7
ISSN : 1158-5595

SUR LES TRACES DU BOUDDHA

par René GROUSSET
de l'Académie française

Préface d'André Bareau
Professeur au Collège de France

L'Asiathèque

PRÉFACE

par André BAREAU
professeur au Collège de France

C'est une excellente idée de rééditer cet ouvrage qui a tant fait rêver ses lecteurs il y a plus d'un demi-siècle, et qui a contribué à éveiller ou à confirmer la vocation de nombreux orientalistes, la mienne entre autres.

René Grousset était l'un des plus célèbres savants français de cette époque pour tout ce qui touchait à l'histoire et aux civilisations, si diverses et si complexes, de l'immense continent asiatique. Pour en donner une idée, il suffit de citer quelques uns de ses ouvrages : *Les Civilisations de l'Orient, Histoire générale de l'Asie orientale, l'Empire des steppes, l'Epopée des croisades, l'Inde, les Philosophies indiennes*. Chacun d'eux s'appuyait sur une étonnante érudition qui faisait l'admiration des spécialistes, indianistes, sinologues, arabisants et autres. L'extraordinaire abondance des détails et leur précision s'alliaient harmonieusement avec des considérations nées d'une profonde réflexion, prouvant la maîtrise, au sens le plus fort du mot, du sujet traité dans chacun de ces gros volumes. C'est pourquoi leur lecture demeure si utile après tant d'années, malgré les progrès considérables accomplis par les études orientales pendant tout ce temps.

René Grousset était de ces savants qui sont capables de rédiger d'excellentes synthèses couvrant un vaste champ, et de mettre ainsi à la portée du public cultivé les connaissances qu'ils ont acquises au prix d'un long travail de recherches et de méditation. Une telle tâche, beaucoup plus lourde et difficile que ne le laissent deviner l'aisance et la clarté du style, exige des qualités particulières. Il faut d'abord une excellente connaissance du sujet choisi, des problèmes et méthodes qui le concernent, ainsi qu'une rigoureuse probité intellectuelle. Une autre qualité indispensable est le talent de l'écrivain, qui lui permet de transmettre ses connaissances, en rendant aussi simple qu'il est possible, sans pourtant trahir la vérité, ce qui pourrait sembler compliqué ou abstrus au lecteur, et de bien dégager la structure de ce savoir, ses idées générales et leur organisation rationnelle pour en livrer un plan bien net. René Grousset possédait ces deux qualités à un degré éminent et rare, ce qui explique le très vif plaisir intellectuel que l'on retirait de la lecture de ses oeuvres et qui justifie pleinement l'accueil que lui fit l'Académie francaise en le recevant en son sein.

C'est tout particulièrement le cas pour le livre où il nous invitait à le suivre *Sur les traces du Bouddha*. Pour cela, il avait choisi très judicieusement les principaux éléments de son ouvrage et notamment l'époque où se situaient les faits. Il s'agit assurément de l'une des plus brillantes car, en ce VIIe siècle de notre ère, l'Inde et la Chine connurent en même temps, fait assez rare, le plus vif éclat de leurs cultures spirituelles, intellectuelles et artistiques. C'est en effet l'époque où le règne de Harsha Sîlâditya succéda à celui des Gupta en Inde du Nord et où les premiers empereurs T'ang réunifièrent la Chine d'une main vigoureuse.

Le bouddhisme offrait un lien excellent entre les deux pays. Cette grande religion atteignit alors son plein développement en Chine, ce qui contribua à accroître le nombre et la qualité des moines qui allèrent, au péril de leur vie, « chercher la Doctrine » dans l'Inde où elle était née et où elle était encore florissante. René Grousset décida donc de raconter les voyages des deux plus célèbres pèlerins qui visitèrent longuement l'Inde, le premier dans le deuxième quart du VIIe siècle, le second dans le dernier. Rentrés en Chine, tous les deux racontèrent en détail tout ce qu'ils avaient vu, puis consacrèrent la plus grande partie de leur temps à traduire en chinois les nombreux textes bouddhiques sanscrits qu'ils avaient rapportés.

Il existe entre eux de notables différences, de telle sorte qu'ils se complètent dans une certaine mesure. En premier lieu, Hiuan-tsang est surtout intéressé par la doctrine bouddhique, et plus particulièrement par les enseignements des diverses écoles du Mahâyâna, tandis que Yi-tsing est un spécialiste de la discipline monastique dont la référence est pour lui celle de la secte tardive des Mûlasarvâstivâdin, dont il traduira l'énorme recueil de règles. Esprit ouvert, le premier note avec soin tout ce qui s'offre à son sens aigu de l'observation et y applique son intelligence subtile, alors que le second limite généralement son attention au mode de vie des ascètes bouddhistes, en commente et critique les moindres détails qui ont à ses yeux une valeur rituelle. Le premier a traversé lentement l'Asie Centrale pour aller en Inde et en revenir, tandis que le second a fait les deux voyages par la voie maritime, en s'arrêtant très longuement en cours de route, surtout en Indonésie. Enfin, le premier a parcouru et décrit presque tout le sous-continent indien, alors que le second n'a guère visité qu'une faible partie du bassin du Gange, passant le plus long de son séjour en Inde à Nâlandâ. On comprend donc que René Grousset n'ait réservé à Yi-tsing qu'une part modeste de son livre.

En revanche, il suit pas à pas Hiuan-tsang. Ce dernier fut sans conteste l'un des plus grands maîtres chinois du bouddhisme, et il méritait bien d'être révélé au public occidental. Sa célébrité est fondée sur plusieurs aspects de sa personnalité hors du commun. A une parfaite connaissance du sanscrit, qu'il avait acquise durant son très long séjour en Inde, il joignait une immense somme de savoir touchant tout le bouddhisme et une profonde intelligence de celui-ci. Il fut du reste le meilleur et le plus fécond des traducteurs en chinois de la littérature sanscrite.

C'est cependant pour une autre raison que Hiuan-tsang conquit une immense et durable célébrité. Beaucoup d'autres moines chinois étaient allés, bien avant lui, chercher en Inde le savoir, les manuscrits et les objets de culte dont ils avaient senti le besoin assez fort pour entreprendre un voyage si long et si dangereux. Plusieurs d'entre eux, comme Fa-hien au début du Ve siècle et Song-yun une centaine d'années plus tard, avaient décrit en détail ce qu'ils avaient vu ; ils avaient transmis les légendes et raconté leur pèlerinage. Aucun d'eux n'atteignit pourtant à la gloire de Hiuan-tsang, dont le récit de voyage inspira plus de huit siècles après sa mort l'un des plus célèbres romans de la littérature chinoise, la fameuse *Relation du voyage en Occident* qu'une imagination débridée peuple de personnages fantastiques et emplit d'aventures toutes plus extraordinaires les unes que les autres.

Le roman contraste totalement avec le récit que Hiuan-tsang fit de son long pèlerinage et qui, recueilli par ses disciples, nous a été conservé dans deux ouvrages distincts. Les hautes qualités du maître se reflètent dans les deux versions ; en particulier le grand souci de véracité et de précision, qui fait de Hiuan-tsang le meilleur témoin de l'Inde de son temps dans son ensemble et non pas seulement du bouddhisme tel qu'on l'y pratiquait. Cela vaut aussi pour tous les pays que le pieux voyageur traversa à l'aller et au retour, c'est à dire essentiellement les diverses régions d'Asie centrale. On peut ainsi comparer Hiuan-tsang à Pausanias et aussi à nos modernes « reporters », dont certains pourraient prendre chez lui d'utiles leçons. La description détaillée des contrées qu'il a parcourues, des villes où il s'est arrêté, des monuments qu'il a visités, des traditions et légendes qu'il a observées ou entendues, des populations qui vivaient en ces lieux, de leurs modes d'existences, de leurs productions agricoles, de leurs mœurs et coutumes, des cérémonies auxquelles il a participé ou assisté, des incidents parfois dramatiques du voyage et de bien d'autres choses encore, rend son récit extraordinairement vivant et passionnant. C'est ce que le livre de René Grousset met magistralement en lumière.

Ajoutons enfin que la précision topographique avec laquelle Hiuan-tsang situe les monuments bouddhiques est d'un inestimable secours pour les archéologues et les historiens du bouddhisme, ce dont je puis témoigner par expérience. La lecture de *Sur les traces du Bouddha,* il y a un demi-siècle, avait fait longuement rêver l'étudiant que j'étais. Ce rêve ne m'avait jamais quitté jusqu'à ce qu'il pût enfin se réaliser, bien des années plus tard. Je suis alors parti à mon tour « sur les traces du Bouddha », ayant en poche le texte chinois de Hiuan-tsang. Cela m'a conduit en de nombreux endroits, très différents les uns des autres, le plus souvent en des coins perdus de la campagne indienne, si belle et si variée, pour essayer de retrouver les vestiges, ou du moins l'emplacement des monuments décrits par le voyageur, et tenter d'y résoudre quelques uns des multiples problèmes posés par l'archéologie bouddhique. Quelle joie de mettre ainsi mes pas dans les traces invisibles des pieds du Bienheureux, de prendre conscience que celui-ci, puis son savant disciple chinois, avaient séjourné à ces endroits précis !

Qui a dit que le bonheur est un rêve de jeunesse réalisé dans l'âge mûr ? Pour en avoir fait la merveilleuse expérience en de telles circonstances, je garde une profonde reconnaissance à René Grousset et je souhaite que ce livre, réédité en cette fin de notre siècle, incite certains de ses jeunes lecteurs à faire, eux aussi, le pèlerinage auquel il les invite avec tant de talent.

André BAREAU, Paris, mars 1991

à Susumu Yamaguchi

Professeur à l'Université Ôtani

de Kyôto

AVANT-PROPOS

La théorie des grands siècles n'est pas une simple fiction littéraire. Les quelque mille années du classicisme gréco-romain, sans compter ses « renaissances » ultérieures, tiennent sans doute dans les cent cinquante ans qui séparent la première guerre médique de la bataille de Chéronée. Pendant ce bref espace de temps toutes les virtualités du génie grec se trouvèrent réalisées ; toute la longue suite de la civilisation hellénistique et de la civilisation romaine devait vivre sur cette courte période d'activité créatrice. De même le meilleur du terroir et de l'esprit français n'est-il pas concentré dans notre grand XIIIe ? Peut-être qu'en effet la vieille tradition indienne des *kalpa* correspond à la nature secrète des choses. Périodiquement l'humanité, à travers des tâtonnements infinis, se crée, réalise ses raisons d'être en une courte et singulière réussite pour se défaire ensuite et se perdre à nouveau dans une trop lente dissolution.

Il semble bien que le monde bouddhique ait, à son heure, connu l'une de ces périodes privilégiées. C'était au haut Moyen Age, vers notre VIIe siècle. Un crépuscule de civilisation assombrissait notre Occident, encore insoupçonneux de sa prochaine aurore romane, et même notre Byzance où les Grands *basileis* « macédoniens » n'avaient pas encore surgi. Mais là-bas, à l'Extrême Asie, l'Inde et la Chine vivaient d'une intense vie politique, intellectuelle, religieuse et artistique. Le bouddhisme, en les mettant en contact, avait créé, de Ceylan aux dernières îles de l'archipel japonais, un vaste courant d'humanisme. La dessiccation musulmane, l'appauvrissement néo-confucéen et la régression hindouiste, malheureusement tout proches, ne s'étaient pas encore fait sentir. — Après mille ans de méditations la mystique bouddhique avait atteint à des états d'âme insoupçonnés et l'esthétique indienne s'en était trouvée renouvelée. Dans une Chine réceptrice et novatrice la force chinoise à son apogée se laissait pénétrer par cette douceur. L'esprit humain vivait là-bas une heure privilégiée, digne d'Athènes et d'Alexandrie. C'était le temps de l'épopée chinoise en Asie centrale et des grands pèlerinages vers la terre sainte du Gange, le temps de l'idéalisme mahâyâniste et de la plastique gupta.

Cette époque de haute culture, je voudrais essayer de la faire revivre aujourd'hui. Je voudrais esquisser le portrait de quelques-uns des personnages de ce temps, depuis les fondateurs de l'impérialisme chinois et de la dynastie T'ang jusqu'à leurs contemporains, Hiuan-tsang et Yi-tsing, les pieux pèlerins dont les voyages à travers le Gobi et les Pamirs ou le long des mers du Sud égalent en intérêt ceux de nos plus audacieux explorateurs, — jusqu'aux penseurs et aux sages dont la spéculation atteignit, dans le domaine métaphysique, des horizons plus vastes encore. Et, pour décor, à travers les Himâlayas et les Malaisies, tout l'art bouddhique en sa fleur, depuis les statues « romanes » de la dynastie Wei, à Yun-kang, jusqu'aux apparitions surnaturelles d'Ajantâ, de Hôryûji et de Bôrôbudur.

Ai-je besoin d'ajouter que je n'entends apporter ici aucune tendance dogmatique ? — Si je suis amené à exposer les théories philosophiques ou religieuses du bouddhisme, ce sera donc sans aucun parti pris dans un sens ou dans l'autre. Sans parti pris mais en toute sincérité de cœur. Car, quelles que soient nos opinions particulières, comment refuser notre adhésion humaine à cet immense effort de bonté et de beauté ? Sans rien renier de nos convictions personnelles, mais en toute piété, en toute ferveur.

N. B. — Conformément aux conventions habituelles, on a indiqué en italiques les lettres sanscrites qui n'ont pas d'équivalent exact dans les alphabets occidentaux.

Pour la chronologie des voyages de Hiuan-tsang dans l'Inde, je me suis rallié au système de Vincent Smith (Watters, II, 335), qui, malgré sa large part d'hypothèses, reste, à mon sens, le plus plausible.

CHAPITRE PREMIER

DANS LA CHINE DES ÉPOPÉES

Rarement la matière humaine fut aussi puissamment brassée que dans l'Extrême-Orient du haut Moyen Age, après la chute de l'ancien empire national des Han, équivalent chinois de notre empire romain. Pendant deux siècles, le IVe et le Ve, les hordes turco-mongoles, plus ou moins apparentées à nos Huns d'Europe, se succédèrent dans les provinces de la Chine du Nord. Spectacle en somme analogue à celui de notre Occident au Ve et au VIe siècle. Et mœurs assez semblables, les Fils du Ciel tartares joignant aux vices des vieilles civilisations décadentes leur bestialité de primitifs. M. Charles Vignier ne nous signalait-il pas les traces de cette régression jusque dans la barbarie, d'ailleurs somptueuse, des bronzes contemporains ?

Au début du Ve siècle, enfin, une de ces dynasties tartares, plus politique que les autres, celle des Turcs T'o-pa, qui se font appeler Rois de Wei, élimine les hordes congénères, adopte la culture chinoise et règne pendant près de cent cinquante ans, glorieuse, forte et, somme toute, relativement pacifique, sur la Chine du Nord.

Or, en l'an 453 de notre ère, le souverain de ces Sino-Tartares de Wei, T'o-pa Siun, se convertit au bouddhisme.

Le bouddhisme, hâtons-nous de le rappeler, n'était pas un nouveau venu en Chine puisqu'il y avait près de quatre siècles déjà qu'on l'y prêchait. Il y avait connu des fortunes diverses, longtemps tenu pour quantité négligeable par les empereurs nationaux de l'Antiquité, adopté ensuite par plusieurs envahisseurs barbares de la Chine du Nord, bénéficiant de leur puissance éphémère, mais aussi se heurtant, de ce fait, à l'opposition du conservatisme lettré. La conversion des rois T'o-pa de Wei était un événement d'une tout autre importance. Bien que barbares aussi d'origine, ces princes étaient assez assimilés pour être considérés par les Chinois du Nord comme des souverains indigènes. Avec eux le bouddhisme reçut vraiment ses lettres de naturalisation. Et comme les empereurs sudistes de Nankin suivaient le même courant religieux que leurs rivaux des provinces septentrionales, le bouddhisme, dans toute la Chine, devint, presque du jour au lendemain, religion d'Etat.

Son triomphe, nous le verrons, devait laisser, dans le domaine de l'art, des témoins immortels : les cryptes de Yun-kang et de Long-men, avec leurs reliefs sculptés et leur statuaire, d'un élan, d'une ferveur, d'une sincérité qui évoquent déjà l'art de nos cathédrales. Cette puissante renaissance, si analogue à notre renaissance romane du XIe siècle, s'amplifia encore lorsqu'une brillante dynastie nationale, celle des Souei, eut unifié les deux Chines et rétabli le grand empire de jadis. Durant les courtes années de sa domination (589-617), les ateliers de sculpture sino-bouddhiques multiplièrent leur production, et il n'est que de feuilleter les albums de M. Oswald Sirén pour constater quelle accumulation de chefs-d'œuvre tient en ce bref espace de temps. Puis, de nouveau, par suite des folies du second empereur Souei, Yang-ti, le Xerxès ou le Sardanapale chinois, l'effondrement brusque, la révolte des prétoriens et des commandants de légions, la guerre de province à province, de condotte à condotte. Nous connaissons bien aujourd'hui le rythme de ces guerres civiles chinoises et leur cortège de misère, auquel il fallait alors ajouter, conséquence inévitable, la réapparition, à la lisière du Gobi, sur toutes les passes de la Grande Muraille, des Barbares.

Les poètes T'ang, comme Yang K'iong, nous diront leur désespoir devant ce retour des grandes convulsions millénaires, après l'éphémère unité des Souei :

« Les feux de guerre ont illuminé Tch'ang-ngan. Il n'est personne aujourd'hui dont le fond du cœur soit tranquille. Des cavaliers bardés de fer entourent la capitale impériale. La neige, de ses flocons, alourdit les étendards glacés. La voix furieuse du vent se mêle au bruit des tambours. Voici donc revenu le temps où le chef de cent soldats est tenu en plus haute estime qu'un lettré de science et de talent ! »

Un autre poète contemporain, Wei Tcheng († 643), abandonnait son écritoire pour s'enrôler dans une des armées combattantes :

« Puisqu'on se dispute encore l'Empire, je jette mes pinceaux pour ne plus songer qu'aux chars de guerre. Si bien des plans sont déçus, si bien des espérances sont trompées, mon énergie du moins reste debout. Un bâton pour gravir, un fouet pour galoper, je me mets en route et, stimulant mon cheval, je vais m'offrir au Fils du Ciel. Je veux qu'il me donne une corde pour garrotter le chef des rebelles, je veux que mes armes victorieuses brisent l'audace de nos ennemis. Par des chemins sinueux, je gravis les sommets et je redescends vers les plaines. Sur de vieux arbres rabougris chante l'oiseau glacé des frimas. Dans la montagne déserte, j'entends la nuit le cri des singes. Après l'émoi des précipices sans fond, voici les chemins sans limite. D'autres courages faibliraient à cette épreuve, mais non l'homme de guerre qui porte en son cœur une âpre volonté. »

Le chef qu'allait rejoindre Wei Tcheng était le jeune général Li Che-min, le futur empereur T'ai-tsong le Grand. Ce fut alors en effet qu'apparut le guerrier de génie, qui, de ses puissantes mains, allait restaurer l'empire et imposer pour trois siècles un cours nouveau à l'histoire et à la civilisation chinoises.

Le père de Li Che-min, le comte de T'ang, Li Yuan, gouverneur d'une circonscription militaire au Chan-si, était un gentilhomme de bonne race, un général estimé, un fonctionnaire honnête autant que pouvait l'être un personnage de son importance, un esprit timoré, craignant toujours de se compromettre et conservant assez de loyalisme pour ne rompre son serment qu'à la dernière extrémité. Du reste tout plein de sagesse confucéenne et de doctes maximes. Li Che-min aussi, malgré sa jeunesse (il était né en 597 et avait donc un peu plus de vingt ans), avait été nourri de réminiscences historiques et de belles sentences. Mais l'habitude de la vie des camps — car le fief de son père était une sorte de Marche, en alerte perpétuelle devant les razzias turques — l'habitude, aussi, de la vie de cour — cette cour des Souei, la plus magnifique, la plus corrompue et la plus fantasque qu'on ait vue en Extrême-Orient — avaient appris au jeune homme à se servir de la sagesse confucéenne plutôt qu'à se laisser asservir par elle. Quoi qu'il fasse par la suite — et nous verrons sur sa conduite de singulières ombres — il saura toujours avoir la morale de son côté. Avec cela un élan extraordinaire, une sûreté presque infaillible de décision, la ruse et la bravoure, l'audace et le bon sens s'équilibrant parfaitement en lui, et, de ce fait, l'idéal de l'homme complet pour un Chinois de son temps.

Cependant l'empire était en pleine anarchie militaire. L'empereur Souei, Yang-ti, retiré à Yang-tcheou, à l'abri de l'estuaire du Fleuve

Bleu, y menait une vie d'abdication et de débauches, tandis que ses généraux se disputaient les provinces. Le jeune Li Che-min, assuré d'une solide clientèle militaire dans ses domaines du Chan-si, fort de relations d'amitié personnelle avec plusieurs khans turcs, ayant en outre noué de précieuses intrigues avec divers fonctionnaires du palais, rongeait son frein devant le loyalisme anachronique de son père. Pour forcer la main à ce dernier, il eut recours à un procédé bien chinois. Il avait, nous avoue *l'Histoire des T'ang,* lié partie avec un eunuque du harem impérial. A l'instigation de Li Che-min, l'eunuque offrit à Li Yuan une fille destinée au souverain. La jeune recluse devait être jolie car, sans réfléchir, le digne Li Yuan accepta le dangereux cadeau. Après quoi Li Che-min fit remarquer à son père que leur famille venait de se mettre au ban de l'Empire, l'enlèvement d'une fille du Palais étant, en droit, puni de mort. Li Yuan en fut atterré, mais qu'y faire ? Il était trop tard pour reculer. Il convoqua ses fidèles et mobilisa les troupes de son gouvernement à Tai-yuan, sa résidence, capitale de l'actuel Chan-si, — non sans calmer ses propres scrupules en annonçant qu'il ne prenait les armes que par loyalisme, pour délivrer l'empereur des autres prétendants.

C'était tout ce que demandait Li Che-min. Son armée était prête. Comme il avait su se ménager des complicités jusque dans le harem impérial, il s'était, par sa rondeur militaire, concilié la sympathie des Turcs, et ces dangereux voisins avaient mis à sa disposition 500 mercenaires d'élite et 2 000 chevaux. En même temps, sa sœur Li Che, jeune héroïne qui monte à cheval aussi bien que lui, vend ses bijoux et, avec l'argent réalisé, enrôle 10 000 hommes qu'elle lui amène. Li Che-min dispose bientôt de 60 000 soldats éprouvés, dont il partage les fatigues, qu'il sait fanatiser par son exemple et qui lui seront dévoués jusqu'à la mort. Pendant plus de quatre ans (618-622) il va, province par province, armée par armée, ordonner le chaos chinois.

Tout d'abord les scrupules de son père sont apaisés par les circonstances : là-bas, sur le Yang-tseu, des prétoriens, profitant du désordre général, ont assassiné Yang-ti, l'empereur légitime. Sur quoi le comte de T'ang se déclare le vengeur de la dynastie et assume à ce titre, au nom d'un dernier Souei, la lieutenance générale de l'Empire, en attendant, quelques mois plus tard, à l'instigation de Li Che-min, de déposer ce souverain fantôme et de se proclamer lui-même empereur (618).

La capitale impériale, Tch'ang-ngan, notre Si-ngan-fou, qui dans l'ancienne histoire chinoise joue un peu le même rôle que Rome dans l'histoire d'Occident, a, la première, ouvert ses portes (618). Les T'ang ne sont-ils pas originaires de cette province du Chen-si où, depuis les Ts'in de jadis, se sont toujours levées les grandes dynasties ? Puis Li Che-min vient assiéger la seconde capitale, Lo-yang, notre Ho-nan-fou, où commande un des plus redoutables rivaux de son père. Entreprise difficile, car la ville était particulièrement forte et les autres prétendants, que les succès des T'ang commençaient à inquiéter, n'allaient pas manquer de la secourir. Le jeune héros emmenait avec lui un de ses adversaires de la veille, Yu-tche King-te, qu'il avait gagné à sa cause après l'avoir fait prisonnier et auquel, malgré les conseils de méfiance des siens, il avait, avec sa générosité coutumière, donné un commandement.

En arrivant en vue de la place, Li Che-min, nous conte son biographe, alla en reconnaître les abords avec un parti de 800 cavaliers. Mais la garnison l'aperçut, fit une sortie et enveloppa la petite troupe. Comme, le sabre à la main, il tâchait de s'ouvrir un passage, un officier ennemi le reconnut et fonça sur lui, la pique basse. Le futur empereur allait payer sa témérité de sa vie, lorsque King-te, qui ne le perdait pas de vue, abattit l'assaillant. A ce moment les bataillons T'ang entrèrent en ligne et tirèrent leur chef de ce mauvais pas. Cependant une armée ennemie, commandée par un des prétendants, descendait du Pe-tchi-li pour dégager Lo-yang. Tandis qu'elle n'est encore qu'à quelques milles de la place, Li Che-min, prenant avec lui l'élite de sa cavalerie, part au petit jour, galope jusqu'au camp ennemi, y pénètre par surprise et sabre tout, jusqu'à la tente du général qui, au milieu du désordre des siens, est blessé d'un coup de pique et capturé. Quelques jours après, Lo-yang capitulait. Li Che-min fit mettre le feu au palais impérial tout plein encore des trésors d'art des Souei et revint triompher à Tch'ang-ngan (621).

Les annalistes chinois nous peignent avec une couleur qui sort de leurs habitudes ce retour du jeune vainqueur. Ils nous le montrent traversant lentement les rues de la capitale sur un coursier richement harnaché, revêtu de sa cotte d'armes et d'une cuirasse d'or, ayant le casque en tête, l'arc en écharpe, le carquois garni de flèches sur l'épaule et le sabre à la main. Les prétendants vaincus marchaient des deux côtés de son cheval, près de l'étrier. Et cette description du *T'ang chou* prend à nos yeux un relief extraordinaire, depuis que les récentes découvertes archéologiques nous permettent de l'évoquer directement. Nous connaissons par les statuettes funéraires toute cette cavalerie T'ang piaffante et caracolante. Nous connaissons même, avec leur portrait, leur nom et leurs états de service, les montures préférées de Li Che-min, ces robustes chevaux à crinière tressée qu'il a fait sculpter à Li-ts'iuan hien, sur les dalles de sa tombe ; détail plus précis encore : le coursier qui participa au triomphe de Tch'ang-ngan fut sans doute ce « Rosée d'Automne » qui est célébré comme ayant été le bon compagnon du maître lors de la conquête du Ho-nan. Quant à l'armure du conquérant nous en voyons chaque jour la réplique exacte sur les robustes épaules de guerriers ou de lokapâla dans les portraits funéraires ou les statues bouddhiques de nos collections.

Par le fer et le feu l'unité chinoise se trouvait refaite. Il n'était que temps. Les Turcs arrivaient.

Depuis qu'au milieu du VIe siècle ils avaient remplacé les Avares dans l'empire des steppes, les Turcs dominaient le nord de l'Asie, des forêts mandchouriennes aux rives de l'Oxus. Un de leurs khanats s'était établi dans les pâturages mongols, au sud du Baïkal, un autre dans les plaines du Turkestan russe actuel. Longtemps contenus au sud-ouest par l'empire perse sassanide, à l'est par les dynasties chinoises des Wei et des Souei, réduits au désert et à la steppe, ils ne cessaient de jeter des regards de convoitise sur ces vieux empires civilisés et sur leurs richesses. Dans leurs yeux gris de pâtres à demi nomades, ils portaient déjà le rêve seljûqide et le rêve de Gengis-khan, la vision des entrées en horde dans les villes impériales de l'Euphrate et du Houang-ho. L'anarchie militaire où la Chine semblait encore se débattre leur parut une occasion excellente. Le khan des Turcs septentrionaux qui régnait sur l'Orkhon, en Mongolie, Kie-li, et son neveu Tou-li conduisirent donc une grande chevauchée qui balaya les postes frontière et pénétra à travers le Chen-si jusqu'aux faubourgs de Tch'ang-ngan. Le vieux Li-yuan s'affolait, parlait d'évacuer la capitale. Li Che-min le laissa dire et se porta en avant avec 100 cavaliers d'élite pour relever le défi des Turcs. Payant d'audace, il les aborde, pénètre dans leurs rangs et se met à les haranguer : « La dynastie des T'ang ne doit rien aux Turcs ! Pourquoi envahissez-nous nos Etats ? Je suis roi de Ts'in et me voici prêt à me mesurer avec votre khan ! » En même temps il faisait personnellement appel à certains chefs, comme Tou-li khan, avec lesquels le liait une ancienne camaraderie militaire, et réveillait chez eux le sentiment de la fraternité d'armes. Une si ferme contenance, jointe à une telle connaissance de l'âme turque, intimida les esprits mobiles des barbares. Les chefs des hordes se concertèrent quelque temps, puis, sans coup férir, tournèrent bride. Quelques heures après, une pluie diluvienne s'abattit sur la région. Aussitôt Li Che-min assemble ses capitaines. « Camarades, lui fait dire son historien, c'est le moment de donner nos preuves. Toute la steppe n'est plus qu'une mer. La nuit va tomber et sera des plus obscures. Il faut marcher : les Turcs ne sont à craindre que quand ils peuvent tirer des flèches. Allons à eux, le sabre et la pique à la main, nous les enfoncerons avant qu'ils se soient mis en état de défense ! »

Ainsi fut fait. Au petit jour le camp turc fut enlevé et la cavalerie chinoise sabra jusqu'à la tente du khan. Celui-ci demanda à traiter et se retira en Mongolie (624).

Le jeune héros s'affirmait de plus en plus comme le soutien de l'empire. Ses deux frères, jaloux de sa gloire, résolurent de se défaire de lui. Son père lui-même, qui lui devait le trône, prit insensiblement ombrage de sa popularité et l'écarta des affaires. Alors commença un de ces drames sauvages dont la Cité Interdite offre d'aussi fréquents exemples que le Palais Sacré de Constantinople : ne croirait-on pas lire une page de l'épopée byzantine quand on suit dans *l'Histoire des T'ang* le récit de ces tragiques journées ? Dans un banquet qu'ils lui offrent pour fêter ses victoires, les frères de Li Che-min le font empoisonner. Il prend du contrepoison. Alors ils l'attendent avec des spadassins près d'une porte du palais. Mais un traître l'avertit — toute cette histoire est belle de trahisons autant que de sang et de déclamations verteuses — et Li Che-min prend les devants. Prévenant les desseins de l'adversaire, ses fidèles apostent des reîtres aux endroits convenables. A l'heure où le guet-apens contre lui se prépare il marche à l'ennemi, le même dans cette guerre d'assassinats que sur le champ de bataille. « Il endossa sa cuirasse, mit son casque, prit son carquois et ses flèches, et sortit pour se rendre au Palais. » D'aussi loin que ses deux frères l'aperçurent, ils lui décochèrent une volée de flèches. Mais ils le manquèrent, tandis que

Li Che-min, à sa première flèche, abattit l'un d'entre eux. Le second fut tué par le lieutenant de Li Che-min. A ce moment les soldats placés en embuscade par ce dernier parurent et, dit *l'Histoire des T'ang,* « personne n'osa plus remuer ». Cependant, continue l'annaliste, comme les serviteurs du Palais et la populace elle-même commencaient à s'attrouper, Li Che-min ôta son casque, se fit connaître et, devant les cadavres sanglants de ses deux frères, harangua la foule : « Mes enfants, ne craignez pas pour moi. Ceux qui voulaient m'assassiner sont morts ! » Alors un des fidèles de Li Che-min, King-te, coupa la tête des deux jeunes gens et la montra au peuple.

Restait à annoncer l'exécution à l'empereur dont la partialité en faveur des deux victimes avait toujours été évidente. Li Che-min en chargea King-te. Celui-ci, au mépris des règles les plus sacrées de l'étiquette, pénétra tout armé dans l'appartement de l'empereur, les mains peut-être encore rouges du sang des princes.

A travers le récit officiel des *Annales,* on entrevoit ce qui dut se passer, — belle scène d'hypocrisie confucéenne où les meurtriers, tout chauds de la bataille, se mettent à débiter des maximes morales et n'ont qu'un souci : rentrer dans la légalité en sauvant la face.

En apprenant la nouvelle, le vieil empereur n'avait cependant pu réprimer sa colère et ses sanglots. Son premier mouvement fut pour exiger une enquête sévère. Il ne comprenait pas encore qu'il n'était plus le maître. Discrètement un de ses courtisans le rappela à la réalité : « Il n'y a plus d'enquête à faire... De quelque manière que la chose se soit passée, vos deux fils morts sont coupables et Li Che-min est innocent. » Paroles dignes de Tacite, et qui complètent l'accent de ce drame néronien. Du reste, les mêmes courtisans découvraient maintenant des crimes monstrueux à la charge des victimes : les deux jeunes princes massacrés n'avaient-ils pas noué des intrigues avec plusieurs des femmes de leur père ? C'était plus qu'il n'en fallait pour légitimer leur exécution !

Li Che-min se faisait annoncer. Quand le fratricide se présenta, en donnant d'ailleurs toutes les marques de la plus émouvante piété filiale, le vieux monarque l'embrassa en pleurant, et le félicita même d'avoir sauvé leur famille. Ce fut une scène attendrissante. « L'empereur, écrit imperturbablement l'annaliste officiel, avait toujours hésité entre ses fils. La mort des deux aînés mit fin à ses perplexités, et son ancienne affection pour Li Che-min reprit tous ses droits dans son cœur. Dès qu'il le vit à ses pieds dans la posture du criminel qui semble demander grâce, il ne put retenir ses larmes. Il le releva, l'embrassa et l'assura que, loin de le croire coupable, il était persuadé que Li Che-min n'avait agi qu'en état de légitime défense. » Cela dit, l'empereur abdiqua, comme on s'y attendait, en faveur de son fils, non sans de nouvelles scènes édifiantes : conformément à l'étiquette, Li Che-min refuse le trône ; en vain l'assemblée des grands à l'unanimité, se prononce-t-elle en faveur du maître de l'heure ; il refuse encore, et, « se jetant aux genoux de son père, le supplie avec larmes de garder le pouvoir jusqu'à sa mort ». Mais le vieillard ordonne, et Li-Chemin, en fidèle sujet, doit obéir. Il se laisse donc forcer la main et monte enfin sur le trône... C'était le 4 septembre 626. — Pour éteindre toute vendetta et achever de pacifier l'empire, le nouveau monarque fit mourir sans tarder ses belles-sœurs et tous ses neveux. Quant à l'ancien empereur, il se retira dans un de ses palais, où dit le Père Gaubil traduisant le *T'ang chou,* « il vécut dans la jouissance de tous les honneurs et des plaisirs tranquilles, sans que son fils lui donnât jamais la moindre occasion de regretter la démarche qu'il avait faite en abdiquant ».

Cependant ce drame de palais avait rendu l'espoir aux Turcs. A peine le nouvel empereur était-il sur le trône que les hordes de Mongolie se jetaient sur l'empire. Cent mille cavaliers, dans un raid audacieux, traversèrent le Gobi, entrèrent au Kan-sou et au Chen-si, descendirent la vallée de la rivière Wei et coururent jusqu'à Tch'ang-ngan. Le 23 septembre 626 leurs escadrons apparurent devant le pont de Pen-kiao, face à la porte nord de la ville. Les courtisans, cette fois encore, suppliaient le jeune souverain d'abandonner une capitale aussi exposée Mais Li Che-min — que nous appellerons désormais, de son nom canonique, l'empereur T'ai-tsong — n'était pas homme à se laisser intimider. Insolemment le khan Kie-li avait envoyé un des siens réclamer le tribut, faute de quoi un million de nomades viendraient saccager la capitale. T'ai-tsong répondit en menaçant de faire trancher la tête de l'ambassadeur. Il payait d'audace car il semble n'avoir eu à ce moment à Tch'ang-ngan qu'assez peu de troupes. Pour donner le change, il ordonna de les faire sortir par diverses portes et de les déployer au pied des murailles, tandis que lui-même, avec une poignée de cavaliers, prendrait les devants et irait reconnaître, à son habitude, l'armée ennemie. Malgré les représentations de ses compagnons, il avança ainsi le long du cours de la Wei, face aux escadrons turcs, à la merci de la première flèche. C'est qu'il pénétrait mieux que les siens la psychologie des nomades : « Les Turcs me connaissent, lui fait dire son biographe. Ils ont appris à me craindre. Ma vue seule leur inspirera de la terreur. Et en voyant défiler mes troupes ils les croiront bien plus nombreuses qu'elles ne sont en réalité. » Il continua donc à chevaucher vers l'ennemi « avec la même confiance que s'il fût allé visiter son camp ». Les Turcs, à sa vue, « frappés de cet air de grandeur et d'intrépidité qui était répandu sur toute sa personne, descendirent de cheval et le saluèrent à la manière de leur pays ». D'ailleurs, au même moment, l'armée chinoise se déployait derrière lui dans la plaine, faisant briller au soleil ses armures et ses étendards. Tai-tsong s'avança encore vers le camp des Turcs, puis, tenant son cheval par la bride, il fit signe à l'armée chinoise de reculer et de rester en ordre de bataille.

L'empereur élevant la voix appela les deux khans turcs, Kie-li et Tou-li, pour leur proposer un combat singulier, selon la mode des guerriers de la steppe : « Li Che-min, devenu empereur, n'a pas oublié de se servir de ses armes ! » Et au nom de l'honneur militaire, leur parlant leur langage et faisant appel à leurs sentiments de guerriers, il leur reprocha violemment d'avoir rompu les trêves et trahi leur serment. Bravés en face, subjugués par tant de bravoure, et d'ailleurs surpris par le déploiement de la cavalerie chinoise, les khans turcs demandèrent la paix. Elle fut conclue le lendemain sur le pont même de la Wei, devant la porte nord de Tch'ang-ngan, après le sacrifice traditionnel d'un cheval blanc. Cette fois les Turcs avaient compris la leçon. Ils ne devaient plus revenir. Quelques semaines après on voyait arriver à la frontière 3 000 chevaux et 10 000 moutons. C'était le premier tribut des nomades. T'ai-tsong refusa de les accepter tant qu'on ne renverrait pas de Mongolie les prisonniers chinois, captifs des dernières guerres. Mais quand ceux-là eurent été rendus, il invita les envoyés des hordes « et les traita comme les ambassadeurs des plus grandes puissances ».

Pour éviter le retour de semblables alertes on conseillait à T'ai-tsong de relever ou de renforcer la Grande Muraille. Il sourit : « Qu'est-il besoin de fortifier les frontières ? » De fait, des discordes intérieures, des révoltes même, savamment entretenues par lui, minaient l'autorité des khans de l'Orkhon. Sur une imprudente provocation du khan Kie-li, il lança ses colonnes de cavalerie de l'autre côté des sables du Gobi, en pleine steppe mongole. Les hordes surprises furent taillées en pièces, le khan fut fait prisonnier avec tous ses vassaux (630).

L'Histoire des T'ang nous décrit avec complaisance le spectacle grandiose des chefs turcs prosternés aux pieds de T'ai-tsong. L'empereur voulut les voir tous ensemble, en audience publique, les ennemis vaincus de la veille comme les khans ralliés de longue date. « Arrivés dans la salle d'audience, ils firent les cérémonies respectueuses en frappant la terre du front à trois reprises différentes, et trois fois à chaque reprise. » Le grand khan Kie-li fut traité en prisonnier de guerre et ne prit rang qu'après les chefs de hordes loyalistes. Du reste, après cette humiliation, la subtile politique impériale devait lui accorder son pardon et, bien que toujours captif, lui attribuer un palais à la cour.

Tout l'ancien khanat des Turcs du Nord, c'est-à-dire toute l'actuelle Mongolie, fut annexé (630). L'inscription turque de Kosho Tsaidam résume dramatiquement cette catastrophe de tout un peuple : « Les fils des nobles turcs devinrent esclaves du peuple chinois, leurs pures filles devinrent des serves. Les nobles des Turcs abandonnèrent leurs titres turcs et, recevant des titres de dignitaires chinois, ils se soumirent au qagan chinois et lui vouèrent pendant cinquante ans leur travail et leur force. »

De fait les Turcs trouvaient en T'ai-tsong un guerrier de leur taille. Ayant dès sa jeunesse vécu parmi leurs mercenaires, il savait, on l'a vu, leur parler le langage qui leur convenait. Eux aimaient cet empereur toujours à cheval, si peu semblable aux Fils du Ciel timorés de jadis, dans lequel ils retrouvaient un chef de guerre pareil à leurs anciens qagans pour les conduire à la bataille et au butin. Bientôt la moitié des khans de la steppe se donneront à lui passionnément. Comme le déplore l'inscription de Kosho Tsaidam, ils lui voueront une fidélité inébranlable, liés à lui par ce serment militaire qui était la base de la société turque.

Avec de tels auxiliaires, T'ai-tsong, après avoir écrasé les Turcs de la Mongolie, devait, au cours des vingt années qui suivirent, faire entrer dans sa vassalité les Turcs du Turkestan, les oasis indo-européennes du Gobi, et même les divers Etats de l'Asie centrale jusqu'à la Caspienne et aux frontières de l'Inde. Avec lui, une Chine inattendue, une Chine d'épopée, se révéla à l'Asie surprise. Loin de composer avec les Barbares et d'acheter à prix d'or leur retraite, elle les fit trembler à son tour. L'art réaliste de ce temps, le puissant art animalier et militaire des reliefs, des statues et des terres cuites funéraires, avec sa vigueur presque excessive (voyez les Lokapâla athlétiques de Long-men !), avec son goût de l'accent allant jusqu'à la violence caricaturale, exprime bien cet état d'esprit. Il n'est pas jusqu'à la céramique T'ang, aux couleurs un peu brutales, en jaune-orange et vert franc, qui ne soit révélatrice de l'époque.

Confrontant un jour son œuvre et celle des grands conquérants du temps jadis, T'ai-tsong devait évoquer le nom du plus illustre empereur de l'antiquité chinoise, Han Wou-ti. Par-delà les invasions barbares du IVe siècle, la Chine des Han est en effet ressuscitée et la chevauchée des Han va même se trouver bientôt dépassée par celle qui commence. Même Pan Tch'ao, le contemporain et l'émule de notre Trajan, le conquérant de la Kashgarie antique, n'avait pas eu à son actif autant de troupeaux razziés, de hordes rompues, de milliers de têtes coupées que n'en compteront les généraux T'ang. C'est que, dans l'intervalle, la Chine, ployée durant trois siècles sous les invasions barbares, a absorbé le sang des hordes victorieuses ; elle s'en est nourrie et fortifiée, et elle retourne maintenant contre les gens de la steppe, en y ajoutant l'immense supériorité de sa civilisation millénaire, la force qu'elle a tirée d'eux.

Regardons, dans nos collections de statuettes funéraires, ce peuple de cavaliers ou de fantassins, coiffés du caftan des auxiliaires turcs ou du casque des légionnaires T'ang, frustes visages toujours à demi tartares, traits durcis jusqu'à la grimace. Les voici rudement campés, dans leur armure de cuir bouilli, renforcée, pour le plastron et la dossière, de plaques de métal, — pansière de cuir ou d'écailles métalliques, grand bouclier rond ou rectangulaire, orné de figures de monstres, — prêts pour la traversée du Gobi ou l'escalade de l'Altai. Même dans les œuvres bouddhiques, comme les statues ou les peintures représentant les Lokapâla Vajrapâ*n*i ou Vaiçrava*n*a, nous retrouverons ces armures de crustacé, cet abord formidable et hargneux. Et toute cette cavalerie T'ang qui, dans la paix des tombes, piaffe, hennit et s'ébroue encore d'impatience en attendant les raids annoncés vers Kâshghar ou Kutshâ ! Comme on comprend que les cités tokhariennes du Gobi, si fières de leur délicate culture indo-perse, n'aient pu tenir devant le galop de ces escadrons ! Tous les aventuriers de la Haute-Asie, depuis les khans turcs comme A-che-na Chö-eul ou A-che-na Ta-nai jusqu'aux chefs coréens comme Kao Sien-tche, ne sont-ils pas admis, pourvu qu'ils soient ardents et audacieux, à commander les armées impériales ? Les Turcs occidentaux eux-mêmes, qui font trembler l'empire sassanide, qui inquiéteront plus tard la jeune puissance arabe, ploieront devant cette cavalerie si semblable à la leur. On la verra s'abattre en trombe sur leurs campements, disperser leurs yourtes jusqu'aux gorges du Tarbagatai, les relancer jusque sur la steppe plate des Kirghiz.

Le maître de l'heure c'est désormais « l'homme des frontières », tel qu'au siècle suivant le chantera Li T'ai-po en des vers où passe comme un souffle de l'épopée T'ang :

« L'homme des frontières, de toute sa vie, n'ouvre pas même un livre. Mais il sait courir à la chasse, il est adroit, fort et hardi. A l'automne son cheval est gras, l'herbe des prairies lui convient à merveille, quand il galope il n'a plus d'ombre... Quel air superbe et dédaigneux ! Son fouet sonore frappe la neige ou résonne dans l'étui doré. Animé par un vin généreux, il appelle son faucon et sort au loin dans la campagne. Son arc, arrondi sous son effort puissant, ne se détend jamais dans le vide. Deux oiseaux tombent souvent ensemble, abattus d'un seul coup par sa flèche sifflante. Les gens se rangent tous pour lui faire place, car sa vaillance et son humeur guerrière sont bien connues dans le Gobi. »

L'avènement de la dynastie T'ang posait à nouveau le problème religieux. Avec l'éducation, les goûts et les préoccupations qu'on lui a vus, avec l'entourage que nous venons d'évoquer, l'empereur T'ai-tsong, à son avènement, ne pouvait avoir que de médiocres sympathies pour la religion de paix, d'idéalisme et de renoncement qu'était le bouddhisme. « L'empereur Leang Wou-ti, remarquait-il un jour, a si bien prêché le bouddhisme à ses officiers que ceux-ci n'ont pas su monter à cheval pour le défendre contre les révoltés. L'empereur Yuan-ti expliquait à ses officiers les textes de Lao-tseu au lieu de les faire marcher contre les Huns qui ravageaient son empire. Ces faits en disent long à qui sait les entendre ! » Son confident en ces matières, le vieux lettré confucéen Fou Yi, avait proprement le bouddhisme en horreur. C'est Fou Yi qui, en 626, remettait à l'empereur Li Yuan un placet où tenaient tous les griefs du positivisme confucéen contre le monachisme bouddhique :

« La doctrine du Bouddha est remplie d'extravagances et d'absurdités. La fidélité des sujets envers leur prince et la piété filiale sont des devoirs que cette secte ne reconnaît point. Ses disciples passent leur vie dans l'oisiveté, sans se donner aucune peine. S'ils portent un habit différent du nôtre, c'est pour influencer les pouvoirs publics ou se délivrer de tout souci. Par ces rêveries ils font courir les simples après une félicité chimérique et leur inspirent du mépris pour nos lois et les sages instructions des anciens. »

Le positivisme du lettré rejoint ici l'anticléricalisme instinctif du soudard. Du reste Fou Yi lui-même, s'adressant à Li Yuan et à Li Chemin, n'a pas manqué de tirer argument contre les bouddhistes de leur pacifisme et de leur célibat : « Cette secte, s'écrie-t-il, compte aujourd'hui plus de 100 000 bonzes et autant de bonzesses qui vivent dans le célibat. Il serait de l'intérêt de l'Etat de les obliger à se marier ensemble. Ils formeraient 100 000 familles et donneraient des sujets qu'on incorporerait dans les troupes, pour les prochaines guerres. Actuellement ces gens-là, par leur oisiveté, sont à la charge de la société, ils vivent à ses dépens. En les rendant membres de cette même société, on les ferait concourir au bien général, et ils cesseraient d'enlever à l'Etat des bras qui doivent servir à sa défense. »

Ce curieux anticléricalisme militaire était tout à fait conforme aux tendances des T'ang. Peu après avoir reçu le placet de son ministre, Li Yan fit procéder dans tout l'empire à un recensement des couvents et des religieux. Il ordonna ensuite une laïcisation presque générale, n'autorisant que trois monastères à Tch'ang-ngan, sa capitale, et un seulement dans chacune des plus grandes villes. Encore les couvents autorisés furent-ils placés sous la surveillance étroite des autorités. Le récit de Hiuan-tsang nous montrera à quelles difficultés se heurtait de ce côté toute nouvelle ordination.

Une fois sur le trône, T'ai-tsong continua la même politique. En 631, par exemple, à l'instigation de Fou Yi, son conseiller en ces matières, il promulgua un édit pour astreindre les moines aux rites confucéens de la piété filiale. Simple tracasserie, mais révélatrice d'une mauvaise volonté systématique.

Une ère d'anticléricalisme en même temps que de militarisme brutal semblait s'ouvrir pour l'Extrême-Orient. Mais était-il possible au conquérant de remonter le cours de l'évolution chinoise ? Il pouvait changer la face de l'Asie, entraîner son peuple dans une épopée digne de la Macédoine et de Rome. Quelle que fût sa personnalité — et elle domine de haut trois siècles d'histoire — il n'était pas en son pouvoir d'arrêter dans l'âme chinoise la vague de mysticisme qui déferlait.

CHAPITRE II

LES APPELS DU BOUDDHISME

Les siècles de fer sont souvent des siècles de foi. Devant les ruines des invasions germaniques, dans l'Occident du haut Moyen Age, on vit les âmes délicates se replier sur elles-mêmes et y trouver dans leur croyance l'indispensable consolation. Il n'en alla pas autrement dans la Chine du Ve siècle. Pour se convaincre de l'intensité du sentiment religieux à cette époque, point n'est besoin de recourir aux textes. Il suffit de jeter les yeux sur les œuvres Wei, stèles, reliefs ou statues de nos musées et de nos collections.

Que l'on ne s'y méprenne pas d'ailleurs. En dépit de l'engouement actuel, les œuvres Wei ne sont pas uniformément et nécessairement belles par elles-mêmes. Nous estimons au contraire que dans la plupart des pièces les qualités plastiques restent fort médiocres. Aussi n'est-ce point par là qu'elles nous intéressent. Ce qui nous attire dans les stèles votives du temps — la grande stèle de 554, au musée de Boston, par exemple —, c'est la subordination absolue de la plastique au sentiment religieux. Sans doute les sources prébouddhiques ou, tout au moins, sensuelles de cet art restent facilement discernables, mais combien transformées par le grand courant de l'idéalisme nouveau ! Réminiscences évidentes des reliefs funéraires « confucéens » de la Chine antique, — mais sans le mouvement fantastique, qui, sous les Han, dans les chambres tombales du Chan-tong, emportait hommes, génies et animaux : divinités et figurants se sont ici immobilisés dans la grande paix bouddhique. Réminiscences aussi de l'art grec du Gandhâra, ou de l'art indien des temps « gupta », mais sans plus rien, ou presque, de la plastique hellénique ni de la sensualité et de la grâce hindoues.

Seulement des figures allongées, rigides, à l'immobile sourire, au geste rituel de confiance ou de miséricorde, à la draperie durement cassée en grands plis anguleux ou puérilement apaisée en petites ondes arrondies. En réalité, sous l'immense nimbe en pointe qui les entoure et les couronne de sa haute flamme, ce ne sont plus des êtres matériels, c'est la stylisation, sans chair ni corps, du manteau monastique.

Sous l'influence de quel idéalisme transcendant, par quel miracle de ferveur les fades bouddhas apolliniens du Gandhâra, les bouddhas indiens des écoles « gupta », aux nus d'une sensualité encore si tropicale, ont-ils pu se transformer en ces longues statues bénissantes ? Mais comment les reliefs des sarcophages chrétiens ont-ils pu donner naissance aux pathétiques figures romanes ? Car c'est bien à notre première sculpture française qu'il faut songer ici, et M. Alfred Salmony a pleinement raison de rapprocher l'art Wei des hauts-reliefs de nos cathédrales : Saint-Sernin de Toulouse, Saint-Pierre de Moissac, Saint-Pierre d'Angoulême, Vézelay, Saint-Lazare d'Autun, ou encore le portail roman de la cathédrale de Chartres. Toutefois les tympans de Vézelay, de Moissac et d'Autun présentent une agitation bien étrangère à l'art Wei. D'autre part quelque chose de la douceur gothique apparaît déjà sur les grands reliefs de Yun-kang et dans plusieurs statues contemporaines, rondes-bosses ou figures de stèles. C'est déjà un sourire sur la sévérité de la vieille imagerie sino-bouddhique, ce n'est pas encore la réhabilitation du réalisme qui, à l'époque T'ang, enlèvera à l'art presque toute sa ferveur et tout son mystère. Quelques uns des Bouddhas de Yun-kang, ou diverses stèles comme la stèle à trois personnages de la collection Gualino (ex-Vignier) nous offrent ainsi, dans la caresse de leurs lignes apaisées, une impression calme de fraîcheur et de candeur, de simplicité reposante, peut-être unique dans l'art d'Extrême-Orient. C'est, traduit dans le monde des formes, l'idéalisme même du Mahâyâna. On aura plus tard, sous les T'ang, des œuvres peut-être plus proches, comme à Long-men, de notre propre classicisme, plus proches aussi, comme au T'ienlong-chan, de l'art indien originel. On n'égalera pas la délicieuse simplicité de l'art Wei.

Il ne faut jamais oublier ces grandes œuvres si on veut pénétrer l'état d'âme de la Chine bouddhique au haut Moyen Age. Elles seules nous feront pleinement comprendre la vocation d'un Hiuan-tsang.

En 618, l'année même où le futur empereur T'ai-tsong entreprenait la série de campagnes qui devait lui conquérir l'empire, un jeune moine bouddhiste, fuyant devant les guerres civiles qui désolaient les contrées du Nord, arrivait au Sseu-tch'ouan. Cette province écartée, abritée dans ses vallées alpestres, allait lui offrir un asile relativement calme pour attendre la fin de la tourmente.

Le fugitif était âgé d'une quinzaine d'années seulement, étant né à Lo-yang, l'actuel Ho-nan-fou, sans doute en 602. Le nom sous lequel nous le connaissons, son nom de religieux, Hiuan-tsang, devait, avec celui de T'ai-tsong. devenir le plus célèbre du siècle, car l'histoire allait associer un jour dans une commune renommée le conquérant et le pèlerin. Etait-il possible cependant, d'imaginer génies plus opposés ? Nous avons rencontré au seuil de cette époque, et la dominant de haut, la figure d'épopée du César chinois. Et voici que se présente à nous un jeune religieux pour qui le monde n'existe littéralement pas, tout brûlé d'inquiétude métaphysique et de mysticisme, d'ailleurs profondément chinois, lui aussi : ce bouddhiste fervent est l'héritier d'une longue lignée de lettrés et de mandarins mûris dans l'observation de la sagesse confucéenne et de l'étiquette millénaire, cette politesse du cœur chinois. Lui-même a été élevé dans la pure tradition confucéenne. Dès l'âge de huit ans il émerveillait son père par son observance des rites et tout en lui semblait annoncer un des lettrés les plus fameux du temps, lorsque l'exemple de son frère aîné, qui venait d'entrer dans les ordres bouddhiques, décida de sa vocation. L'adolescent vint frapper, lui aussi, « à la Porte Noire », dans le couvent du Tseng-t'ou-sseu, à Lo-yang, et sa précoce sagesse émerveilla tellement un des chefs de la communauté, qu'il fut agréé malgré son jeune âge. Il prononça ses vœux dans ce même couvent de Lo yang. Il n'avait pas encore treize ans.

Hiuan-tsang avait trouvé sa voie. Il se jeta dans l'étude de la philosophie indienne. Les écoles bouddhiques, nous le verrons par la suite, étaient aussi nombreuses que diverses, depuis les sectes, à tendances positivistes, de ce qu'on appelait le Petit Véhicule *(Hînayâna),* jusqu'aux doctrine mystiques du Grand Véhicule *(Mahâyâna).* Ce fut vers ces dernières que Hiuan-tsang se tourna tout de suite. Le « nihilisme » mystique du *Nirvâna sûtra,* l'idéalisme absolu du

Mahâyâna samparigraha çâstra le passionnèrent au point qu'il en oubliait la nourriture et le sommeil.

Mais, comme on l'a vu, le séjour de Lo-yang n'était guère propice à de telles méditations. Dans l'anarchie qui suivit l'effondrement des Souei, au milieu des guerres civiles entre les T'ang et leurs rivaux, « la ville impériale était devenue un repaire de brigands, et le Ho-nan une caverne de bêtes féroces ; les rues de Lo yang étaient jonchées de cadavres. Les magistrats étaient massacrés. Quant aux nombreux Enfants de la Loi bouddhique, ils étaient réduits à périr ou à prendre la fuite[1] ».

Mais où fuir ? C'était presque tout l'empire qui sombrait dans l'anarchie. Epoque terrible pour une âme délicate, pour un lettré comme Hiuan-tsang. « En ce temps-là, écrit douloureusement son biographe, la dynastie des T'ang commençait à peine à s'établir. Toutes les troupes étaient encore sous les armes. On ne s'occupait que de la science de la guerre. On n'avait pas le temps de songer à la doctrine de Confucius ou du Bouddha... » Ce fut alors que Hiuan-tsang et son frère allèrent chercher asile dans les montagnes du Sseu-tch'ouan.

A Tch'eng-tou, capitale du Sseu-tch'ouan, les fugitifs retrouvèrent un petit cénacle de religieux et de philosophes, chassés comme eux par la guerre civile. Hiuan-tsang y passa deux ou trois ans, dans le couvent du Kong-houei-sseu, à approfondir les divers systèmes bouddhiques. Il est intéressant de noter que dès cette époque ses opinions philosophiques s'accentuent, car, s'il étudie les œuvres de l'école positiviste et réaliste, comme *l'Abhidharma koça çâstra,* c'est à l'idéalisme du *Mahâyâna samparigraha çâstra* que vont de plus en plus ses préférences. Toutefois on n'aperçoit — et on n'apercevra jamais chez Hiuan-tsang aucune trace d'exclusivisme. Et c'est ce qui fera sa force. Sa familiarité avec les doctrines des écoles les plus opposées, alors que tant d'autres moines se limitaient aux enseignements de leur secte, assurera sa supériorité dialectique : au cours de ses discussions de métaphysique avec les docteurs de l'Asie centrale et de l'Inde on le verra à tout instant les accabler sous la masse de son érudition et la vivacité de ses citations. Dans l'immense pays sanscrit qui allait alors de

---

1. Nous utilisons pour l'histoire de Hiuan-tsang la traduction de Stanislas Julien, en la corrigeant, chaque fois qu'il est nécessaire, d'après les rectifications des sinologues postérieurs (notamment M. Pelliot, *BEFEO, 1905, 421-457)* et les découvertes de l'indianisme.

l'extrémité du Dékhan jusqu'à Nara, du fond de Sumatra jusqu'à Turfân, sa biographie va sans cesse nous le représenter réunissant, à peine arrivé, une assemblée de docteurs et argumentant, tels les maîtres de science qui, portant dans leur mémoire le double trésor des Ecritures sacrées et profanes, parcouraient six siècles plus tard tout le pays latin, de Salerne à Upsal, de Saint-Jacques de Compostelle à l'abbaye de Fulda.

Et quand, un jour, Hiuan-tsang prendra le pinceau pour écrire à son tour un traité de métaphysique, cette même étendue de connaissances fera la richesse de sa *Vijñapti mâtratâ siddhi*.

Ayant atteint sa vingtième année, celui que nous appellerons désormais *le Maitre de la Loi* reçut à Tch'eng-tou le complément des « règles » monastiques. On était en 622. La guerre civile commençait à prendre fin par la victoire des T'ang. Hiuan-tsang, quittant le Sseu-tch'ouan se dirigea donc vers la capitale de la nouvelle dynastie, Tch'ang-ngan, notre Si-ngan-fou, dans la province actuelle du Chen-si. Cette célèbre cité, la Rome de la Chine antique, était un des premiers foyers du bouddhisme en Extrême-Orient. Il y avait déjà cinq siècles que des missionnaires venus de l'Inde et de la Kashgharie y avaient établi des monastères où l'on traduisait depuis, sans se lasser, du sanscrit en chinois l'énorme littérature des deux « véhicules » bouddhiques. A l'époque de Hiuan-tsang de nombreux maîtres y professaient encore la doctrine de Çâkyamuni. Malheureusement ils étaient loin de s'entendre. Divisés en autant d'écoles que le bouddhisme comportait de sectes, leur enseignement présentait d'étranges discordances. L'abîme qui sépare aujourd'hui un « minimaliste » de Ceylan d'un théologien « maximaliste » du Tibet peut nous en donner un aperçu.

Ces désaccords étaient d'importance. Sans entrer dans le détail des diverses sectes bouddhiques, contentons-nous de rappeler que sur l'enseignement du Bouddha les interprétations les plus diverses s'étaient, au cours des siècles, édifiées. Pour les uns, tenants de ce qu'on appelle le « Petit Véhicule » du Salut ou *Hînayâna*, le bouddhisme se limitait à peu près dans son essence à la pratique des règles monastiques pour les religieux et de la charité pour les laïcs, dans le domaine philosophique à une sorte de positivisme réaliste, et, comme but final, à une théorie du salut individuel par l'évanouissement, le « *nirvâna* » de l'être humain. Le Grand Véhicule du Salut ou *Mahâyâna* présentait des conceptions plus élaborées. Pour ses fidèles la théorie bouddhique du salut se couronnait d'une métaphysique. Les uns, les docteurs de la « Voie Moyenne » ou *Mâdhyamika,* parvenaient, au moyen d'un curieux et radical criticisme, à une conception de la « vacuité universelle », qui aboutira bientôt elle-même au piétisme le plus tendre ; d'autres, avec l'école de l'Idéalisme *(vijñânavâda),* qui est dite aussi l'école du Mysticisme *(yogâcâra),* professaient en effet un idéalisme absolu en liaison avec une théorie de l'union mystique.

Comme nous l'avons vu, les sympathies intellectuelles de Hiuan-tsang allaient plutôt à cette dernière école. Toutefois l'opposition des divers docteurs, malheureusement aussi les contradictions, au moins apparentes, des livres saints, n'étaient pas sans le troubler. « Le Maître de la Loi, nous dit assez joliment son biographe, reconnut que chacun de ces docteurs avait un mérite éminent. Mais lorsqu'il voulut vérifier leurs doctrines d'après les livres sacrés, il y reconnut de graves discordances, de sorte qu'il ne savait plus quel système suivre. Il fit alors le serment de voyager dans les contrées de l'Ouest pour interroger les sages sur les points qui jetaient le trouble dans son esprit. »

Sa décision prise, Hiuan-tsang, avec plusieurs autres religieux, fit présenter à l'empereur T'ai-tsong une requête pour être autorisé à quitter la Chine. Il reçut la réponse sous forme d'un décret impérial : c'était un refus. T'ai-tsong, dont le pouvoir était encore assez mal assuré, dont la diplomatie était aux prises avec l'hostilité ou les trahisons de plusieurs des peuples de l'Asie centrale, ne se souciait pas de voir ses sujets s'aventurer sans mission officielle dans ces dangereuses régions. Hiuan-tsang, d'ailleurs, n'avait aucune illusion sur les difficultés qui l'attendaient. « Sachant que les routes de l'Ouest étaient pleines de périls, il sonda son cœur et sentit que, puisqu'il avait pu s'affranchir de la vie du siècle, il saurait affronter tous les obstacles sans reculer d'un pas. » L'empereur lui interdisait de franchir la frontière. Ses compagnons l'abandonnaient. Que lui importait ? « Il voulait marcher sur les traces des sages et des saints, rétablir les lois religieuses et convertir les peuples étrangers. Il aurait, sans pâlir, affronté les vents et les flots, et, en présence de l'empereur lui-même, la fermeté de son caractère n'aurait fait que se fortifier. » Dédaignant l'aide des hommes, il alla se recueillir dans une tour sacrée « pour exposer ses intentions à la multitude des saints et les prier d'entourer d'une protection invisible son voyage et son retour ».

Un songe vint confirmer l'apôtre dans sa résolution. Une nuit de l'an 629 il vit en rêve la montagne sainte du Sumeru qui s'élevait au milieu de la mer. Désireux d'atteindre le sommet sacré, il n'hésita point à s'élancer au sein des flots. A ce moment un lotus mystique apparut sous ses pas et le déposa sans effort au pied de la montagne. Celle-ci, cependant, était si escarpée qu'il n'aurait pu en faire l'ascension. Mais un tourbillon mystérieux le souleva et il se trouva soudain transporté au sommet. Là il découvrit un horizon immense dont rien ne lui dérobait la vue, symbole des pays innombrables que sa foi allait conquérir. Il fut ravi de joie et s'éveilla.

Quelques jours après il partait pour le Grand-Ouest.

CHAPITRE III

A TRAVERS LE GRAND-OUEST

Le pèlerin, au moment de son départ, avait environ vingt-six ans. Il était très beau, de haute taille, comme beaucoup de Chinois du Nord. « Il avait le teint légèrement coloré, les yeux brillants. Son air était grave et majestueux et ses traits paraissaient pleins de grâce et d'éclat. » Nul doute que sa puissante personnalité, faite de force et de douceur, n'ait dégagé un charme profond, comme vont l'attester tant d'épisodes de son voyage. « Le timbre de sa voix était pur et pénétrant et son langage brillait à la fois par la noblesse, l'élégance et l'harmonie, de sorte que ses auditeurs ne pouvaient se lasser de l'entendre... Il aimait à porter des vêtements amples, en coton fin, et une large ceinture qui lui donnait l'air et l'extérieur d'un lettré. »

Peut-être qu'en effet la supériorité de son génie résida dans cette intime association de l'antique sagesse confucéenne et de la tendresse bouddhique. Du confucéen il avait toutes les qualités, non seulement les qualités formelles qui font le charme de la société chinoise ou japonaise — la politesse héréditaire poussée, le cas échéant, jusqu'à l'héroïsme —, mais les vertus profondes : le bon sens, la circonspection, la mesure, la discrétion dans la vie quotidienne, l'infinie délicatesse dans l'amitié, l'égalité d'âme. « Observateur sévère de la discipline, il était toujours le même. Rien n'égalait sa bonté affectueuse et sa tendre piété, la fermeté de son zèle et son attachement inébranlable aux pratiques de la Loi bouddhique. De plus il était réservé dans son amitié et ne se liait pas à la légère. » Et, sous tout cela, le rayonnement, la joie intérieure des grands mystiques : « Sa démarche était douce et aisée. Il regardait droit devant lui et ne lançait jamais des regards obliques. Il était majestueux comme les grands fleuves qui entourent la terre, calme et brillant comme le lotus qui s'élève au milieu des eaux... »

Résolu à accomplir coûte que coûte son vœu, il gagna les hautes vallées et les gorges de l'actuel Kan-sou, la plus occidentale des provinces chinoises, qui pénètre comme un coin dans la Terre des Herbes, entre les sables du Gobi et le plateau sauvage du Köke-nor. Leang-tcheou, la dernière ville importante du Kan-sou, était déjà ce qu'elle reste aujourd'hui, la tête des pistes de caravanes vers la Mongolie et le Tarim. C'était aussi un marché fréquenté par tous les peuples du Grand-Ouest, depuis la boucle du Fleuve Jaune jusqu'au Pamir, et nous pouvons nous figurer cette foule cosmopolite d'après telle fresque de Bäzäklik, près de Turfân, où dans une scène de pra*n*idhi, nous voyons défiler des donateurs barbus, de type très mêlé, les uns plutôt turcs, les autres nettement iraniens, certains coiffés d'une sorte de casque plat, tous suivis de leurs chameaux et de leurs mulets, « rois-mages bouddhiques » sans doute copiés sur les caravaniers turkestanais ou soghdiens que le commerce de la soie attirait jusqu'aux frontières chinoises.

Hiuan-tsang, à Leang-tcheou, profita d'une de ces foires où se pressaient tant de tribus diverses, pour commencer sa prédication. Nous savons que, dans leur reconnaissance, les bons caravaniers qu'il avait évangélisés voulurent à toute force lui offrir des monnaies d'or et d'argent et des chevaux blancs. Il remit presque tous ces dons aux couvents bouddhiques de la contrée « pour pourvoir à l'entretien des lampes » et pour les autres besoins de la communauté.

Au-delà du Kan-sou, la Chine finissait et le Grand-Ouest commençait, avec la steppe de l'A-la-chan et les sables du Gobi. C'était une contrée terriblement inhospitalière. Un siècle plus tard, malgré les conquêtes effectuées depuis par les armées des T'ang, les poètes de la cour de Ming-houang laissaient percer dans leurs vers l'effroi millénaire de l'âme chinoise devant ces solitudes ennemies :

« A l'automne, chante Li T'ai-po, nos voisins des frontières descendent de leurs montagnes. Il faut passer la Grande Muraille et se porter au-devant d'eux. Le tigre de bambou est partagé et le général se met en marche : les soldats de l'Empire ne s'arrêteront que dans les sables du Gobi. Le croissant de la lune suspendu dans le vide, c'est tout ce qu'on aperçoit dans ce farouche désert où la rosée se cristallise sur le fer poli des sabres et des cuirasses. Bien des jours s'écouleront avant celui du retour. Ne soupirez pas, jeunes femmes, il faudrait soupirer trop longtemps. »

Plus loin encore, c'était la cime neigeuse des T'ien-chan, du K'ouen-louen et des Pamirs, où des périls plus grands encore attendaient le soldat et le pèlerin :

« Au cinquième mois la neige n'est pas encore fondue dans les T'ien-chan. Pas une fleur ne se montre sous un climat si rigoureux. On entend bien jouer sur la flûte l'air printanier de la chanson des saules, mais la couleur du gai printemps ne s'offre nulle part à la vue. » (Li T'ai-po.)

Sur ces confins de deux mondes, les armées des T'ang elles-mêmes n'étaient jamais en sécurité :

« L'aurore paraît. Il faut combattre, attentif aux ordres pressés de la cloche et du tambour. La nuit vient, on dort sans quitter sa selle, en tenant embrassée l'encolure de son cheval... » (Li T'ai-po.) Que dire du pèlerin qui allait s'aventurer dans ces solitudes, n'ayant même pas l'appui de son gouvernement, puisque, au contraire, il devait se cacher des derniers avant-postes chinois ?

Passé Leang-tcheou, les frontières étaient fermées, et il n'était permis à personne de les franchir sans une autorisation impériale. Prévenu des intentions de Hiuan-tsang le gouvernement de Leang-tcheou le fit mander et lui ordonna de rentrer en Chine. Le pèlerin se contenta de montrer plus de prudence, et partit en secret pour l'Ouest, se cachant le jour et cheminant la nuit. Il atteignit ainsi Koua-tcheou, dans la partie méridionale de l'oasis de Ngan-si, à environ 12 kilomètres au sud du Soulo-ho *(alias* Chou-lei-ho) ou rivière de Bulunghir. Pour aller prendre la piste de Ha-mi, première oasis de l'actuel Turkestan oriental, il devait tout d'abord passer la rivière. Entreprise difficile, car le Sou-lo-ho, sur une partie de son cours, était un torrent encaissé et impétueux au point d'être infranchissable en barque, et, s'il s'élargissait ensuite, c'était pour se transformer en marécage en arrivant au Qara-nor. Le passage était d'ailleurs gardé par la forteresse chinoise de la Porte-de-Jade ou Yu-men-kouan, qui commandait toute la vallée. Une fois sur la rive septentrionale et en suivant l'unique piste qui traversait le désert en direction du nord-ouest, vers l'actuel Ha-mi, il fallait encore passer sous les vues de cinq tours de garde chinoises, dernières sentinelles au seuil d'un autre monde.

En apprenant cette situation, nous dit son biographe. Hiuan-tsang fut saisi de douleur. Son cheval venait de mourir et, pour comble d'infortune, son départ ayant été signalé, des estafettes venaient d'arriver aux frontières avec mission de l'arrêter. Heureusement pour lui, le gouverneur de la région se trouvait être un bouddhiste pieux qui, au lieu d'exécuter les ordres reçus, fit disparaître le rescrit officiel, avertit l'intéressé et l'invita à s'éloigner en toute hâte. Mais les deux novices qui avaient accompagné jusque-là le pèlerin sentirent leur courage défaillir. Le premier, pris de peur, gagna Touen-houang. Hiuan-tsang congédia lui-même le second comme incapable de supporter les fatigues de la route.

Le Maître de la Loi se trouvait donc seul. Il acheta un nouveau cheval et supplia le bodhisattva Maitreya de lui envoyer un guide pour passer les derniers postes frontière. Peu après se présenta à lui un jeune barbare, bouddhiste de religion, qui s'offrit à le guider. Se fiant à ses protestations de piété, le pèlerin accepta l'offre avec joie, et entra avec son guide improvisé, avant le coucher du soleil, dans une steppe couverte d'herbes touffues. La rencontre qu'il fit d'un vieillard originaire de ces confins put mettre son courage à l'épreuve. Avec force le nouveau venu lui démontra toute son imprudence : « Les routes de l'Ouest sont mauvaises et dangereuses. Tantôt on est arrêté par des sables mouvants, tantôt par des vents brûlants : lorsqu'on les rencontre, il n'est personne qui puisse y échapper. Souvent des caravanes nombreuses s'égarent et périssent. A plus forte raison, maître vénéré vous qui êtes seul, comment pourrez-vous accomplir ce voyage ? Prenez des précautions et ne jouez pas ainsi votre vie ! » Comme Hiuan-tsang répétait son inébranlable résolution, le vieillard l'obligea à accepter sa monture, un vieux cheval roux qui avait déjà fait plus de quinze fois le chemin de Ha-mi.

Hiuan-tsang et son guide parvinrent ainsi en vue de Yu-men-kouan. C'était la nuit. En coupant quelques arbres le guide jeta sur le Sou-lo-ho une passerelle, fouetta son cheval et le fit traverser. Parvenu sur la berge septentrionale, le Maître de la Loi, épuisé de fatigue, étendit une natte sur le sol et s'assoupit. Soudain il entrevit un spectacle étrange : son énigmatique compagnon, couché à une centaine de pas, tirait son épée, se levait et se dirigeait tout doucement vers lui ; parvenu à moins de dix pas, il paraissait hésiter, rebroussait chemin, et comme Hiuan-tsang, conscient du danger, se levait aussi en recommandant son âme au bodhisattva Avalokiteçvara, l'inquiétant personnage battait définitivement en retraite, allait se recoucher et s'endormait. Nul doute que dans cet esprit mobile et cupide de barbare la pensée d'un crime n'ait un moment surgi ; ensuite, soit par crainte superstitieuse, soit par un reste de piété, l'homme avait changé d'avis ; mais nulle compagnie n'était moins sûre...

Aux premiers rayons du soleil, Hiuan-tsang, sans faire allusion à cette étrange alerte nocturne, ordonna au guide d'aller chercher de l'eau. Le jeune homme obéit de mauvaise grâce. Soit honte secrète d'avoir été deviné, soit crainte effective des avant-postes chinois, il allégua les difficultés de la route : « Cette piste est immensément longue et pleine de périls. On n'y trouve ni eau ni pâturages. Seulement, au bas de la cinquième tour à signaux, il y a de l'eau excellente. Il faudra y aller en puiser la nuit, à la dérobée, et y passer vite, car, si d'en haut on nous aperçoit, nous sommes perdus. Le plus sûr est de nous en retourner. » Le Maître de la Loi s'y étant refusé énergiquement, ils s'avancèrent dans la steppe en se dissimulant de leur mieux, tantôt se baissant, tantôt relevant la tête pour s'orienter. Soudain le jeune homme tira son sabre, banda son arc et pria Hiuan-tsang de marcher devant. Hiuan-tsang, qui n'avait désormais aucun doute sur ses intentions, refusa. Le guide, intimidé par sa ferme contenance, consentit encore à partir en éclaireur, mais au bout de quelques kilomètres, il prétexta sa répugnance à enfreindre les ordres impériaux, abandonna le pèlerin et disparut.

Hiuan-tsang pénétra seul dans le désert de sable, dans le Gobi illimité, tueur de troupeaux et de caravanes. Se guidant sur les monceaux d'ossements et sur les amas de fiente de chameau dont le désert était jalonné, il cheminait d'un pas lent et pénible. Soudain il aperçut comme des centaines de troupes armées qui semblaient couvrir l'horizon. « Il les voyait tantôt marcher et tantôt s'arrêter. » Tous les soldats étaient vêtus d'étoffes de feutre et de fourrure, à la manière des barbares du Gobi et de l'Altaï. « Ici apparaissaient des chameaux et des chevaux richement équipés ; là des lances étincelantes et de brillants étendards. Bientôt c'étaient de nouvelles formes, de nouvelles figures, et à chaque instant cette scène mouvante offrait tour à tour mille métamorphoses. Mais dès qu'on s'approchait, tout s'évanouissait... » Le pèlerin se crut en présence de l'armée de Mâra, le démon du bouddhisme. Il venait d'être victime d'un mirage du désert.

Danger plus réel, il approchait de la première des tours à signaux, ultimes gardiennes de la frontière chinoise[1]. Pour échapper aux veilleurs, il alla se cacher dans un canal ensablé et ne repartit qu'à la nuit. Arrivé à l'ouest de la tour, il aperçut le point d'eau qu'on lui avait annoncé et y descendit pour boire et remplir ses outres. Mais au même instant il entendit siffler une flèche qui faillit le blesser au genou. Puis une seconde flèche vint se ficher en terre à ses côtés. Il comprit qu'il avait été vu et cria de toutes ses forces : « Je suis un religieux qui vient de la capitale. Ne tirez pas sur moi ! » et prenant son cheval par la bride, il se dirigea vers la tour. Les gardes lui ouvrirent la porte et le conduisirent à leur commandant. Celui-ci, qui était originaire de la ville de Touen-houang, professait le bouddhisme. Lui aussi remontra à Hiuan-tsang les périls de son entreprise et tenta d'abord de l'y faire renoncer.

L'excellent homme conseillait au pèlerin de terminer son voyage à Touen-houang où résidait un religieux plein de science. La vivacité de la réponse éclate encore dans le récit du biographe : « Dès mon enfance je me suis passionné pour la religion du Bouddha. Dans les deux capitales (Tch'ang-ngan et Lo-yang), les hommes qui connaissent la Loi bouddhique, les religieux les plus zélés n'ont jamais manqué d'accourir à mes leçons, afin de les approfondir et d'en recueillir les fruits. J'ai parlé, prêché, discuté devant eux. J'avouerai, en rougissant, que je suis le religieux le plus renommé de cette époque. Si je voulais faire encore des progrès dans la vertu et travailler à ma réputation, croyez-vous que je resterais au-dessous des moines de Touen-houang ? »

Après cette verte diatribe où le prédicateur en renom de la capitale foudroie le bonhomme d'officier provincial perdu dans une forteresse coloniale, Hiuan-tsang fait appel aux sentiments religieux de son interlocuteur : « J'étais vivement affligé de voir que les livres étaient incomplets, et que leur interprétation offrait de fâcheuses lacunes. Oubliant le soin de ma vie et bravant les obstacles et les dangers, j'ai fait serment d'aller chercher dans l'Inde la loi que le Bouddha a léguée au monde. Mais vous, homme bienveillant, au lieu d'exciter mon zèle,

1. Cette première tour a été localisée par sir Aurel Stein à la halte de Pei-tan-tsen, portée sur la carte 38 de l'atlas d'*Innermost Asia*. Cf. Aurel STEIN, *la Traversée du désert par Hiuan-tsang*, T'oungpao, 1921-1922, p. 350.

vous m'exhortez à retourner sur mes pas ! Oserez-vous dire ensuite que vous partagez ma compassion pour la douleur du monde et que vous voulez avec moi aider les hommes à atteindre le nirvâ*na* ? Si vous voulez absolument me retenir, je vous permets de m'ôter la vie. Hiuan-tsang ne fera point un pas pour retourner en Chine ! »

Le commandant du poste n'avait sans doute jamais entendu pareille éloquence. Ecrasé sous cette apostrophe, ému dans sa piété, il résolut de seconder le pèlerin. Après l'avoir ravitaillé, il lui donna une recommandation pour le prochain poste-frontière. Quant à la cinquième et dernière tour de garde[1], il lui conseilla de l'éviter, l'officier qui y commandait étant hostile au bouddhisme.

Voilà donc Hiuan-tsang qui, pour tourner ce dernier poste frontière, doit, en abandonnant la piste de Ha-mi pour suivre un tracé parallèle vers le nord-ouest, s'enfoncer en plein désert, dans ce Gachun Gobi que les Chinois appellent le fleuve de sables ; « on n'y voit ni oiseaux, ni quadrupèdes, ni eau, ni pâturages ». Et l'historiographe ajoute cette ligne admirable : « Pour se guider, il s'étudiait à observer, en marchant, la direction de l'ombre, et il lisait avec ferveur le livre de la *Prajñâ Pâramitâ* (la Sainte Sagesse bouddhique). » Nous représentons-nous ce désert où chemine seul, à travers tout péril, face à l'inconnu, cet homme qui part pour l'Inde lointaine rechercher quelques textes et confronter les systèmes métaphysiques ? Ce pèlerin qui n'a pour guide que son ombre — l'ombre de sa foi projetée sur le sable sans limite — et pour réconfort sous la flamme du soleil que la flamme mystique de la Sainte Sagesse ?

Il chercha en vain le point d'eau qu'on lui avait annoncé, « la Source des Hémiones ». « Pressé par la soif, il souleva son outre, mais comme elle était fort lourde, elle s'échappa de ses mains, et toute sa provision d'eau se répandit à terre. De plus, comme la piste faisait de longs circuits, il ne savait quelle direction suivre. » Désespéré, il reprit le chemin de la frontière chinoise. Ce fut le seul instant de doute du pèlerin. Après avoir fait une dizaine de kilomètres sur la voie du retour, il se ressaisit : « Au commencement j'ai juré, si je n'atteignais pas l'Inde, de ne jamais faire un pas pour retourner en Chine. J'aime mieux mourir en allant vers l'Occident que de retourner dans l'est pour y

1.Le poste de Sing-sing-hia, d'après les identifications de sir Aurel Stein.

vivre. » « Là-dessus, dit son biographe, il détourna la bride de son cheval et, priant avec ferveur le bodhisattva Avalokiteçvara, il se dirigea vers le nord-ouest. Il regarda de tous côtés et ne découvrit qu'une plaine sans bornes où on ne voyait aucune trace d'hommes ni de chevaux. Pendant la nuit des esprits méchants faisaient briller des torches aussi nombreuses que les étoiles ; dans le jour des vents terribles soulevaient le sable et le répandaient comme des torrents de pluie. Au milieu de ces cruels assauts son cœur restait étranger à la crainte, mais il souffrait du manque d'eau et il était tellement tourmenté par la soif qu'il n'avait pas la force de faire un pas. Pendant quatre nuits et cinq jours pas une goutte d'eau n'humecta sa gorge. Une ardeur dévorante brûlait ses entrailles, et il s'en fallut de peu qu'il ne succombât. Hors d'état d'avancer, il se coucha au milieu du sable et, bien qu'exténué de faiblesse, il invoqua sans discontinuer le nom d'Avalokiteçvara. »

« Dans ce voyage, suppliait-il, je n'ambitionne ni richesses, ni louanges, ni réputation. Mon unique but est d'aller chercher l'Intelligence supérieure et la droite Loi. Votre cœur, ô Bodhisattva, s'applique sans cesse à délivrer les créatures des amertumes de la vie. Or y en eut-il jamais de plus cruelles que les miennes ? Pourriez-vous l'ignorer ?

« Il pria ainsi avec une ardeur infatigable jusqu'au milieu de la cinquième nuit, lorsque soudain une brise délicieuse vint pénétrer tous ses membres et les rendit aussi souples et aussi dispos que s'il se fût baigné dans une eau rafraîchissante. Aussitôt ses yeux éteints recouvrèrent la vue et son cheval lui-même eut la force de se lever. Ainsi ranimé il put prendre un peu de sommeil. Mais pendant qu'il dormait il vit en songe un grand esprit, haut de plusieurs *tchang,* qui, tenant une lance et un étendard, lui cria d'une voix terrible : Pourquoi dormir encore au lieu de marcher avec ardeur ?

« Réveillé en sursaut, le Maître de la Loi se mit en route. Il avait fait près de 6 kilomètres lorsque, tout à coup, son cheval changea de direction, sans qu'il lui fût possible de le retenir ou de le ramener dans son premier chemin. » En se laissant ainsi guider par l'instinct de l'animal, il aperçut bientôt plusieurs arpents de pâturages verts, mit pied à terre et laissa le cheval brouter à son aise. Près de là brillait un étang dont l'eau était pure et claire comme un miroir. Le pèlerin y but à longs traits. Ayant refait ses forces, il remplit son outre, coupa de l'herbe pour son cheval et repartit[1].

Après deux jours de marche, Hiuan-tsang sortit enfin des sables et arriva à Yi-wou, l'actuel Ha-mi. Cette oasis longtemps peuplée par une colonie militaire chinoise avait accepté, pendant les troubles de l'Empire, la suzeraineté des Turcs. Elle allait, quelques mois après le passage de Hiuan-tsang, faire retour à la Chine (630). Le pèlerin s'y arrêta dans un couvent où vivaient encore trois religieux chinois. L'un d'eux, un pauvre vieillard, vint au-devant du Maître de la Loi et l'embrassa en pleurant. Après l'avoir longtemps pressé sur son sein avec des cris et des sanglots, il lui dit : « Pouvais-je espérer de revoir aujourd'hui un homme de mon village ? » Le Maître de la Loi éprouva, lui aussi, une tendre émotion et ne put retenir ses larmes.

Cependant le roi de Kao-tch'ang, l'actuel Turfân, l'oasis la plus proche vers l'ouest, avait été averti de la présence de Hiuan-tsang à Ha-mi. Il envoya dans cette ville dix de ses officiers, montés sur d'excellents chevaux, pour inviter le pèlerin à passer par Turfân. Cette invitation dérangeait quelque peu les plans de Hiuan-tsang qui avait l'intention d'aller visiter plus au nord la ville turque de Beshbaligh ou Pei-t'ing, à l'ouest de l'actuel Gutchen, à cause du *stûpa* bouddhique qui s'y élevait et qui lui avait valu son surnom de Qaghan-stûpa. Mais le roi de Turfân était un pieux bouddhiste et un puissant monarque dont l'influence était grande dans tout le Gobi. Hiuan-tsang déféra à son désir, et, après six jours de marche dans le désert du Char-nor, arriva à Turfân[2].

---

1. Ce point d'eau a été localisé au poste de Tchang-liou-chouei, à 56 kilomètres au sud-est de Ha-mi, par sir Aurel Stein (carte 34 de son *Innermost Asia).*
2. Pour suivre dans le détail l'itinéraire de Hiuan-tsang en Asie centrale, utiliser l'atlas de cartes qui forme le tome IV de la dernière publication de sir Aurel STEIN, *Innermost Asia* (Oxford, 1928).

CHAPITRE IV

PEINTURES PERSANES AU FOND DU GOBI

Le royaume de Turfân — le Kao-tch'ang comme l'appelaient les Chinois — était, au VIIe siècle, un des Etats les plus importants de l'Asie centrale, non seulement sur la carte politique, mais au point de vue de la civilisation.

Situé dans le Gobi central, à l'abri des deux chaînes de montagnes du Bogdo Ola et de l'Edemen Daba au nord, du Tchol-tagh au sud, le cirque de Turfân est disposé en arc de cercle autour de la rive septentrionale de l'ancien lac, en partie desséché, de l'Aïdin-kol, qu'alimente encore à l'ouest la rivière Dabân-tshing-sû. Autour de cette fraîche dépression se groupait à cette époque tout un ensemble de localités prospères qui correspondaient aux sites actuels de Toq-sun, Yâr, Bäzäklik, Murtuq, Sängim, Subashi, Idiqut-Shähri, Khotsho ou Qara-Khoja, et Tuyoq ; la capitale même était située à Qara-Khoja, à 42 kilomètres à l'est de l'actuel Turfân : noms célèbres dans l'histoire de l'archéologie depuis les récentes découvertes de la mission allemande dirigée par MM. von Le Coq et Grünwedel. Tout ce pays, aujourd'hui presque mort, vivait en effet d'une vie économique, politique et culturelle intense, attestée par les magnifiques stucs et les merveilleuses fresques que M. von Le Coq a rapportés au Museum für Volkerkunde de Berlin. Chose curieuse, la population qui habitait encore au VIIe siècle cette région si voisine du Céleste Empire et surtout des hordes turques de l'Altaï n'était ni chinoise ni turco-mongole. C'était une population indo-européenne, parlant un dialecte de cette langue tokharienne qui, parmi les langues de même famille, décelait des affinités inattendues non seulement avec l'arménien et le slave, mais même avec l'italo-celtique. Les fresques de Turfân nous présentent d'ailleurs de nombreux personnages aux yeux bleu-gris, aux cheveux roux, singulièrement proches de certains types européens.

En même temps le peuple de Turfân, comme tous les gens de l'Asie centrale à cette époque professait le bouddhisme, et, de ce fait, était, dans ses classes cultivées, tout pénétré de culture sanscrite. Des centaines de moines — les découvertes actuelles nous l'ont révélé — y traduisaient du sanscrit en tokharien les livres sacrés de l'Inde. D'autre part la civilisation matérielle y était en grande partie empruntée à la Chine et aussi à la Perse. L'Iran sassanide, par l'intermédiaire des caravaniers soghdiens, avait déjà enseigné aux gens de Turfân une partie de leur art, enseignement qui devait devenir plus intense au siècle suivant, avec les grandes fresques bouddhiques et les miniatures manichéennes de l'époque ouigoure.

Bien que la plupart des pièces archéologiques trouvées dans la région de Turfân paraissent dater de la domination ouigoure, entre 750 et 850 environ, Hiuan-tsang dut certainement rencontrer dans les sanctuaires et les palais de la fin de l'époque « tokharienne » quelques-unes de ces œuvres célèbres : figurines de stuc ou fresques de Bäzäklik représentant les Bouddhas ou des bodhisattva, qui sont la dernière production, vers l'est, de l'art gréco-bouddhique du Gandhâra, — fresques d'Idiqut-Shahri où se montre parfois à nous quelque divinité féminine coiffée à la grecque, drapée dans une palla et un peplum grecs, — divinités lunaires de Sangim présentant dans leurs écharpes indiennes le plus heureux mélange de souplesse hindoue, d'élégance hellénique et de joliesse chinoise. Réflexe spontané : les figures grécisantes de Bouddhas gandhâriens, si fades partout ailleurs, arrivent ici à nous émouvoir. Nous nous complaisons à la pureté et à la douceur encore apolliniennes de leur ovale. C'est qu'il s'agit ici, selon l'heureuse formule de M. von Le Coq, des derniers « antiques attardés » — attardés dans le temps jusqu'en plein Moyen Age, oubliés dans l'espace jusqu'au fond du Gobi. Dans une inspiration toute différente, curieusement iranienne celle-là, les beaux chevaliers des fresques de Bäzäklik retrouvés par von Le Coq sont sans doute les contemporains ou les petits-fils des seigneurs de Turfân rencontrés par Hiuan-tsang : le *Parsifal de Bäzäklik* du Musée de Berlin, ce jeune et suave chevalier qu'un religieux reçoit dans les ordres en lui imposant la tonsure, est bien le compatriote de ce roi K'iu Wen-t'ai qui va montrer tant de zèle pour la Foi qu'il passera ses nuits à écouter Hiuan-tsang. Un peu plus loin, à Murtuq, nous avons vu, avec leurs chameaux et leurs mulets, la fidèle image des caravaniers tokhariens ou soghdiens qui durent, plus d'une fois, être les compagnons de voyage de notre philosophe, car la route des pèlerinages était aussi la grande route de la soie.

Quant à la Chine, elle avait donné aux gens de Turfân leur dynastie, celle des K'iu, sur le trône depuis 507. Le roi R'iu Wen-t'ai alors régnant (620-640 environ), qui est précisément le mieux connu de la famille, paraît avoir eu une assez forte personnalité. Se souvenant de son ascendance chinoise, ou sentant tout simplement d'où le vent soufflait, il avait, dès l'avènement de T'ai-tsong, offert à l'empereur une fourrure de renard noir. Sur quoi T'ai-tsong offrit à la reine, sa femme, une parure de fleurs d'or. Sur quoi K'iu Wen-t'ai offrit à T'ai-tsong une petite table à plateau de jade. Peu après le passage de Hiuan-tsang, en décembre 630, K'iu Wen-t'ai devait se rendre en personne à la cour de Chine où il obtint l'insigne honneur d'être adopté dans le clan impérial. Ce ne sera que plus tard, à la fin de sa vie, que rendu vain par ces honneurs, par la prospérité de son royaume et se fiant à l'appui des hordes turques, il commettra la folie de s'allier à ces dernières pour refuser l'hommage dû à l'Empire et couper les caravanes entre la Chine et la Kashgharie : il devait mourir de saisissement en apprenant l'approche des armées impériales (640).

Tel que nous le décrit Hiuan-tsang, K'iu Wen-t'ai était bien le prince impérieux et orgueilleux que nous laissent entrevoir les annales des T'ang. A la nouvelle que Hiuan-tsang séjournait à Ha-mi, il l'avait mandé auprès de lui, et, malgré les protestations du pèlerin qui eût préféré un autre itinéraire, il l'avait presque fait enlever de force. Hiuan-tsang arriva à Turfân après le coucher du soleil. Dans sa hâte de le voir, le roi n'attendit pas le jour. Sur-le-champ il sortit de son palais à la lueur des torches, se rendit à la rencontre du pèlerin et l'installa dans un pavillon magnifiquement aménagé, au milieu d'une tente formée d'étoffes précieuses.

C'était en effet, en dépit de sa violence, un fort dévot personnage que le roi K'iu Wen-t'ai. Le discours de bienvenue qu'il tint à Hiuan-tsang nous édifie sur l'ardeur de sa foi bouddhique : « Maître, lui fait dire le biographe depuis que votre disciple a entendu parler de votre arrivée, il en a été ravi au point d'oublier le manger et le sommeil. Ayant calculé la route que vous aviez à parcourir, j'ai acquis la certitude que vous arriveriez cette nuit. C'est pourquoi moi, ma femme et mes enfants, renonçant tous au sommeil, nous nous sommes occupés à lire les livres sacrés en vous attendant avec respect. » Quelques instants après, en effet, la reine, accompagnée de plusieurs dizaines de servantes, vint aussi rendre visite au Maître de la Loi, et nous ne pouvons nous empêcher d'imaginer ces cortèges royaux en évoquant, tels qu'ils surgissent du fond du passé dans les albums de M. von Le Coq, tous les donateurs princiers, toutes les belles dames de Bäzäklik et de Sangim...

Tel était le zèle du roi de Turfân qu'il fallut que Hiuan-tsang lui accordât immédiatement un entretien qui se prolongea le reste de la nuit. On atteignit ainsi le petit jour. Le pèlerin était rompu de fatigue. Il dut rappeler doucement le monarque à plus de discrétion et put enfin goûter un peu de repos.

Ce premier contact était symptomatique. De fait, la dévotion du roi de Turfân allait se montrer singulièrement exigeante et sa protection quelque peu tyrannique. Certes, il combla le Maître de la Loi de cadeaux et d'honneurs, il mit sous ses ordres les plus illustres religieux de son royaume. Mais, heureux d'avoir reçu la visite d'un tel docteur, il entendait le conserver auprès de sa personne comme guide spirituel de sa famille et chef de la communauté bouddhique de Turfân. Vainement le Maître de la Loi lui exposa-t-il les raisons de son voyage : « Je n'ai pas entrepris ce voyage pour recevoir des honneurs ! J'étais affligé de voir que dans mon pays on n'avait qu'une intelligence incomplète de la loi bouddhique et que les textes sacrés étaient devenus rares et défectueux. Agité par des doutes pénibles, j'ai voulu aller chercher moi-même les monuments purs et authentiques de la Loi. C'est pour cela que je me suis élancé au péril de ma vie vers les contrées de l'Ouest, afin d'entendre des doctrines inconnues. Je veux que par mes efforts la divine ambroisie n'humecte pas seulement la terre indienne, mais qu'elle se répande dans toute l'étendue de la Chine. Comment pourriez-vous m'arrêter à mi-chemin ? Je vous en prie, ô roi, renoncez à votre projet et cessez de m'honorer d'une amitié aussi excessive ! »

La réponse du roi prouva qu'il ne céderait point : « Votre disciple vous aime avec une tendresse sans bornes. Je veux absolument vous retenir pour vous offrir mes hommages, et il serait plus aisé de transporter les monts du Pamir que d'ébranler ma résolution. »

Hiuan-tsang était atterré, mais sa décision était non moins irrévocable. Il persista dans son refus. « Alors le roi, rougissant de colère et étendant un bras menaçant, s'écria d'une voix forte : Votre disciple va maintenant vous traiter d'une autre manière et l'on verra si vous pourrez partir librement ! Je suis décidé à vous retenir de force ou à vous faire reconduire dans votre pays. Je vous engage à y réfléchir ; le mieux est encore de céder. » La discussion prenait un tour dramatique : « C'est pour la sublime Loi que je suis venu, répondit héroïquement Hiuan-tsang. Le roi ne pourra retenir que mes os ; il n'a aucun pouvoir sur mon esprit ni sur ma volonté. »

Le roi K'iu Wen-t'ai restait inflexible. En même temps il comblait le pèlerin d'honneurs extraordinaires, allant jusqu'à le servir lui-même à table. Hiuan-tsang, voyant qu'il n'arrivait pas à le fléchir, menaça de se laisser mourir de faim. « Il s'assit dans une attitude droite et immobile et, pendant trois jours, pas une goutte d'eau ne pénétra dans sa bouche. Le quatrième jour le roi reconnut que la respiration du Maître de la Loi s'affaiblissait de plus en plus. Honteux et effrayé des suites de sa rigueur, il se prosterna jusqu'à terre et lui offrit respectueusement des excuses. » Il jura devant la statue du Bouddha de laisser partir son hôte : alors seulement Hiuan-tsang consentit à prendre quelque nourriture.

A la demande de K'iu Wen-t'ai, Hiuan-tsang accepta cependant de rester un mois encore à Turfân pour expliquer sa doctrine à la cour et au peuple. « Le roi fit dresser une tente où pouvaient s'asseoir 300 personnes. La reine mère, le roi, le supérieur des couvents du pays et les grands officiers étaient rangés en groupes séparés et l'écoutaient avec respect. Chaque jour, au moment de la conférence, le roi allait au-devant de lui avec une cassolette de parfums et le conduisait jusqu'au pied de la chaire. Là, s'agenouillant humblement, il tenait à lui servir de marchepied et l'obligeait de monter ainsi à son fauteuil. »

N'ayant pu attacher Hiuan-tsang à sa personne, le roi K'iu Wen-t'ai, avec le même zèle touchant, avec la même fougue, mit tout en œuvre pour faciliter son voyage. Il lui fit préparer pour la traversée des T'ien-chan et du Pamir tous les vêtements nécessaires contre le froid, masques, gants, bottes, etc. Il le combla de cadeaux, en pièces d'or, d'argent, de satin et de soie, de quoi subvenir à tous ses besoins pendant le voyage qu'il projetait. Il lui donna 30 chevaux et 25 domestiques. Surtout il chargea un de ses officiers de le conduire jusqu'à la résidence du grand-khan des Turcs occidentaux avec lequel il était en rapports d'amitié étroite et presque de vasselage : service inestimable, comme nous le verrons, car l'empire des Turcs occidentaux, alors à l'apogée de leur puissance, s'étendait de l'Altaï à la Bactriane et le succès du pèlerinage de Hiuan-tsang dépendait de leur bon vouloir. Dans le même but, K'iu Wen-t'ai remit au Maître de la Loi 24 lettres de recommandation, avec autant de cadeaux, pour les princes de l'Asie centrale, à commencer par son voisin, le roi de Kutshâ. Mais il est évident qu'à cette date la protection des Turcs était la plus importante et répondait de tout le reste. Aussi K'iu Wen-t'ai, pour concilier au pèlerin les faveurs du grand-khan, envoya-t-il à ce dernier, par la même occasion, un véritable tribut. « Il fit placer sur deux chars 500 pièces de satin destinées au khan. Ces cadeaux étaient accompagnées d'une lettre disant : « Le Maître de la Loi est le frère cadet de votre esclave ; il a l'intention d'aller chercher la Loi bouddhique dans le pays des brahmanes. Je désire vivement que le khan montre au Maître de la Loi la même bienveillance qu'à l'esclave qui écrit ces lignes respectueuses. »

A partir de ce moment le voyage de Hiuan-tsang allait se poursuivre dans de tout autres conditions que précédemment. Parti de Chine contre l'agrément de la cour chinoise, sans appui politique, sans aide aucune, il était à la merci du moindre obstacle. La protection personnelle, l'intervention diplomatique du roi de Turfân lui conféraient au contraire un caractère officiel. C'étaient toutes les petites cours du Gobi ouvertes devant lui ; c'était surtout la puissance des Turcs occidentaux mise à son service, car la lettre du roi de Turfân au khan ne nous laisse guère de doute sur les rapports de ces deux princes : le premier était vassal du second et c'est au nom de ce vasselage qu'il était en droit de réclamer aide et protection pour son ami. Cette protection d'ailleurs conduira le pèlerin jusqu'aux portes mêmes de l'Inde, car le monarque qui régnait en Bactriane se trouvait être à la fois le fils du khan et le gendre de K'iu Wen-t'ai.

Hiuan-tsang, qui avait failli trouver à Turfân le terme de son voyage, y avait au contraire rencontré des possibilités inattendues pour le mener à bien. Le jour de son départ K'iu Wen-t'ai l'accompagna hors de la ville avec toute la cour, tous les religieux du pays, toute la multitude du peuple. Il prit en pleurant congé du Maître de la Loi. Celui-ci lui promit, à son retour, de venir passer trois ans à Turfân, et nous savons que telle devait être la première pensée de Hiuan-tsang quatorze ans plus tard en rentrant de l'Inde en Kashgharie. Mais la mort tragique de son bienfaiteur, survenue dans l'intervalle, devait rendre inutile le geste du pèlerin.

De Turfân, Hiuan-tsang s'achemina vers la ville de « Yen-k'i », l'actuel Qarashahr, en traversant un contrefort montagneux célèbre par ses mines d'argent. Bien que Turfân et Qarashahr constituassent à cette époque deux Etats très anciennement civilisés, haltes importantes pour le commerce des caravanes — ou précisément à cause de ce dernier point — les pistes qui les reliaient étaient fréquemment coupées par des troupes de brigands. Hiuan-tsang aperçut les cadavres de plusieurs riches marchands étrangers qui, pour devancer leurs concurrents, s'étaient séparés du gros de leur caravane. Lui-même rencontra un parti de brigands qui le rançonnèrent.

Après ces périls, on arrivait à un pays remarquablement prospère. Le pèlerin nous décrit Qarashahr comme une fertile oasis que sa ceinture de montagnes et les gorges qui y donnaient accès permettaient de défendre facilement. « Plusieurs rivières qui se joignent ensemble lui forment une sorte de ceinture » : de fait l'oasis est arrosée par un fleuve pittoresque le Qaidu-gol ou Yulduz, qui descend de la chaîne du Boro Khoro dans une vallée encaissée, en direction nord-ouest, — c'est ce qu'on appelle le Petit Yulduz — puis se détourne brusquement et coule parallèlement en direction opposée, vers le sud-est — c'est ce qu'on appelle la vallée du Grand Yulduz — jusqu'à ce que le fleuve se jette en aval de Qarashahr dans le lac du Bagrach-kul, sur la rive occidentale duquel est bâtie la ville. L'irrigation, aujourd'hui abandonnée, assurait alors à l'oasis une grande fertilité et permettait la culture du riz, du millet, du blé, de la vigne, des poiriers, des pruniers, des jujubiers et des manguiers.

Comme Turfân, Qarashahr était à cette époque une cité indo-européenne, de dialecte « tokharien ». Comme à Turfân les fouilles pratiquées par M. von Le Coq sur le site même de la ville ou un peu plus au sud, à Shorchuq, nous ont révélé une riche civilisation d'inspiration bouddhique, avec un art mixte emprunté partie à l'Inde, partie à l'Iran sassanide. Le récit de Hiuan-tsang nous apprend qu'on y comptait une dizaine de couvents, avec près de 2 000 religieux se rattachant à la secte hînayâniste des Sarvâstivâdin. A l'exemple du roi de Turfân, celui de Qarashahr se montrait un bouddhiste fort pieux — lui aussi vint à la rencontre de Hiuan-tsang avec ses ministres et le conduisit au palais où il lui offrit tout ce dont le voyageur pouvait avoir besoin. Cet accueil s'adressait au religieux illustre qu'était Hiuan-tsang, car les recommandations diplomatiques dont l'avaient muni les gens de Turfân ne pouvaient ici que lui nuire : les habitants de Qarashahr, voisins immédiats de ceux de Turfân, avaient toujours eu à souffrir des empiètements de ces derniers. Aussi, tout en faisant le meilleur accueil personnel à Hiuan-tsang, évita-t-on d'héberger son escorte tourfanaise à laquelle on refusa même des chevaux de relais. Hiuan-tsang ne passa donc qu'une nuit à Qarashahr. Dès le lendemain il repartit dans la direction de Kutshâ.

Qarashahr et Kutshâ qui, sur les cartes à petite échelle, semblent deux voisines jumelles, sont en réalité séparées du côté du nord par de hautes montagnes, rattachées à la chaîne principale de T'ien-chan. Hiuan-tsang, après avoir « traversé un grand fleuve » (le Yulduz ou Qaidugol), dut prendre la piste qui file au pied des montagnes, par Korla et Yangihissar, et entra dans le royaume de Kutshâ, vraisemblablement par les oasis de Bugur et de Kîrish ou de Yaqa âriq.

Kutshâ, que l'on appelait en chinois Kiu-tche, et mieux K'iu-tseu ou K'ieou-tseu et en sanscrit Kuci, était peut-être la ville la plus importante de l'Asie centrale. Hiuan-tsang fut frappé de sa prospérité matérielle et de l'éclat de sa civilisation. « Le royaume a environ 1 000 *li* de l'est à l'ouest et environ 600 *li* du sud au nord (rappelons que le *li* a 576 mètres). La circonférence de la capitale est de 17 à 18 *li*. Le sol est favorable au millet rouge et au froment. Il produit en outre du riz, de l'espèce appelée keng-t'ao, des raisins, des grenades et une grande quantité de poires, de prunes, de pêches et d'abricots. On y trouve des mines d'or, de cuivre, de fer, de plomb et d'étain. Le climat est doux, les mœurs sont pures et honnêtes. L'écriture a été empruntée à l'Inde, mais avec quelques modifications. Les musiciens de ce pays effacent ceux de tous les autres royaumes par leur talent sur la flûte et la guitare. »

Les historiens chinois laïques complètent cette description. Déjà au IVe siècle, le *Tsin-chou* nous affirmait dans son émerveillement que « le palais du roi de Kutshâ a la splendeur d'une demeure des génies ». Pour l'époque suivante et pour celle de Hiuan-tsang, *l'Histoire des Wei* et *l'Histoire des T'ang*, plus intéressées que le pieux pèlerin aux choses du siècle, nous laissent entrevoir la vie de plaisir qu'au sortir du désert les caravaniers trouvaient dans cette fertile oasis : le charme des femmes de Kutshâ était célèbre, ainsi que les cosmétiques et les parfums de Perse qu'elles employaient et dont Kutshâ était l'entrepôt. On vantait aussi les tapis de Kutshâ, on citait la beauté de ses paons, animaux indigènes d'une vallée montagneuse au nord de la ville. Mais, comme le dit Hiuan-tsang, ce qui, d'après le *T'ang chou,* faisait surtout la gloire de la ville, c'était l'excellence de ses musiciens. « Ces musiciens étaient alors si habiles qu'ils pouvaient, après un peu d'exercice, reproduire un air entendu une seule fois. Quatre danseurs étaient joints à cet orchestre. La danse dite des Cinq Lions, qui eut un long succès en Chine, fut importée par les chœurs de Kutshâ. » Un orchestre koutchéen avait en effet été introduit à la cour de Chine, et, pendant toute la période T'ang, prit part aux fêtes impériales. Les musiciens, nous dit *l'Histoire des T'ang,* portaient un turban de soie noire, une robe de soie cramoisie, des manches brodées et un pantalon cramoisi. Les noms de leurs airs nous ont même été transmis : *Rencontre du septième soir, la Femme de jade fait circuler la coupe, le Concours de fleurs, le Jeu de cache-agrafe,* etc. Vieux titres poétiques et fleuris qui nous apportent un peu de l'âme des musiques d'autrefois, en cette oasis perdue du désert de Gobi, où se conservaient encore en plein Moyen Age, à la veille de la turquisation, les anciennes cultures de l'Inde et de l'Iran[1].

La population de Kutshâ, comme celle de Turfân et de Qarashahr, était d'ailleurs, à cette époque, encore indo-européenne. La langue qu'on y parlait, le « koutchéen », est un des deux dialectes connus de ces langues « tokhariennes » qui ne se rapprochent pas seulement de l'iranien et du sanscrit, mais aussi, et plus encore peut-être, de nos anciennes langues d'Occident, comme le latin et le celte. De sorte que certains savants sont allés jusqu'à considérer Kutshâ comme « une oasis italo-celtique oubliée en plein Gobi ».

Quoi qu'il en soit, au point de vue de la culture, Kutshâ était toute pénétrée d'influences indiennes et iraniennes.

Indienne, Kutshâ l'était par la religion et par l'art. Un nom suffit pour rappeler l'importance qu'y avaient prise, grâce au bouddhisme, les études sanscrites : le nom de Kumârajîva. Ce religieux, « le plus grand peut-être, dit Sylvain Lévi, de tous les traducteurs qui firent passer en Chine le génie et les œuvres du bouddhisme indien », avait en effet consacré sa vie (entre 344 et 413) à la même œuvre que, deux siècles et

---

1. Une charmante légende, rapportée par le pèlerin Wou-k'ong (790), donnait les airs de musique tokhariens pour des chants de cascade interprétés : « Dans ces montagnes est une eau qui coule goutte à goutte en produisant des sons musicaux ; une fois par an à une certaine date, on recueille ces sons pour en faire un air de musique... » (Trad. Chavannes, *J. A.*, 1895, II, 364.)

demi plus tard, le Maître de la Loi Hiuan-tsang. Fils d'un Indien établi à Kutshâ et de la fille du roi de ce pays, il était allé, tout jeune, au Kâçmîr, où il entra dans les ordres et se perfectionna dans la connaissance de la littérature sanscrite depuis les *Veda* jusqu'aux textes du bouddhisme hînayâniste. Agé de moins de vingt ans, il retourna à Kutshâ et y fut converti à la doctrine mahâyâniste par un fils du roi de Yârkand. Il resta dans sa ville natale jusqu'en 383, époque où une armée d'invasion chinoise le ramena avec elle dans la Chine du Nord. Tant en Chine qu'à Kutshâ il traduisit une quantité énorme de traités bouddhiques, notamment *le Lotus de la bonne Loi,* divers ouvrages de métaphysique de l'école *mâdhyamika* et le délicieux *Sûtrâlamkâra.* De sorte qu'il n'est pas exagéré de dire que c'est par l'intermédiaire de Kutshâ qu'une bonne partie de la littérature sanscrite a été transmise à l'Extrême-Orient.

Avec la religion de Çâkyamuni, l'art indien, sous sa double forme, gréco-bouddhique et gupta, trouva à Kutshâ une terre d'élection. Parmi les stucs de Qizil, de Qumtura ou de Duldur-Agur, nous remarquons des têtes de brahmanes, de *mlechchas ou* de *yakshas* dont le faciès étranger aurait frappé Hiuan-tsang, car il s'agit, ici comme au Gandhâra, de figures de Zeus, d'Heraklès ou de Silène adaptées à l'iconographie bouddhique. Plus loin, des draperies classiques, des nus d'éphèbes dignes des vases grecs, des scènes érotiques évoquant une scène de banquet gréco-romain, des figurines qui rappellent Alexandrie, de charmantes statuettes féminines dont on ne sait si l'élégance vient de Tch'ang-ngan ou de Myrina. Et ces délicieux « antiques attardés », M. Pelliot les retrouvera à Tumshuq sur le chemin de Kutshâ à Kâshghar, avec la série de têtes de stuc qui ornent aujourd'hui une des vitrines de sa salle du musée Guimet : tête d'étranger barbu dont la finesse souriante pourrait être celle d'un philosophe athénien de la bonne époque — tête romaine de moine, maigre, avisée et rusée, grasse tête romaine à la Vitellius —, *mlechchas* qui sont des satyres ou des Socrates, etc. Avec de telles œuvres, les pèlerins chinois, comme Hiuan-tsang, pouvaient, sans s'en douter, prendre à Kutshâ contact avec l'art du monde gréco-romain, de ce lointain « *Ta-ts'in* » et de ce « *Fou-lin* » (Rome et l'Asie romaine) dont les Chinois avaient déjà une notion suffisante. Ces stucs d'ailleurs sont presque contemporains du Maître de la Loi, car ils datent en bonne partie du VIe siècle de notre ère. Quant à nous, nous ne saurions oublier qu'à cette époque, l'art grec, à

Byzance, n'était plus qu'un souvenir : son éclat attardé et comme posthume se faisait cependant toujours sentir en Kashgharie. Ainsi la lumière d'une étoile morte depuis des siècles continue à nous parvenir à travers l'espace et le temps.

En même temps que l'art indo-grec, l'art proprement indien des ateliers gupta se faisait directement sentir dans la région koutchéenne. Il suffit d'évoquer à ce sujet une fresque de la grotte de Mâyâ, à Qizil, antérieure au VIIIe siècle, et où, sur une représentation des *Quatre grands miracles,* une reine Mâyâ, en attitude de danseuse devant l'arbre de la Nativité, s'apparente directement aux plus souples figures féminines d'Aja*nt*â.

Les influences iraniennes n'étaient pas moins visibles. Si Kutshâ, au point de vue littéraire et religieux, faisait partie intégrante de « l'Inde extérieure », au point de vue de la civilisation matérielle, c'était en même temps une province de « l'Iran Extérieur ». Rien de plus suggestif à cet égard que les peintures rapportées au musée de Berlin par M. von Le Coq[1]. Nous y voyons s'affirmer à la fois le type ethnique de la population « tokharienne » qui au VIIe siècle restait encore maîtresse de la ville, et l'attrait que la culture de la Perse exerçait sur cette population.

Les fresques de Qizil et de Qumtura (qui, pour la plupart sans doute, datent précisément du VIIe siècle), nous montrent en effet avec une singulière précision la brillante société koutchéenne rencontrée par Hiuan-tsang. Et c'est vraiment une surprise, car, dans cette oasis morte du Gobi, voici ressuscitée sous nos yeux, en pleine fraîcheur, toute une brillante chevalerie dont les héros semblent sortis de quelque feuillet de miniature persane. Plus rien de chinois en effet, plus rien d'indien ici. Seulement une province artistique iranienne oubliée au seuil de l'Extrême-Orient, et qui, ayant échappé à la catastrophe musulmane, forme le lien entre la peinture sassanide de Bâmiyân et de Dokhtar-i Noshirwân, et la peinture timuride ou safawide. Or, par une curieuse rencontre, cette Perse du Gobi se trouve, dans le domaine des conceptions artistiques et de la culture matérielle, toute proche de notre

1. Excellentes reproductions en couleur dans les albums de M. von Le Coq, *Die buddhistiche Spatantike in Mittelasien.*

Occident médiéval : par l'aspect extérieur, le style général, l'ambiance même, la chevalerie de Qizil et de Qumtura est sœur de la nôtre.

Voici devant nous, dans sa grâce juvénile — un page de Benozzo Gozzoli ou un page de Bihzâd ! — l'artiste de génie qui s'est peint lui-même dans la grotte de Qizil appelée de son nom « la Grotte du Peintre ». Tenant délicatement dans la main gauche son pot de couleurs il dessine sur le mur, avec l'allégresse et la ferveur d'un Fra Angelico, quelque image de Bodhisattva, quelque scène des « vies antérieures » ou quelque paradis de pureté. Ce n'est pourtant qu'un Koutchéen de condition moyenne, comme l'atteste l'arme qu'il porte à la ceinture et qui, au lieu de l'épée nobiliaire, n'est que le poignard large et court à poignée rectangulaire ou fleurdelisée. Mais quelle élégance, déjà, dans ce justaucorps serré à la taille, décoré, sur le côté droit du col, du grand revers rectangulaire ou triangulaire, caractéristique du costume koutchéen ! Et du reste les longues bottes montantes nous rappellent que dans cet îlot indo-européen de Kutshâ, véritable oasis ethnique où le peuple tout entier formait comme une aristocratie, les artistes eux-mêmes étaient des Cavaliers.

Et voici l'aristocratie proprement dite, telle que notre peintre et ses émules, aux parois de Qizil et de Qumtura, la font défiler devant nous. Voici, à la *Grotte des seize porte-glaives,* tout un groupe de chevaliers qui purent faire partie du cortège de Hiuan-tsang, car ils datent précisément du VIIe siècle. Quelle surprise de retrouver ici des gens de notre race, à l'ovale pur, au long nez droit, aux sourcils bien arqués. De notre race vraiment, car, à moins qu'il ne s'agisse d'une teinture au henné, la plupart sont d'un roux qui n'a rien d'iranien. Quelle élégance dans ces physionomies délicates, soigneusement rasées à l'exception d'une imperceptible moustache, dans cette mode locale qui partage la chevelure en deux toupets sur le milieu du front, tandis que le reste des cheveux est rabattu sur la nuque et noué d'un ruban. Tels que Hiuan-tsang put les admirer un jour de l'an 629, tels ils nous apparaissent encore sur les murs du musée de Berlin où M. von Le Coq a rapporté leur image, sveltes damoiseaux à la taille bien prise, qui se balancent sur leurs pointes, dans leur vêtement de parade.

Car nous connaissons jusqu'à la dernière mode de leurs vêtements, jusqu'à leurs nuances préférées. Nous les avons vus défiler dans leurs longues « redingotes » droites, serrées à la taille par un ceinturon de métal, qui retombent ensuite en s'évasant sur les genoux. Nous avons remarqué sur eux, soit du côté droit seulement, comme tout à l'heure chez *le Peintre,* soit des deux côtés du col comme chez les seigneurs de plus noble lignage, ce grand revers toujours très orné et vraiment de haute allure, qui reste la marque propre de l'élégance koutchéenne. Documentés comme nous le sommes, nous pourrions nous complaire (car c'est une fête des yeux) à énumérer les garnitures, les fleurettes, les passementeries, les broderies et les chamarrures qui couvrent non seulement ces revers mais les larges bandes de bordure des tuniques. Et, pour que l'évocation soit complète, voici les couleurs, à peine adoucies par le temps et qui d'ailleurs n'auraient pas eu besoin de l'être, car toute cette aristocratie koutchéenne paraît avoir eu une prédilection pour les tons neutres et les teintes atténuées. Voyez ces tuniques blanches ornées de bordures à tonalités d'un bleu laiteux ou ces tuniques bleu pâle à bordure blanche, ou ces justaucorps bruns à décor de fleurettes blanches aux bordures d'un vert olive très doux que relèvent des médaillons de perlé blanc. N'est-ce pas déjà le goût persan pour les symphonies de teintes douces que nous révéleront les fresques du Cehel Sutûn ou les faïences de la grande mosquée d'Ispahan ?

Parfois le luxe des costumes koutchéens atteint une splendeur inouïe, tant cette oasis indo-européenne qui commandait la Route de la Soie avait, à la veille de sa disparition, accumulé de richesses. Voyez à Kirish le groupe des donateurs, des « rois-mages bouddhiques » agenouillés devant le Bouddha : toques bleues rehaussées de fourrure et de perlage, manteau vert olive doublé d'hermine avec col de fourrure brune, longue veste grise à grands revers blancs bordés de bleu, serrée à la taille par une ceinture grenat où pend la bourse des riches caravaniers ; manches en cloche d'où sort une sous-manche bleue à bordure verte ; le tout constellé de passementerie, de fleurettes et d'étoiles : on dirait, sur un manuscrit de notre XVe siècle, quelque costume pour fête de la Toison d'Or.

Mais, malgré sa civilisation raffinée, Kutshâ n'était qu'une oasis du Gobi encerclée et convoitée par toutes les hordes turco-mongoles. Aussi, sous peine d'être balayés ces élégants seigneurs koutchéens devaient-ils rester des hommes de guerre. Jusqu'au pied des autels bouddhiques jusque dans leurs portraits d'orants ou de donateurs c'est sous les espèces d'une chevalerie bardée de fer qu'ils nous apparaîtront. Car ici encore les pieux peintres bouddhistes de Qizil ne nous ont laissé ignorer aucun détail. Tantôt les cottes de mailles descendent jusqu'aux genoux à la manière sassanide, plus souvent elles couvrent seulement les épaules et le thorax, l'abdomen étant protégé par un corselet de bandes mobiles. Quant à l'épée koutchéenne, cette longue épée droite avec une poignée mince en forme de croix, avec le pommeau en boule, en champignon ou en fleur de lys, nous la connaissions déjà : c'est notre grande épée de chevalerie, notre arme d'estoc et de taille, faite pour être brandie à deux mains. Fourreaux et poignées sont d'ailleurs merveilleusement ouvrés, avec un décor de rosaces, d'étoiles, de caissons et de fleurettes qui atteste le goût de ces nobles seigneurs.

Comme dans nos armées médiévales, on voit sur les rangs de la chevalerie koutchéenne flotter de splendides oriflammes à dentelures (généralement trois flammes par bannière), fixées à l'extrémité des lances et ornées parfois, près de la hampe, d'un animal héraldique, tigre ou dragon. Au cimier des casques — un casque conique qui fait souvenir de notre tapisserie de Bayeux — d'autres bêtes héraldiques se dressent, et jusque sur le front des chevaux des panaches flottent au vent. Qui verra, dans ce style, la cavalcade empanachée de la grotte de Mâyâ, à Qizil, aura la vision de l'escorte du roi de Kutshâ, telle qu'elle dut se porter à la rencontre de Hiuan-tsang...

Voici se présenter enfin les dames koutchéennes, et ce sont bien les créatures de beauté que nous laissait pressentir le *T'ang-chou*. Les voici toutes, à Qizil, à Qumtura, donatrices et zélatrices, pressées autour des autels du Bouddha et y apportant leur élégance toute mondaine. Elles passent devant nous, avec leurs riches corsages qui leur moulent le buste et leur serrent la taille, et qu'ouvre, des deux côtés de la gorge, le triangle du grand revers koutchéen, avec leur longue robe à traîne que la mode voulait bouffante et largement évasée vers le bas, revers, ceinture et bordures du corsage et de la robe étant en outre ornés du décor de passementerie à médaillons, à perlages et à fleurettes cher au goût tokharien.

Bien entendu, sur ce thème général, les caprices de la mode brodent mille fantaisies. Les dames koutchéennes portent tantôt des manches longues et étroites, tantôt des manches cloches livrant passage à la manche d'un sous-vêtement. Il arrive que le corsage se termine par des basques découpées en pointes aiguës où sont fixés des pompons ou des grelots. Quant aux couleurs des costumes féminins, elles sont en général de mêmes tonalités que les couleurs masculines : jaquettes d'un blanc laiteux à revers bleu tendre avec bordure brun-violet et robes blanches à rayures violacées ; corsages vert-olive à bordure blanche, corsages noirs à décor blanc et vert, corsages blancs à décor noir, corsages bleus à bordure dorée, robes vertes ou bleu clair, à stries jaunes... Couleurs du temps passé et toilettes d'autrefois, sur les belles dames d'une race disparue, au fond du désert de Gobi, il y a treize cents ans...

La plupart de ces donatrices manient les objets de prix qu'elles viennent offrir au Bouddha : écharpes multicolores ou colliers de bijoux, coupes et lampadaires. Souvent aussi elles tiennent la tige d'une fleur d'un geste précieux qui se retrouvera dans les peintures ouigouro-bouddhiques et ouigouro-manichéennes de Turfân, comme aussi dans la peinture persane classique.

Mais pour qui s'intéresse à l'époque de Hiuan-tsang les fresques de Qizil réservent une surprise plus précieuse encore : la grotte de Mâyâ, qui paraît précisément dater des VIIe et VIIIe siècles, nous a en effet livré les authentiques portraits d'un roi et d'une reine de Kutshâ. Comme la plupart de ses sujets, le roi a des cheveux brun-roux, partagés en deux toupets par une raie médiane. Il porte un vêtement de dessus ouvert, de couleur verte, avec une large bordure brune ornée d'une passementerie d'or. Les manches, en forme de cloche et terminées au coude par une broderie, laissent passer une sous-manche verte, longue et étroite, terminée à son tour par une passementerie en blanc, brun et or. Les pantalons sont bruns et les souliers blancs. Quant à la reine, elle porte une jaquette verte, à manches cloches ; ce corsage qui, conformément à la mode koutchéenne, serre la taille et s'évase sur les hanches, comporte les grands revers de col habituels qui sont ici bleu marine, et une bordure brune, à pointillage blanc et or. De la manche cloche sortent des sous-manches longues, à rayure bleu et brun. La robe, très évasée, est blanche, avec semis de fleurettes bleues et brunes. Une coiffure dorée ronde complète cette toilette royale.

Tel était à coup sûr l'aspect des personnages qui accueillirent dans la grande cité tokharienne les pèlerins chinois du VIIe siècle. Et il n'est pas de vision d'histoire plus émouvante quand nous songeons que nous avons là, devant nos yeux, les derniers représentants de cette population indo-européenne du Gobi, si curieusement semblable à nous de race et d'aspect et qui, quelques dizaines d'années plus tard, allait disparaître à jamais devant la conquête turque...

Au moment de la visite de Hiuan-tsang, le trône de Kutshâ était encore occupé par une dynastie tokharienne. Les noms de plusieurs princes de cette famille comportent un radical traduit en chinois par les mots Sou-fa, correspondant au sanscrit Suvar*n*a, ce qui implique une notion de « Dynastie d'Or ». Le roi contemporain de Hiuan-tsang se nommait ainsi en chinois Sou-fa Tie, soit en sanscrit Suvar*n*a Dêva, et, dans la langue tokharienne indigène, Swarnatep, c'est-à-dire « le dieu d'or ». Il était le fils et le successeur du roi Sou-fa Pou-che, en sanscrit Suvar*n*a Pushpa, « fleur d'or ». C'était, comme tous les petits princes tokhariens du Gobi, un bouddhiste fort dévot : son royaume ne renfermait pas moins de 5 000 moines qu'il protégeait activement, à commencer par leur doyen, le vénérable vieillard Mokshagupta qui était son conseiller spirituel. D'autre part Swarnatep était, à cette époque, en termes très amicaux avec la Chine. Dès l'avènement des T'ang, en 618, son père Suvar*n*a Pushpa avait envoyé une ambassade rendre hommage à la cour de Tch'ang-ngan. Swarnatep lui-même allait, peu après le passage de Hiuan-tsang, en 630, envoyer à l'empereur T'ai-tsong un tribut de chevaux, et recevoir en retour un brevet impérial d'investiture.

Fervent bouddhiste et appliqué à se concilier les bonnes grâces des Chinois, il était tout naturel que Swarnatep fît bon acceuil à Hiuan-tsang. De fait, à la nouvelle de l'arrivée du pèlerin, il sortit à sa rencontre avec les grands officiers de sa cour et les moines du pays. Lorsque le cortège rentra en ville, un religieux apporta à Hiuan-tsang une corbeille de fleurs fraîchement écloses, que celui-ci alla répandre devant la statue du Bouddha. Le Maître de la Loi visita l'un après l'autre les couvents de Kutshâ (on en comptait une dizaine), et dans chacun on lui présenta des fleurs et du vin pour les offrir aux images bouddhiques.

Malheureusement le bouddhisme pratiqué à Kutshâ était celui de la Voie Mineure, le *Hînayâna*. La conversion de Kumârajîva au Grand Véhicule n'avait pas eu de lendemain. Le roi Swarnatep l'ayant invité à sa table le Maître de la Loi refusa, le repas comportant certains mets spéciaux, propres au prohibitionnisme du *Hînayâna*, alors que les Mahâyânistes n'attachaient aucune importance à ces défenses alimentaires. Avec les religieux indigènes le désaccord s'aggrava de considérations philosophiques. Leur doctrine était empruntée aux anciennes écoles des Vaibhâshika et des Sautrântika, la première nettement réaliste et même atomistique, la seconde plus phénoméniste mais d'un phénoménisme encore purement positiviste. Le métaphysicien idéaliste qu'était Hiuan-tsang n'avait que mépris pour ces positions intellectuelles. En vain, le docteur le plus révéré du pays koutchéen, Moksha gupta, se référa-t-il aux textes fondamentaux du *Vibhâsha çâstra* et de *l'Abhidharma koça çâstra.* « En Chine, répondit Hiuan-tsang, nous avons aussi ces deux ouvrages, mais, comme je voyais avec regret que leur contenu était banal et superficiel, j'ai quitté ma patrie afin d'étudier avant tout les textes mahâyânistes, comme le *Yoga çâstra* (c'est-à-dire la doctrine de l'idéalisme mystique). » Moksha gupta réédita l'accusation portée contre la doctrine du Mahâyâna par les tenants du Petit Véhicule, à savoir que c'était une doctrine nouvelle arbitrairement surajoutée aux préceptes de Çâkyamuni et en opposition avec eux : « A quoi bon vous informer de ces livres qui ne renferment que des vues erronées ? Ce sont là des ouvrages que n'étudient point les vrais disciples du Bouddha ! » Pour le coup Hiuan-tsang ne put contenir son indignation : « Le *Yoga çâstra,* s'écria-t-il, a été exposé par un sage qui était une incarnation du bodhisattva Maitreya. En l'appelant aujourd'hui un livre erroné, comment ne craignez-vous pas d'être précipité dans un abîme sans fond ? »

Discussion de philosophes qui prenait le ton aigre d'une querelle de moines. Cependant Hiuan-tsang, tout en s'élevant avec véhémence contre la doctrine des moines de Kutshâ, reconnaît loyalement leur érudition dans les Ecritures du Petit Véhicule et la sainteté de leur vie. De son côté le vieillard Moksha gupta, malgré l'apostrophe de Hiuan-tsang, continua à le fréquenter. Il le fallait bien, d'ailleurs, puisque les neiges qui couvraient les T'ien-chan du côté du Muzart forçaient le pèlerin à rester soixante jours encore à Kutshâ. Du reste — et c'est bien la preuve que ces discussions doctrinales n'avaient pas laissé trop de rancune — le jour où la température permit à Hiuan-tsang de quitter Kutshâ, le roi Swarnatep lui donna des domestiques, des chameaux, des chevaux, une véritable caravane, et l'accompagna jusqu'en pleine banlieue, suivi des religieux et des fidèles laïcs de la ville.

CHAPITRE V

EN ATTENDANT L'ÉBRANLEMENT DES HORDES

En quittant Kutshâ par la route de Qizil, Hiuan-tsang traversa la rivière du Muzart, sans doute au sud-ouest de Bai, puis, par Yaqa Ariq, qu'il appelle Po-lou-k'ia, le Kou-mo de *l'Histoire des T'ang,* il se dirigea vers l'actuel Aqsu. Cette région était sous le contrôle des Turcs occidentaux dont le khan, durant l'été, résidait près de là, au mont Aqtagh, « la Montagne Blanche », au nord de Kutshâ. Mais ce royaume turc, à cheval sur les T'ien-chan et qui englobait d'une part la province chinoise actuelle de l'Ili, d'autre part nos provinces russes du Semiretchie et du Sîr-daryâ, cet empire des steppes en relations diplomatiques régulières avec la Chine, les oasis tokhariennes, l'empire sassanide et Byzance, n'empêchait nullement l'insécurité des routes. Sans doute était-il assez faiblement organisé. De fait, deux jours après sa sortie de Kutshâ, Hiuan-tsang rencontra un parti de 2 000 cavaliers turcs qui venaient de piller les provisions et les richesses d'une caravane et qui s'en disputaient encore les dépouilles. « Il s'était élevé entre eux à ce sujet de vives contestations qu'ils tranchèrent les armes à la main, et ils se dispersèrent ensuite. » Le pillage de la caravane, puis, le coup fait, la rixe entre maraudeurs : éternel tableau de la steppe et du désert...

Après cette rencontre le pèlerin, quittant les vallées tokhariennes, remonta la rivière de l'Aq-su, puis, tournant par le sud le massif du Khan Tengri et ses 7 300 mètres, franchit la chaîne des T'ien-chan du côté du col de Bédal qui, du bassin du Tarim, donne accès dans la vallée supérieure du Naryn, c'est-à-dire dans le bassin du Sîr-daryâ. Ce versant des T'ien-chan est couvert de glaciers que Hiuan-tsang, prédécesseur des grands explorateurs modernes, décrit fort pittoresquement :

« Cette montagne de glace forme l'angle nord du Pamir. Elle est fort dangereuse et son sommet s'élève jusqu'au ciel. Depuis le commencement du monde la neige s'y est accumulée et s'est changée en blocs de glace qui ne fondent ni au printemps ni en été. Des nappes dures et brillantes se déroulent à l'infini et se confondent avec les nuages. Si on veut les fixer, on est ébloui de leur éclat. On rencontre des pics glacés qui s'abaissent, en travers, sur les côtés de la route et dont certains ont jusqu'à 100 pieds de hauteur, les autres plusieurs dizaines de pieds de largeur. Aussi ne peut-on traverser ceux-là sans difficulté ni les gravir sans péril. Ajoutez à cela des rafales de vent et des tourbillons de neige dont on est assailli à chaque instant ; de sorte que, même avec des souliers doublés et des vêtements garnis de fourrures, on ne peut s'empêcher de trembler de froid. Lorsqu'on veut manger ou dormir on ne rencontre aucun endroit sec où se reposer. On n'a alors d'autre ressource que de suspendre la marmite pour préparer ses aliments et d'étendre des nattes sur la glace. » Cette traversée des T'ien-chan coûta à la caravane de Hiuan-tsang 13 ou 14 hommes morts de faim et de froid, sans compter un nombre beaucoup plus considérable de bœufs et de chevaux.

En descendant le versant septentrional des T'ien-chan, Hiuan-tsang se dirigea vers l'Issiq-köl dont il longea la rive méridionale. L'Issiq-köl, « le lac chaud », en chinois Jo-lai, est ainsi appelé parce qu'il ne gèle jamais. « Ce lac, note Hiuan-tsang, a environ 1 000 *li* de tour. Il est allongé de l'est à l'ouest et resserré du sud au nord. De tous côtés il est entouré de montagnes ; une multitude de rivières viennent s'y jeter. La couleur de l'eau est d'un noir verdâtre et sa saveur est salée et amère. Tantôt ses vastes flots s'étendent en nappes immenses, tantôt ils s'enflent et roulent avec impétuosité. » La tiédeur relative de ses eaux et le fait que sur ses bords la neige est rarement épaisse avaient fait de la contrée le séjour d'hiver des chefs turcs. C'est au nord-ouest du lac, près de la ville de Souei-ye, l'actuel Tokmak, que Hiuan-tsang rencontra le grand khan des Turcs occidentaux, T'ong *le yabgu,* — en chinois T'ong Che-hou — qui était occupé à chasser. On était alors au commencement de l'année 630.

L'empire des Turcs occidentaux avait atteint son apogée. Depuis qu'au milieu du VIe siècle leur khan Ishtämi avait écrasé les derniers Huns Hephthalites, ils dominaient de l'Altaï à l'Oxus et au Badakhshan. Un moment même de plus vastes rêves avaient hanté l'imagination des rois turcs. On avait vu Ishtämi élaborer à son profit, et au détriment de la Perse sassanide, un immense projet d'alliance politique et de transit commercial entre l'Extrême-Orient et Byzance. Un ambassadeur turc, d'origine sogdienne, Maniach, était venu solliciter l'alliance des Byzantins (567-568), et l'année suivante un ambassadeur byzantin, Zémarque, s'était rendu à la résidence d'été du khan, près de Kutshâ (568-569). L'accord militaire turco-byzantin contre les Perses n'avait pu se réaliser, mais il convient, quand on est surpris des influences méditerranéennes attestées sur les fresques de Kutshâ, de ne pas oublier la facilité avec laquelle, en pleine hégémonie turque, un ambassadeur impérial allait ainsi de Constantinople en pays tokharien. D'autre part il y a lieu de remarquer que cette Turquie originelle n'était pas, elle non plus, entièrement dépourvue de culture. Vers 580, le khan T'o-po, sous l'influence du moine gandhârien Jinagupta, s'était converti au bouddhisme, et son successeur, T'ong *le yabgu* allait montrer les mêmes sympathies religieuses lors du passage de Hiuan-tsang.

C'était un puissant prince que ce souverain nomade dont les frontières touchaient à la fois à la Perse et à l'empire chinois. « Il était vaillant et avisé, écrivent de lui les Annales des T'ang, excellent dans l'attaque et la bataille. » Profitant sans doute de la terrible guerre qui venait d'éclater à l'Occident entre le roi de Perse Khosrau II et l'empereur byzantin Héraclius, il avait ajouté du côté de la Bactriane de nouveaux empiétements à ceux de ses prédécesseurs, et établi son hégémonie jusque sur le Gandhâra. Pour mieux surveiller l'Iran, il avait mis sa capitale à Tchâsh, l'actuel Tâshkend, la Ché des Chinois. Au nord-est, le récit de Hiuan-tsang en témoigne, il avait pour client et presque pour vassal le roi de Turfân. Au sud, un de ses fils régnait en Bactriane. « Il eut, dit *l'Histoire des T'ang,* l'hégémonie sur les contrées d'Occident. Quant aux rois de ces pays, il envoya des *tudun* (dignitaires turcs) pour les surveiller et lever des impôts et des taxes. Jamais les Barbares de l'Ouest n'avaient été aussi puissants. » Prudent avec cela, et resté en coquetterie avec la cour des T'ang qu'il ménageait pour avoir les mains libres du côté de l'Iran. On l'avait vu, en 620, solliciter la main d'une infante chinoise et, un peu plus tard (627), offrir à la cour de Tch'ang-ngan une ceinture d'or fin ornée de 10 000 joyaux en forme de clous, et 5 000 chevaux. De son côté, l'empereur T'ai-tsong, encore aux prises avec les Turcs de Mongolie, et qui pensait « qu'il faut s'unir à ceux qui sont loin contre ceux qui sont proches », s'était gardé de repousser ces avances, et s'il avait éludé l'envoi d'une infante, il traitait pour lors le khan de l'Ouest comme un ami fidèle.

La description que Hiuan-tsang nous a laissée du roi turc évoque quelque Attila ou quelque Gengis-khan. « Les chevaux de ces barbares étaient extrêmement nombreux. Le khan portait un manteau de satin vert et laissait voir toute sa chevelure ; seulement son front était ceint d'une bande de soie, longue de 10 pieds, qui faisait plusieurs tours et tombait par-derrière. Il était entouré d'environ 200 officiers vêtus de manteaux de brocart et ayant tous les cheveux nattés. Le reste des troupes se composait de cavaliers montés sur des chameaux ou des chevaux, vêtus de fourrure et de tissus de laine fine et portant de longues lances, des bannières et des arcs droits. Leur multitude s'étendait tellement loin que l'œil n'en pouvait découvrir la fin[1]... »

L'aspect de cette cavalerie nomade a évidemment frappé Hiuan-tsang. De fait la vision qu'il évoque ici est celle de toute une histoire en marche : dans les hautes vallées du Semiretchie, le pèlerin chinois venait de découvrir les réserves de la Barbarie.

Nous représentons-nous en effet ces hordes assemblées dans l'attente des ruées prochaines ? Le site : cette région sauvage de l'Issik-köl, là-haut, au revers des T'ien-chan dont un versant regarde le monde chinois et l'autre le monde iranien. Le moment historique : cette heure décisive dans les destinées de l'Asie, ce VIIe siècle qui va voir le pays tokharien,

---

1. Comparer à ce tableau celui que trace Song Yun, à la date de 518, d'un autre peuple barbare, les Huns Hephthalites qui avaient précédé les Turcs dans la domination des steppes occidentales avant d'être détruits par eux entre 563 et 567. « Les Hephthalites ne demeurent pas dans des villes murées ; c'est dans un camp mobile qu'ils ont le siège de leur gouvernement. Leurs habitations sont en feutre. Ils se déplacent à la recherche des eaux et des pâturages, se rendant en été dans les endroits frais, en hiver dans les cantons tempérés... Le roi fait dresser pour lui une grande tente de feutre qui est un carré de quarante pieds de côté ; tout autour les parois sont faites en tapis de laine. Il porte des vêtements de soie ornée ; il est assis sur un lit d'or dont les pieds sont constitués par quatre phénix d'or. Son épouse principale porte aussi un vêtement de soie ornée qui traîne à terre sur une longueur de trois pieds. Sur la tête elle porte une corne longue de huit pieds. Sur cette corne on a disposé des ornements de pierre précieuse de cinq couleurs... Parmi tous les barbares les Hephthalites sont les plus puissants. Ils ne croient point à la loi bouddhique et servent un grand nombre de divinités. Ils tuent les êtres vivants et sont mangeurs de viandes sanglantes. Les divers royaumes voisins leur offrent une grande quantité de joyaux et d'objets rares. » (Trad. Chavannes.)

écrasé par la Chine des T'ang, s'ouvrir désormais sans défense à l'occupation des tribus ouigoures — l'Inde encore unitaire du roi Harsha faire place à une féodalité que balaiera la première ruée ghaznévide —, l'empire sassanide, cette barrière à laquelle se heurtait l'expansion turque, brisé par l'Islam et faisant place à une Perse musulmane où le condottiere turc trouvera fortune, en attendant le sultan turc ; derrière la Perse enfin, Byzance, le « Rûm » fabuleux blessé par l'Islam d'une blessure qui ne se refermera plus jusqu'en 1453...

Cette assemblée de nomades autour du khan de 630, c'est un peu comme la revue d'adieu de l'empire turc de jadis à ses tribus pour un moment encore unies. Car l'empire turc, le vieil empire « t'ou-kiue », comme disent les Chinois, va se dissoudre. Quelques années encore, et ce même T'ai-tsong qui vient de subjuguer leurs frères de Mongolie, abattra aussi les Turcs du Turkestan ; mais en apparence seulement, car les tribus, rendues à elles-mêmes par la chute du dernier khanat unitaire, reprendront contre les empires voisins leur terrible liberté d'action ; et la ruée, qu'on pouvait arrêter par le fer ou par l'or quand elle dépendait d'un seul chef, deviendra irrésistible dès qu'elle sera le fait de hordes anonymes, de clans rompus, de condottes anarchiques surgies de tous les horizons de la steppe. Le « kuriltai » de l'hiver 630, le plaid des escadrons t'ou-kiue auquel assista Hiuan-tsang, c'est bien la revue dernière de tous les Turcs encore réunis au pays natal avant la séparation des bannières, avant le départ vers toutes les destinées et toutes les épopées. Songeons que Hiuan-tsang a pu voir rassemblés une dernière fois les aïeux de Seljûq et ceux de Mahmûd de Ghazna, ceux de Muhammed de Khwârizm et ceux des Turcs de la grande armée gengiskhanide, ceux de Timûr et ceux de Mahomet II. Et c'est cette attente terrible, cette formidable inconnue des escadrons cachés dans un repli de l'Ala-tau, qui rend pour nous si impressionnant le récit du pèlerin.

Pour le moment cependant ces farouches sabreurs, contenus à l'est par l'empire des T'ang, au sud-ouest par les grands rois sassanides, semblaient d'humeur assez débonnaire. Ils témoignaient par surcroît d'un grand respect aux choses religieuses. Non qu'ils professassent eux-mêmes une religion bien déterminée. Hiuan-tsang ne mentionne à leur actif qu'une sorte de culte du feu, sans doute inspiré du mazdéisme perse. Mais ils révéraient aussi le bouddhisme. T'ong *le yabgu* avait même eu quelque temps comme hôte un missionnaire indien nommé Prabhâkaramitra, qui s'était donné pour tâche de convertir les Turcs. Prabhâkaramitra s'était rendu avec dix compagnons à la cour du khan et avait tellement plu à son hôte que celui-ci ne s'en sépara qu'à son corps défendant lorsque, en 626, les missionnaires résolurent d'aller continuer leur apostolat en Chine. Aussi, quatre ans plus tard, à l'arrivée de Hiuan-tsang, le même khan dut-il se rappeler avec émotion son ancien maître spirituel.

Les chasses terminées, le khan invita le pèlerin à sa résidence de Tokmak. « Le khan habitait une grande tente qui était ornée de fleurs d'or dont l'éclat éblouissait les yeux. Ses officiers avaient fait étendre sur le devant de longues nattes et s'y tenaient assis sur deux rangs ; tous portaient de brillants costumes en soie brochée. La garde du khan se tenait debout derrière eux. Quoique ce fût un prince barbare abrité sous une tente de feutre, on ne pouvait le regarder sans éprouver un sentiment d'admiration et de respect. » Il est curieux, en lisant ces lignes, de songer aux pages où, en des termes presque identiques, les voyageurs occidentaux du XIIIe et du XIVe siècle traduisent l'impression de majesté produite par l'aspect des princes gengiskhanides.

Une autre scène qu'on retrouvera chez Rubruquis est la peinture des beuveries auxquelles donnait lieu la réception des ambassades étrangères. Pendant le séjour de Hiuan-tsang, le khan eut à recevoir des envoyés chinois et des ambassadeurs du roi de Turfân. Il invita ces envoyés à s'asseoir et ordonna qu'on leur offrît du vin au son des instruments de musique. « Le khan but avec les envoyés étrangers ; et il demanda, à part, du vin de raisin et l'offrit au Maître de la Loi. On vit alors les convives, de plus en plus animés, s'adresser et se renvoyer à l'envi des invitations à boire, choquer mutuellement leurs tasses, les remplir et les vider tour à tour ; et, pendant ce temps-là, la musique des barbares du Midi et du Nord, de l'Orient et de l'Occident faisait entendre ses bruyants accords. Quoique ce fussent des airs à demi sauvages, ils charmaient l'oreille et réjouissaient l'esprit et le cœur. Peu de temps après on apporta de nouveaux mets ; c'étaient des quartiers de mouton et de veau bouillis qu'on avait accumulés en quantité devant les convives... »

Les égards témoignés à Hiuan-tsang au cours de ce festin prouvent le respect du khan pour la religion. On avait fait asseoir le Maître de la Loi sur un fauteuil à bras en fer massif. On avait préparé spécialement pour lui les « aliments purs », gâteaux de riz, crème, lait, sucre cristallisé, rayons de miel et raisins. Et à la fin du banquet, le khan le pria d'expliquer la Loi bouddhique. Devant cette assemblée de chefs de hordes, le Maître exposa donc les principes essentiels de sa foi : l'amour pour tous les êtres vivants, les moyens d'arriver à l'Autre Rive et d'obtenir la Délivrance finale. Lorsque le prédicateur eut terminé, « le khan leva les mains et se prosterna jusqu'à terre, puis, le visage radieux, il déclara qu'il recevait avec foi ces instructions ». Se prenant de sympathie pour le pèlerin, il chercha, comme avant lui le roi de Turfân, à le dissuader de poursuivre son voyage. « Maître, lui dit-il, il ne faut pas aller dans l'Inde. Ce pays est excessivement chaud au point que la température est la même en hiver qu'en été. Je crains que votre figure ne fonde à votre arrivée. Les habitants sont noirs. La plupart vont nus, sans respect pour les bienséances, et ne méritent point que vous alliez les visiter. — Tel que vous me voyez, repartit Hiuan-tsang, je brûle du désir d'aller chercher la Loi du Bouddha et d'interroger les monuments antiques pour suivre avec amour la trace de ses pas. »

Le khan s'inclina. Il fit rédiger par un interprète des lettres de recommandation pour les petits princes de la région gandhârienne, ses vassaux. Puis il ordonna à cet interprète d'accompagner le pèlerin avec ces lettres jusqu'au pays de Kapiça, dans la vallée du Kâbul. Ce fut pour une bonne part grâce à cette protection officielle du puissant souverain turc que Hiuan-tsang allait pouvoir traverser si facilement les passes du Pamir et de la Bactriane. Ce devait être d'ailleurs un des derniers actes politiques de T'ong *le yabgu*. Peu après le départ de Hiuan-tsang, en cette même année 630, il périt assassiné, et les dix tribus turques de l'ouest se partagèrent entre deux khanats séparés par l'Issik-köl, en attendant l'émiettement définitif.

Hiuan-tsang, après avoir fait ses adieux au khan, reprit le chemin de l'Ouest. Il traversa, au nord des monts Alexandre, la plaine où prennent leur source les neuf rivières qui alimentent le Tchou et les dix rivières qui alimentent son affluent, la Kuragati. C'est la région qui s'appelle encore aujourd'hui le Pays des Mille sources (Ming boulak en mongol, Bing göl en turc). « Ce pays a environ 200 *li* en carré. Au sud il est borné par des montagnes neigeuses et, des trois autres côtés, par des plaines unies. La terre est abondamment arrosée et les arbres des forêts sont aussi remarquables par leur hauteur que par la richesse de leur feuillage. Dans le dernier mois du printemps les fleurs les plus variées brillent sur la terre comme une riche broderie. On y voit une multitude de lacs et d'étangs, d'où lui est venu le nom de Mille Sources. L'humidité qui y règne répand une douce fraîcheur. C'est là que le khan vient se retirer chaque année pour échapper aux chaleurs de l'été. On y voit une multitude de cerfs ornés de petites clochettes et d'anneaux. Ils sont familiers avec les hommes et ne fuient point à leur vue. Le khan les aime et se plaît à les voir. Il a adressé à ses sujets un décret où il est dit que quiconque oserait en tuer un seul serait puni de mort. C'est pourquoi tous ces cerfs peuvent finir tranquillement leurs jours. »

Le pèlerin passa ensuite la rivière de Talas, traversa la ville du même nom (Ta-lo-sseu en chinois, aujourd'hui Aouliéata), puis il redescendit au sud-ouest vers Tchâsh, l'actuel Tâshkend, que les Chinois appelaient la ville de Ché ; il franchit, sans doute à hauteur du bourg actuel de Tchinâz, le Sîr-daryâ, l'ancien Yaxartes, qu'il appelle le Ye-ye. De là, pour gagner Samarqand, il dut traverser la corne orientale du Désert de Sables Rouges, le Qizil Qum, qui sépare le cours inférieur du Sîr-daryâ de celui de l'Amû-daryâ. « C'est un grand désert sablonneux où l'on ne voit ni eaux ni herbes. La route s'étend à perte de vue et il est impossible d'en calculer les limites. Il faut regarder dans le lointain quelque haute montagne et chercher des ossements abandonnés pour savoir comment se diriger et reconnaître le chemin qu'on doit suivre. » Après environ 250 kilomètres dans ces solitudes, il arriva au Qarâ-daryâ ou Zarafshân qui est la rivière de Samarqand.

Samarqand, que les Chinois appelaient Sa-mo-kien (ou simplement K'ang du nom même de toute la Sogdiane), était, au VIIe siècle, une très antique cité, puisque, sous le nom de Marakanda, elle se trouve déjà mentionnée neuf siècles plus tôt, lors de l'expédition d'Alexandre le Grand. Sentinelle de la culture iranienne aux marches du Nord-Est, elle avait su préserver son iranisme jusque dans le domaine ethnique. La langue qu'on y parlait était un dialecte est-iranien, le « soghdien », récemment retrouvé par les missions Pelliot et Gauthiot et que les caravaniers de Samarqand avaient fait pénétrer à leur suite à travers les pistes du Gobi jusqu'à Touen-houang. « Les gens de ce pays, nous dit l'*Histoire des T'ang,* excellent au commerce et adorent le gain. Dès qu'un homme a vingt ans, il s'en va dans les royaumes voisins... Partout où on peut gagner, ils y sont allés. » Ce fut précisément à l'époque qui nous occupe, entre 627 et 649, qu'une colonie sogdienne alla s'établir au débouché oriental du Gobi dans la région du Lop-nor, où M. Pelliot a retrouvé ses traces.

L'importance économique de la Sogdiane a été bien discernée par Hiuan-tsang. Tête de piste des caravanes entre l'Iran et la Chine, Samarqand « possédait, nous dit-il, une immense quantité de marchandises rares et précieuses ». C'était, d'autre part, une des oasis les mieux cultivées de l'Est iranien. « Le sol y est gras et fertile, toutes les espèces de grains y viennent en abondance, les forêts y offrent une magnifique végétation et on y voit une quantité prodigieuse de fleurs et de fruits. » Ajoutons avec l'écrivain chinois, que les pâturages du Qarâdaryâ nourrissaient une race d'étalons réputés : avant de conduire jusqu'à la Marmara la cavalerie seljûqide, jusqu'à l'Egée et à la Jumna les escadrons timûrides, les coursiers transoxianais étaient déjà célèbres sur tous les marchés de l'Extrême et du Proche-Orient.

La culture en Transoxiane — Hiuan-tsang lui-même nous en donne nettement l'impression — restait tout entière orientée vers la Perse sassanide. L'alphabet du pays, l'alphabet « soghdien », avait été emprunté à l'écriture araméenne à laquelle la Perse sassanide devait aussi le sien. La religion dominante était toujours celle de Zoroastre, le mazdéisme, la religion nationale des Iraniens, et tout particulièrement de la dynastie sassanide. Cependant, au point de vue religieux, les Sogdiens, ces caravaniers de l'Asie centrale, se trouvaient en contact journalier avec le bouddhisme. Et au point de vue politique, la Transoxiane avait depuis longtemps (depuis la chute des Achéménides) échappé à l'unité iranienne. Après avoir appartenu aux Macédoniens et aux Gréco-Bactriens (IVe-IIe siècle av. J.-C.), elle était passée à des Scythes indo-européens, nos « Indo-Scythes » (IIe siècle av. J.-C. — Ve siècle de notre ère), puis elle était tombée au pouvoir d'une horde mongole, les sauvages Huns Hephthalites (Ve siècle) dont elle avait été délivrée au milieu du VIe siècle par les Turcs de l'Altaï, sensiblement plus civilisés. Lors du passage de Hiuan-tsang, en 630, elle formait, autour de Samarqand, sa capitale, un royaume turco-iranien. En effet, malgré l'iranisme indiscutable de toute la culture locale, le roi du pays, qui s'honorait du titre nobiliaire turc de *tarkhan,* était plus ou moins vassal du grand-khan des Turcs occidentaux, à qui le rattachaient, en outre, des unions de famille.

Mais pour cette population agricole et commerçante la suzeraineté de hordes à demi nomades n'allait pas sans péril. L'iranisme sogdien devait se sentir menacé par l'expansion prodigieuse de ces nations *t'ou-kiue* qui, avant quatre siècles, feront de cet Iran extérieur un Turkestan. Aussi bien, peu après le passage de Hiuan-tsang, en 631, allait-on voir arriver à la cour de Chine une ambassade transoxianaise, venue solliciter les T'ang d'établir leur protectorat sur la Sogdiane. (Notons qu'à cette époque il ne pouvait être question pour les Sogdiens de se défendre contre la conquête arabe qui n'avait pas encore entamé la Perse : il s'agissait donc de se débarrasser du protectorat turc.) Mais l'empereur T'ai-tsong, malgré son amour des conquêtes, était doué d'un ferme bon sens. Samarqand lui parut par trop loin de la Grande Muraille. Satisfait d'avoir soumis le Gobi, il refusa d'étendre ses préoccupations militaires jusqu'à l'Iran. « Je n'aime pas, pour me parer de vains titres, nuire au peuple. Si la Sogdiane devenait sujette, il faudrait envoyer des troupes pour la défendre, et ces troupes, pour y arriver, auraient à parcourir 10 000 *li* ! » Il déclina l'offre, mais, à défaut d'un englobement territorial, il établit avec les Sogdiens une entente diplomatique et des relations commerciales attestées des deux côtés par l'envoi d'ambassades régulières.

Hiuan-tsang, en arrivant à Samarqand, paraît avoir eu la sensation de toucher à un autre monde. C'était bien déjà l'Iran, le monde du parsisme, d'instinct en défense contre les croyances sino-indiennes. Sans doute y avait-il dans la ville d'anciens monastères bouddhiques datant vraisemblablement de la domination indo-scythe, mais par suite de la réaction mazdéenne qui avait dû se propager de la Perse sassanide, ils étaient depuis longtemps abandonnés. « Le roi et le peuple ne croient point à la loi du Bouddha. Ils font consister leur religion dans le culte du feu. » A son arrivée, Hiuan-tsang se vit accueillir par le roi « avec une sorte de dédain ». Mais le lendemain, comme le pèlerin avait entrepris de lui exposer la Doctrine du Salut, le prince sogdien se déclara touché par la grâce. Admiration pour le zèle du missionnaire et rayonnement d'une forte personnalité ? Ou peut-être chez ce subtil Transoxianais, désir de se ménager la grande Chine renaissante, contrepoids nécessaire à la double attraction des Turcs et des Sassanides ? De fait, comme on l'a vu, le roi de Samarqand envoya l'année suivante une ambassade faire acte de vassalité auprès de l'empereur T'ai-tsong. Quelle que fût la raison de cette nouvelle attitude, le roi prit Hiuan-tsang sous sa protection et, comme la populace mazdéenne avait osé poursuivre le pèlerin avec des tisons ardents, il fit arrêter les agresseurs et leur eût fait couper les mains et les pieds si Hiuan-tsang, fidèle à la charité bouddhique, n'eût obtenu la réduction de leur peine.

Au fond, ce pays des confins qu'était la Transoxiane n'avait d'irréductiblement iranien que sa civilisation matérielle. Au point de vue religieux, comme les Turcs ses voisins, il flottait, au gré de ses relations commerciales et de ses intérêts politiques, du bouddhisme au mazdéisme. Plus ou moins mazdéen sous les Achéménides, plus ou moins bouddhiste sous les Indo-Scytes, il avait été ensuite sujet à une réaction mazdéenne à l'époque sassanide. A en croire le récit de Hiuan-tsang, le passage de celui-ci aurait été marqué par une restauration partielle de la foi bouddhique. De fait, comme le dit assez curieusement sa biographie, lorsque le roi de Samarqand eut fait battre de verges ses persécuteurs, « les hommes de tout rang furent pénétrés de crainte et de respect et demandèrent en foule à être instruits dans la Loi ». Hiuan-tsang convoqua une assemblée au cours de laquelle il ordonna des religieux et rendit au culte les anciens monastères désaffectés.

Après Samarqand, Hiuan-tsang, marchant droit vers le sud, entra, après Shebr-i Sabz ou Kesh, qu'il appelle Kiechouang-na (Kaçanna ?), dans les montagnes du Kotin Koh, chaîne détachée du massif des Pamirs. « Les chemins de ces montagnes, lit-on dans sa *Vie,* sont profonds et dangereux; à peine y a-t-on mis le pied qu'on ne rencontre plus ni eau ni herbage. Après avoir fait 300 *li* au milieu de ces montagnes, on entre dans les Portes de Fer. » C'est encore aujourd'hui par ce défilé célèbre que passe la piste des caravanes entre Samarqand et l'Oxus. « Ce sont, dit Hiuan-tsang, les gorges de deux montagnes parallèles qui s'élèvent à droite et à gauche et dont la hauteur est prodigieuse. Elles ne sont séparées que par un sentier qui est fort étroit et en outre hérissé de précipices. Ces montagnes forment, de chaque côté, de grands murs de pierre dont la couleur ressemble à celle du fer. Ces rochers contiennent en effet des mines de fer. A l'entrée, on a appliqué une porte à deux battants, au-dessus de laquelle sont suspendues une multitude de clochettes en fer battu et en fer fondu. Et comme ce passage est difficile et bien défendu, on lui a donné le nom qu'il garde encore aujourd'hui. » Les Portes de Fer formaient alors la frontière méridionale de l'empire des Turcs occidentaux. Les Turcs contrôlaient par là tout le trafic entre l'Asie centrale et l'Inde.

[illegible]

[illegible] lorsque le roi de [illegible] fait battre de verges [illegible] des hommes de [illegible]

Après [illegible]

[illegible]

CHAPITRE VI

AU PAYS GRÉCO-BOUDDHIQUE

Au sud des Portes de Fer, Hiuan-tsang, après avoir passé l'Oxus, l'actuel Amû-daryâ, au bac de Pata Késar, en face de Tirmidh, entra dans l'antique Bactriane[1].

Vieille terre iranienne dès l'aube de l'histoire, la Bactriane était ensuite devenue terre grecque. Conquise de haute lutte par Alexandre le Grand, elle devint pour deux siècles — de 329 à 135 environ — le boulevard de l'hellénisme en ces contrées. Sous les Diodote, les Euthydème, les Dèmètrios, les Eukratidès, le royaume gréco-bactrien avait vaillamment défendu contre les révoltes indigènes et contre la pression des nomades sa part de l'héritage macédonien. La réaction iranienne des Parthes recouvrait déjà presque toute la Perse que là-haut, aux confins des deux mondes, cet hellénisme d'épopée maintenait encore sa vitalité tenace. Et ce n'est pas sans émotion qu'on manie aujourd'hui les médailles au pur profil, qui, à défaut de textes, nous restituent la physionomie de ces aventuriers héroïques. Puis, vers 135 avant notre ère, l'invasion des nomades était venue, mais par bonheur il ne s'agissait encore que des Yue-tche ou Indo-Scythes, c'est-à-dire très vraisemblablement de tribus de Scythes indo-européens, immédiatement aptes à recevoir l'héritage des vieilles cultures. De fait, sous la grande

---

1 L'itinéraire de Hiuan-tsang pour la région gréco-bouddhique a été établi par M. Foucher dans les deux articles suivants : 1° Pour les divers cantons de l'Afghanistan actuel, *Notes sur l'itinéraire de Hiuan-tsang en Afghanistan*, dans : Etudes asiatiques pour le vingt-cinquième anniversaire de l'Ecole francaise d'Extrême-Orient (1925) » I, pp. 257-284, 2° pour le district de Peshawar, *Notes sur la géographie ancienne du Gandhâra, commentaire à un chapitre de Hiuan-tsang* , « Bulletin de l'Ecole française d'Extrême-Orient », t. I, 1901, pp. 322-369. Ces deux articles renferment de précieuses cartes archéologiques.

dynastie des Kushâna, on avait vu ces conquérants, devenus maîtres de l'Iran oriental et de l'Inde du nord-ouest, y continuer dans une large mesure la tradition de leurs prédécesseurs grecs, et, par l'union de la religion de Çâkyamuni et de l'art alexandrin, créer la civilisation gréco-bouddhique. Mais vers 425 de vrais barbares, les Huns Hephthalites, de race mongole ceux-là, s'étaient abattus sur le pays. Dans leur fureur sauvage ils s'étaient trop souvent attaqués à l'Eglise bouddhique et à l'art indo-grec qui la représentait. Durant plus d'un siècle l'ancienne Bactriane avait subi leur joug, car c'est seulement vers 566 qu'ils avaient succombé devant la coalition de la Perse sassanide et des Turcs occidentaux. Dans le partage du butin elle était échue aux Sassanides, représentés par le plus grand d'entre eux, Khosrau Ier Anosharwân. Pour bien peu de temps d'ailleurs, car, profitant des guerres entre les Byzantins et les Sassanides, les Turcs occidentaux enlevèrent la Bactriane à ces derniers. A l'époque de Hiuan-tsang, en 630, elle formait, sous le nom de Tokharestan (en chinois T'ou-ho-lo), un fief particulier pour un des fils du grand-khan, le prince Tardu chad, qui avait sa résidence à Qunduz.

Hiuan-tsang, après avoir passé l'Oxus, abandonna donc la grande route des caravanes de Samarqand à Balkh pour aller à Qunduz rendre visite à Tardu chad. Ce prince n'était pas seulement le fils du grand-khan des Turcs, mais aussi le gendre du roi de Turfân. Le pèlerin lui apportait à la fois des nouvelles de son père le grand-khan, qu'il venait de quitter, et des lettres de son beau-frère, le roi de Turfân. C'était un fort pieux personnage que ce roi turc de la Bactriane. Il témoigna de grands égards à Hiuan-tsang qu'il eût accompagné jusque dans l'Inde sans un de ces drames de harem comme l'Asie centrale en a tant connu. A l'arrivée du pèlerin, la princesse, ou, comme disent les Turcs, la *khatun* tourfanaise venait de mourir. Presque aussitôt Tardu chad se remaria. Or la nouvelle reine avait noué une intrigue avec un prince royal, fils du premier lit. Cette Phèdre turque empoisonna le roi et mit son amant sur le trône. Celui-ci d'ailleurs assura à Hiuan-tsang la même protection que Tardu chad ; comme le pèlerin songeait à gagner directement la vallée de Kâbul, le nouveau roi l'invita fort judicieusement à aller faire un détour vers Balkh : « Votre disciple, lui dit le prince, compte parmi ses possessions la ville de Fou-ho-lo (Balkh) ; on l'appelle la petite ville royale. Elle possède une multitude de monuments religieux. Je désire que le Maître de la Loi consacre quelque temps pour les visiter et y offrir ses hommages. Après quoi il prendra un char et partira pour le Midi. »

Balkh l'ancienne Bactres, présentait encore à cette époque la particularité d'être une ville à la fois iranienne de substrat, et ardemment bouddhique de religion. L'évangélisation bouddhique y remontait sans doute au milieu du IIIe siècle avant notre ère, époque où elle avait dû recevoir les missionnaires du grand empereur indien Açoka. Le bouddhisme y avait été ensuite protégé par les dynastes grecs et par les rois indo-scythes, et la domination hephthalite n'avait pu le détruire. Comme l'ont établi les explorations de MM. Foucher et Hackin, le pays, de nos jours, a singulièrement perdu de son importance. Par suite des dévastations successives et de l'abandon des canalisations anciennes, c'est aujourd'hui une terre qui meurt. Les voyageurs modernes avouent ne pas relire sans mélancolie la description de Hiuan-tsang : « Les plaines et les vallées voisines sont d'une rare fertilité. C'est véritablement un pays privilégié. » Quant au « magnifique plateau » qu'admira Hiuan-tsang et sur lequel étaient situées la ville et sa banlieue, il ne porte aujourd'hui, comme témoins des siècles bouddhiques, que quelques stûpas en ruine où les dévastations mongoles et musulmanes n'ont laissé aucune trace de sculpture.

A l'époque de Hiuan-tsang, et malgré le passage des Huns Hephthalites, il y avait encore dans le pays 100 couvents, riches en reliques du Bouddha et abritant 3 000 religieux. Tous ces moines, d'ailleurs, suivaient le Hînayâna, la Voie minime, ce qui n'empêcha pas Hiuan-tsang de s'entendre fort bien avec eux. Les monastères de Balkh en effet, ne s'enorgueillissaient pas seulement de leurs stûpas antiques et de leurs reliques sacrées ; ils étaient non moins célèbres par leur science. Hiuan-tsang avoue avoir tiré grand profit de ses entretiens avec un de leurs docteurs, Praj*ñ*âkara, qui, sur sa demande, lui expliqua plusieurs passages difficiles des ouvrages fondamentaux du Hînayâna, comme l'*Abhidharma*, le *Koça* de Kâtyâyana et le *Vibhâshâ çâstra*...

Après Balkh, notre pèlerin entreprit la traversée de l'Hindu-Kush, « les Montagnes Neigeuses », comme il les appelle. Ce fut un des moments les plus pénibles de son voyage. « La route est deux fois plus difficile et dangereuse que dans la région des déserts et des glaciers. Avec les nuages congelés et la neige qui tourbillonne il n'y a jamais un moment d'éclaircie. Si parfois on rencontre un endroit particulièrement favorable, c'est au maximum quelques dizaines de pieds de terrain plat.

C'est de ce pays que Song Yun a écrit jadis : La glace est amoncelée en hautes montagnes, la neige vole sur 1 000 *li.* » (Traduction de M. Pelliot.)

Par les passes de Qarâ-Kottal et de Dandân Shikan, Hiuan-tsang arriva enfin à Bâmiyân, ville située au centre du massif, ou plutôt dans la vallée longitudinale qui sépare la chaîne de l'Hindu-Kush de celle du Koh-i Bâbâ.

Comme Balkh — et plus encore peut-être — Bâmiyân, la Fan-yen-na des écrivains chinois, était une station de toute première importance sur la route de l'Asie centrale aux Indes. Convois de marchands ou groupes de pèlerins, toutes les caravanes, en descendant de l'Hindu-Kush, passaient sous sa haute falaise avant de gagner la vallée du Ghorband supérieur pour atteindre la capitale du Kapiça. La description que Hiuan-tsang a donnée du site a frappé par son exactitude les archéologues français qui ont récemment travaillé dans le pays, M. Alfred Foucher, M. et Mme André Godard, M. Hackin. « Bâmiyân, écrit-il s'appuie à la falaise de la montagne et franchit la vallée, l'enceinte est longue de 6 à 7 *li.* Au nord, elle est adossée à la roche escarpée. Ce pays a du blé d'hiver, mais peu de fleurs et de fruits. Il est propice à l'élevage du bétail et abonde en moutons et en chevaux. Le climat est très froid. Les mœurs y sont rudes. On s'y vêt beaucoup de fourrures et de lainages grossiers, qui sont aussi des produits du pays. » (Traduction de M. Pelliot.) Ces fiers montagnards afghans, alors dépositaires de la Loi bouddhique, plurent à Hiuan-tsang. Ils sont, note-t-il, d'un naturel dur et farouche, mais l'emportent sur les peuples voisins par « la candeur de leur foi ».

Bâmiyân, lors du passage de Hiuan-tsang, comptait une dizaine de couvents bouddhiques renfermant plusieurs milliers de religieux, tous hînayânistes. Le pèlerin visita les grottes creusées dans la falaise septentrionale de la vallée et aménagées en cellules monastiques. Il nous parle aussi (en ne leur attribuant respectivement que 150 et 100 pieds) des deux statues de Bouddhas géants, de 53 et 35 mètres, encore debout dans deux anfractuosités de la falaise. Il crut même, au revêtement en dorure de l'une d'elles, avoir affaire à une statue de bronze.

Rencontre curieuse pour nous que celle du pèlerin venu de la Chine lointaine, et des dernières œuvres de cet art gandhârien, suprêmes vestiges de l'hellénisme en ces régions. Car, selon la remarque de

M. André Godard, le grand Bouddha de 53 mètres, avec son impeccable draperie et le léger hanchement de sa jambe gauche, n'est pas autre chose que l'agrandissement, à une échelle gigantesque, de quelque statue hellénistique.

Hiuan-tsang ne nous parle pas des fresques de Bâmiyân. Ces fresques constituent cependant pour nous le principal intérêt du site. Exécutées sur les parois du promenoir rupestre qui avait été ménagé derrière la tête des deux Bouddhas géants, elles semblent appartenir à deux périodes différentes. D'après M. et Mme André Godard et M. Hackin qui les ont méthodiquement étudiées, elles dateraient, les unes, celles de la niche du Bouddha de 53 mètres, du IIIe siècle de notre ère, les autres, celles du Bouddha de 35 mètres, des Ve et VIe siècles. Sur certaines de ces peintures, celle de la niche du Bouddha de 35 mètres notamment, l'influence gréco-romaine s'affirme aussi prépondérante que dans les fresques bouddhiques de la région de Mirân, au sud du Lop-nor, dans le Gobi. Le traitement de certains nus, la science de la draperie apportent ici comme un souvenir de Pompéi. Les pèlerins chinois qui ne purent manquer de visiter ces sanctuaires aériens se doutèrent-ils qu'ils entrevoyaient là l'art de ce lointain *Ta-ts'in,* de cet empire romain dont leurs géographes avaient une notion assez précise ? D'autres détails, il est vrai, devaient être plus familiers à des gens qui venaient de traverser l'Asie centrale. Sur les fresques de la niche de 35 mètres ils pouvaient retrouver une influence particulière, qu'ils avaient déjà rencontrée sur celles de Qizil près de Kutshâ et que nous savons être l'influence iranienne.

Plusieurs personnages des peintures de la niche de 35 mètres rappellent en effet les chevaliers iraniens que nous avons déjà vus dans la Grotte du Peintre, à Qizil. C'est le cas de l'élégant génie lunaire qui orne la voûte de la niche. Sur le fond bleu où se détache son immense auréole inscrite d'un croissant de lune, il apparaît au-dessus de son quadrige antique de chevaux blancs ailés — Pégases inattendus en ce coin d'Afghanistan ; — son costume est de tous points semblable à ceux de nos seigneurs koutchéens : la longue tunique blanc crème ou jaune pâle est serrée à la taille par le ceinturon habituel et s'évase ensuite jusqu'aux genoux ; elle comporte du côté droit le grand revers koutchéen, qui est ici bleu ciel et aussi la large bordure, également koutchéenne, qui est de couleur ocre. Comme à Qizil encore, les armes sont la longue épée droite à poignée cruciforme, et la lance à flamme triangulaire.

Même aspect un peu plus loin, dans la rangée des donateurs placés, comme au balcon, derrière une balustrade ornée de tapis. Avec leur tunique collante ouverte d'un seul côté sur un grand revers triangulaire, ce sont encore des « chevaliers de Qizil ». Et ce qui est le plus intéressant pour nous, c'est que ces héros de miniature persane voisinent sur le même « balcon » avec des rois sassanides traditionnels et barbus, à la tiare ornée du soleil et de la lune, avec des Bouddhas gandhâriens et avec des moines indiens. Sans doute y a-t-il lieu de se souvenir ici que ces cantons au sud de l'Oxus avaient été un moment, au milieu du VIe siècle, rattachés à l'empire sassanide par Khosrau Ier. En tout cas, la rangée des donateurs au balcon présente ce caractère unique de nous montrer sur la même fresque le passage de l'art sassanide à la peinture persane. Et c'est là, à notre sens, un fait dont l'importance historique pourrait être difficilement exagérée.

En quittant Bâmiyân, Hiuan-tsang, comme l'a établi M. Foucher, traversa le col de Shîbar qui, à 3 000 mètres d'altitude, donne accès dans la vallée supérieure du Ghorband, sous-affluent de la rivière de Kâbul. En gravissant le massif de Shîbar il fut assailli par une tempête de neige et perdit sa route, mais il eut la chance de rencontrer des chasseurs du pays qui le remirent sur le chemin. Il suivit la vallée tortueuse et encaissée du Ghorband jusqu'au confluent de ce torrent avec la rivière Panjshîr. « A ce moment les deux murs de collines s'écartèrent enfin et la belle plaine du Kapiça se déploya devant lui dans son magnifique cadre de montagnes. »

Le Kapiça de l'Antiquité — Kia-pi-che ou Ki-pin en chinois — est la partie de l'actuel Afghanistan située au nord de Kâbul. Toutefois Hiuan-tsang ne passa point par le site même de Kâbul, car l'ancienne capitale du pays, Kâpiçî, était située plus au nord, sur le moyen Panjshîr, sur l'emplacement du bourg de Begrâm. M. Foucher, qui a établi cette identification, confirme sur tous les points la description du pèlerin chinois : « La plaine du Kapiça s'étend sur une soixantaine de kilomètres du nord au sud, sur une vingtaine de l'est à l'ouest. Il ne lui manque que des lacs pour ressembler à un petit Kashmîr. Comme le dit fort bien Hiuan-tsang, elle s'adosse au nord à la chaîne éternellement neigeuse de l'Hindu-Kush, tandis que les trois autres côtés du trapèze sont bordés par les Montagnes Noires, — entendez des chaînes sur lesquelles l'été fait fondre entièrement les neiges... Grâce à sa situation géographique, le Kapiça commande les principales passes de l'Hindu-Kush et, par suite, la grande voie commerciale entre l'Inde et la Bactriane : aussi le pèlerin note-t-il qu'il abondait en toute sorte de marchandises. Sa richesse agricole n'était pas moindre. Arrosée par les rivières de Ghorband et de Panjshîr, sans compter leurs affluents et les nombreux ruisseaux qui descendent de sa ceinture de montagnes, cette immense cuvette, sise à une altitude un peu plus basse et jouissant d'un climat un peu plus doux que celui de Kâbul, est éminemment propre à la culture des céréales et des arbres fruitiers ; de ses vignobles et de ses vergers, amandes, abricots, raisins frais ou séchés, s'exportent en grande quantité dans l'Inde. Le pire défaut de la contrée, également signalé par Hiuan-tsang, reste la fréquence et la violence des vents du Nord qui la balaient. Mais, ce fléau mis à part, tant de bienfaits du ciel expliquent le nombre des fondations religieuses que le voyageur chinois a jugé dignes d'être notées... »

L'importance politique du Kapiça n'était pas moindre. Kâpiçî, la *Kapissa* des géographes gréco-romains, avait été dans l'antiquité une des capitales de l'Etat grec du Kâbul. « C'est la divinité de la cité de Kâpiçî, écrit M. Foucher, que représentent certaines monnaies d'Eukratidès probablement frappées sur place. C'est là, et non, comme on le croit communément, à Kâbul, que durent régner les derniers Indo-Grecs. » Kâpiçî servit ensuite de résidence d'été au grand empereur indo-scythe Kanishka qui gouvernait de là tout l'Iran oriental et toute l'Inde du nord-ouest. Pour n'être plus le chef d'un empire, le roi de Kapiça, au VIIe siècle, n'en commandait pas moins à toute la région gandhârienne. Il possédait, en plus de son patrimoine propre, le Lampaka, Nagarahâra et le Gandhâra, royaumes dont les dynasties s'étaient éteintes et qui avaient été annexés au Kapiça. Son autorité s'étendait donc jusqu'à l'Indus. Le souverain régnant lors du passage de notre pèlerin paraît d'ailleurs avoir eu une forte personnalité. « Il est, écrit Hiuan-tsang, d'un naturel brave et impétueux, et, par sa puissance redoutable, il fait trembler les pays voisins. Il commande à une dizaine de royaumes. » Comme l'émir de Kâbul au XIXe siècle, le râja de Kâpiçi, maître des routes du commerce asiatique voyait son amitié recherchée par les plus puissants monarques. Précisément à l'époque qui nous occupe le râja régnant — nous le savons par l'*Histoire des*

T'ang — envoya en tribut à l'empereur T'ai-tsong quelques-uns de ces magnifiques chevaux afghans qui faisaient déjà la célébrité du pays: cadeau dont le Fils du Ciel fut si heureux qu'il dépêcha aussitôt au prince kabouli une ambassade avec des présents considérables.

A quelle race appartenaient les rois du Kapiça ? Jusqu'à la veille de l'invasion musulmane ces princes des confins indo-iraniens se vanteront tous de descendre de Kanishka, l'empereur indo-scythe contemporain des Césars ou des Antonins. En réalité, depuis que la région gandhârienne avait été conquise par la horde mongole des Huns Hephthalites, dans la seconde moitié du Ve siècle de notre ère, les dynastes du Kâbul devaient être de sang turco-mongol. Quand le pèlerin Song Yun, prédécesseur de Hiuan-tsang, était arrivé au Gandhâra, vers 520, il avait trouvé sur le trône un de ces princes turcs, un *tegîn,* descendant, à deux générations, du chef investi par les Huns. Ce prince était encore un barbare à peine dégrossi ; « d'un naturel méchant et cruel, il faisait mettre à mort beaucoup de gens ». Dans cette terre foncièrement bouddhique, il restait païen et, de ce fait, en désaccord profond avec ses sujets. — Au contraire, cent dix ans plus tard, quand Hiuan-tsang visita le Kâbul, cet élément turc avait eu le temps de s'indianiser. Le roi de Kapiça qui accueillit notre pèlerin était un bouddhiste fort pieux dont le portrait contraste du tout au tout avec celui du *tegîn* de 520.

Au VIIe siècle, la vallée du Kâbul, c'était donc déjà l'Inde. Aussi Hiuan-tsang rencontra-t-il à Kâpiçî les premiers jainas et les premiers ascètes hindouistes de son voyage, les uns complètement nus, ou plutôt « vêtus d'azur » de peur de manquer, par la possession d'un vêtement, au vœu de pauvreté ; les autres (sans doute des ascètes çivaïtes) le corps frotté de cendre et portant un chapelet de crânes. Toutefois la majorité de la population restait encore bouddhiste. De nombreux couvents, les uns tenant du Hînayâna, les autres se réclamant du Mahâyâna, se disputèrent l'honneur d'abriter le pèlerin venu de Chine. Pour ne pas contrister son compagnon de route Praj*n*âkara, qui était un religieux hînayâniste, il se décida en faveur d'un couvent du Petit Véhicule. Ce couvent, dont l'emplacement a été retrouvé par M. Alfred Foucher sur les bords du Panjshîr, datait de l'époque kushâ*n*a, ayant été construit, d'après la tradition, pour servir de résidence à des otages de Kanishka. « Jadis, rapporte Hiuan-tsang, le roi Kanishka faisait sentir sa puissance redoutable aux royaumes voisins. Par la force de ses armes, il étendit ses domaines jusqu'à l'est du Pamir. Les princes dépendants qui habitaient à l'ouest du Fleuve Jaune (en Kashgharie) lui envoyaient des otages. Il les traitait de la manière la plus honorable. Le palais dont nous parlons avait été construit pour leur résidence d'été. » Hiuan-tsang eut même l'occasion de diriger des fouilles pour rechercher le trésor enfoui en ce lieu par un de ces otages et eut le bonheur de le découvrir.

Bien qu'hébergé dans un couvent hînayâniste, c'est au Kapiça que Hiuan-tsang paraît s'être pour la première fois senti en complète communion d'idées avec les bouddhistes du pays. On se rappelle en effet qu'en Asie centrale et en Bactriane la majorité des moines suivait la Voie Minime. Le roi de Kapiça, au contraire, était, comme Hiuan-tsang un fervent mahâyâniste. Sur sa demande, le pèlerin prit part, à Kâpiçî, à un chapitre des différentes sectes, qui dura cinq jours. Il est intéressant de noter l'attitude que prend ici Hiuan-tsang et qu'il conservera généralement pendant tous ses voyages aux Indes : grâce à sa connaissance des diverses théories, à son agilité métaphysique et peut-être aussi parce qu'il était étranger aux arguties des dialecticiens indiens, il tendait à s'élever au-dessus de leurs querelles verbales pour trouver dans son idéalisme mystique une synthèse supérieure des diverses doctrines. Son traité philosophique de la *Siddhi* sera conforme à cette position intellectuelle.

Après avoir passé l'été de 630 au « couvent des otages » (le Cha-lo-kia), Hiuan-tsang reprit le chemin de l'Orient. Il longea le Panjshir inférieur jusqu'à son confluent avec la rivière de Kâbul, puis il descendit le cours de cette dernière, en traversant, sur sa rive gauche, la province de Lampaka, l'actuel Laghmân, jusqu'à la hauteur de Jalâlâbâd, l'ancienne cité de Nagarahâra. Etape décisive. « Gradin par gradin, note M. Foucher, on est descendu des hautes altitudes du plateau iranien. Immédiatement la douceur inusitée de l'hiver, la torride chaleur de l'été, les bosquets de palmiers et d'orangers, les champs de riz ou de canne à sucre, tout, jusqu'au jacassement des *maïna* et aux gambades des singes, vous avertit que vous foulez déjà le sol indien. »

Hiuan-tsang a bien marqué ce contraste : « Au Lan-po (Lampaka), le terrain est propre à la culture du riz et produit une grande quantité de canne à sucre... Le climat est assez doux. Il y a (encore) quelques gelées, mais jamais de neige. » Contraste ethnique, aussi, avec les fiers guerriers afghans qu'il nous montrait tout à l'heure à Balkh, à Bâmiyân et au Kapiça : « Les habitants vivent dans l'aisance et la joie et aiment beaucoup à chanter. Ils sont d'ailleurs mous, pusillanimes et enclins à la fraude. Ils se traitent réciproquement avec arrogance et mépris et jamais on n'en vit un seul céder le pas à un autre. Ils sont petits de taille et ont des mouvements vifs et impétueux. La plupart s'habillent de coton blanc et aiment à rehausser leur costume par des ornements d'une couleur brillante. » Est-il tableau plus pittoresque que celui de ces Hindous légers et agités, faisant diptyque avec la peinture que Hiuan-tsang nous a tracée plus haut de la bravoure sauvage, de la rudesse et de la loyauté chevaleresque des montagnards de l'Hindu-Kush ? Du reste, à l'époque de Hiuan-tsang, les demi-Hindous du Lampaka étaient tombés sous la dépendance du royaume plus purement afghan de Kapiça.

Au sud-est du Lampaka s'élevait l'ancienne ville de Nagarahâra dont M. Foucher et ses collaborateurs ont retrouvé le site qui correspond à l'actuel Jalâlâbâd, au sud-ouest du confluent du Kunar et du Kâbul-rûd. L'importance de la ville de Nagarahâra à l'époque bouddhique est attestée par la quantité des ruines. « Soit du côté du nord, écrit M. Foucher, au pied des hautes montagnes du Kafiristân qui descendent jusqu'à la rive opposée du fleuve, soit à l'ouest, le long des Montagnes Noires (Siyâh Koh) derrière lesquelles se cache le haut pays de Kâbul, soit au sud, sur la frange de falaises qui terminent de façon abrupte le long versant des Montagnes Blanches (Safed Koh), quantité de stûpa, de monastères, de grottes plus ou moins délabrées attestent de quelle magnifique ceinture dorée la piété bouddhique avait jadis paré la vieille cité. »

Hiuan-tsang mentionne quelques-uns de ces anciens monuments. C'est ainsi qu'il cite, à 2 *li* au sud-est de Nagarahâra, un grand stûpa de 300 pieds jadis bâti par l'empereur indien Açoka. A ce site se rattachait en effet une des légendes les plus vénérables du bouddhisme : c'était là que, dans un cycle cosmique antérieur, un jeune homme — celui-là même qui, dans son incarnation dernière, devait devenir le Buddha Çâkyamuni — avait rencontré le Buddha de ce temps, Dîpa*n*kara ; mû par un grave pressentiment, l'adolescent s'était prosterné aux pieds de Dîpa*n*kara, sa longue chevelure déployée devant lui dans la boue comme le plus merveilleux des tapis : et le Bouddha de cette lointaine époque avait prédit à son adorateur sa future accession à la bouddhéité. Episode dont l'illustration a été retrouvée par M. Foucher sur les reliefs gréco-bouddhiques du Gandhâra. D'autres stûpas et d'autres couvents du Lampaka renfermaient l'os du sommet du crâne du Bouddha (ce qu'on appelait la relique de l'*ushnîsha)*, son manteau monastique (la relique de la *samghâtî)* et le bâton du Bienheureux « dont les anneaux sont de fer poli et la hampe en bois de santal ». Toute cette région, par suite de la piété d'Açoka, de l'opportunisme religieux des Indo-Grecs et de la dévotion de Kanishka, était en effet devenue pour le bouddhisme comme une nouvelle Terre Sainte. Si les pays gangétiques s'enorgueillissaient d'avoir vu se dérouler les scènes de la vie terrestre de Çâkyamuni, la vallée du Kâbul avait acquis une noblesse presque pareille en localisant dans ses couvents et ses stûpas nombre d'épisodes de sa vie légendaire ou de ses existences antérieures. C'était ainsi qu'au Lampaka nul ne mettait en doute que la contrée n'eût jadis reçu la visite du Bienheureux, arrivé et reparti par la voie des airs.

Malgré les détails que nous donne à ce sujet Hiuan-tsang, nous sommes aujourd'hui mieux documentés qu'il ne paraît l'avoir été sur l'ancienne Nagarahâra. Ou plutôt l'école d'art bouddhique qui fleurit dans cette ville nous inspire des sentiments qui ne purent effleurer le pèlerin. Les revêtements de stûpa, reliefs et rondes-bosses en stuc que la Mission archéologique française de M. Barthoux vient de mettre au jour à 8 kilomètres au sud de Nagarahâra, sur le site de Hadda (le Hi-lo de Hiuan-tsang) et qu'expose aujourd'hui le Musée Guimet ne sont pas pour nous une simple imagerie pieuse. C'est la révélation inattendue, profondément émouvante, presque invraisemblable, d'un art nouveau dont le gréco-bouddhique jusqu'ici découvert ne nous donnait aucune idée[1]

A côté des Bouddhas apolliniens, d'un charme parfois un peu fade, que la région gandhârienne nous avait prodigués par centaines, les figurines de Hadda, telles qu'on peut les admirer aujourd'hui au Musée Guimet, nous présentent des types d'un accent autrement personnel.

---

1. Qu'il nous soit permis de rendre hommage à la divination archéologique de M. Foucher qui a ici, comme au Gandhâra — sa correspondance de 1924 en témoigne — repéré et indiqué les sites riches de moissons prochaines. La bibliographie provisoire des fouilles de Hadda est représentée par la notice de M. GODARD, *Exposition des récentes découvertes et des récents travaux archéologiques en Afghanistan et en Chine*, Musée Guimet, 14 mars 1924, (pp. 1-36), et J. Hackin, *les Fouilles de la délégation archéologique française à Hadda (Afghanistan), Missions Foucher-Godard Barthoux* 1923-1928, Revue des Arts asiatiques, V, 2. Surtout les volumes prochains de M. Barthoux (Vanoest).

Dans la représentation des soldats de Mâra — l'armée démoniaque assaillant le Bouddha — c'est une série de savoureux ethniques qui se présente à nous. Nul doute que nous n'ayons affaire ici à de véritables portraits, figurant les divers maîtres ou voisins barbares de la région gandhârienne, tels que les prédécesseurs de Hiuan-tsang et lui même purent les connaître : têtes d'anciens Perses encapuchonnés, assez semblables à ceux de la mosaïque d'Arbèles ; portraits parlants de Scythes indo-européens au type gaulois, avec leurs longues moustaches tombantes, sans doute anciens compagnons des Kadphisès et des Kanishka (n'oublions pas que, d'après M. Hackin, la majorité de ces stucs datent des IIe et IIIe siècles, c'est-à-dire précisément de la période kushâna) ; parfois, mais plus rarement, nous remarquons sur certaines pièces tardives qui peuvent descendre jusqu'au Ve siècle — par exemple, dans sa longue houppelande de pâtre nomade, un admirable Mâra de 27 centimètres et le Chandaka du « Grand Départ » — des types de Mongols au nez camus, aux pommettes saillantes, peut-être copiés sur quelque Hun Hephthalite.

Impression qui s'impose aux moins prévenus : on se croirait ici en présence d'œuvres gothiques. Telle tête d'ascète, barbue et grave, évoquerait presque notre Beau Dieu d'Amiens ; des têtes de « barbares » assez analogues nous rappelleraient les saints du portail sud-ouest de Reims. Telles têtes de l'armée de Mâra, traitées en grotesque, s'apparentent non plus à l'art grec, mais aux démons caricaturaux, tortionnaires de nos Enfers, têtes décoratives et gargouilles du XIIIe siècle. D'autres têtes de démons barbus évoqueraient quelque « roi David ». Sur certaines minuscules têtes de moine en stuc, voici, spirituels, aigus et dépouillés, d'autres « sourires de Reims ». Et c'est encore presque un ange de Reims, sortant sans transition d'un génie gréco-romain, que telle grande figure portant des fleurs dans un pli de son vêtement pour les jeter sur les pas du Bouddha. D'autres « anges » encore, déjà dégagés de toute sensualité païenne, joignent les mains avec tant de simplicité et de candeur, avec une piété si tendre, que, n'était le site de la trouvaille, on les jurerait de chez nous. Plus loin nous serons retenus par de bien curieuses têtes imberbes dont la solide construction, l'expression intense, la valeur de portraits, la coiffure même — une sorte de capuchon formant chaperon — n'ont plus rien de l'antique, mais s'affirment spécifiquement médiévales : des pages ou des clercs de notre école bourguignonne ; ou bien, dans la même veine, ce seront des figures de genre, rappelant l'école de Nuremberg.

C'est là une révélation. A l'heure où on le croyait (comme l'art romain de la même époque) à peu près épuisé et réduit à des poncifs, l'art gréco-bouddhique était en train de se renouveler entièrement. Ou plutôt dans ces cantons abrités de l'Afghanistan que l'esprit humain avait élus pour y réaliser ce miracle, les écoles hellénistiques du Gandhâra venaient de céder le pas à un art sorti de leurs ateliers mais déjà tout différent. Art aussi distinct de ses premiers modèles que notre art roman et gothique devait l'être un jour du gréco-romain d'Occident. C'est bien d'un phénomène analogue qu'il s'agit en effet. Au gréco-romain du Kâbul et du Panjâb, frère de l'art romano-syrien et palmyrénien de la même époque, succédait maintenant une sorte de gothico-bouddhique repartant sur de nouvelles bases, pour un cycle nouveau.

Et cet art avait tout ce qu'il fallait pour être vivace. Il était déjà acclimaté au pays, comme le prouvent les ethniques rencontrés, déjà original, car on ne trouve rien de tel dans l'Orient syrien, palmyrénien, parthe ou sassanide. Si les conditions religieuses et politiques qui lui avaient donné naissance — le bouddhisme, et une relative indépendance, ou tout au moins la présence de maîtres libéraux et tolérants — se fussent maintenues, si ces antiques provinces gréco-bouddhiques de Kapiça, de Lampaka et de Gandhâra n'étaient pas devenues terre d'Islâm, on peut imaginer que la courbe de l'évolution artistique eût continué. C'eût été peut-être là que l'esprit humain, après avoir comme ébauché le passage du gréco-romain au gothique, eût mûri et réalisé neuf siècles avant nous cette dernière formule.

Mais nous représentons-nous les Huns et les Arabes s'abattant sur la Gaule à l'aube de Reims et de Chartres, à l'heure où le génie de nos imagiers prenait son essor ?... C'est ce qui arriva à l'art gothisant du Kapiça et du Lampaka : à partir de 475 la vallée du Kâbul est envahie par les Huns Hephthalites, les plus iconoclastes des barbares ; puis, après le répit qui s'étend du milieu du VIe siècle au milieu du VIIe, les Arabes arriveront. Dès 652 et 664 leurs bandes razzieront le pays, et leur pieux vandalisme ne le cédera en rien au vandalisme sauvage des Huns. Un rayon de génie humain s'éteindra à peine apparu...

Déjà lors du passage de Hiuan-tsang le mal était fait. Le Lampaka et Nagarahâra restaient terres profondément bouddhiques, mahâyânistes même. Mais les ravages des Huns Hephthalites avaient ruiné monastères et œuvres d'art : « Les habitants sont pleins de respect pour la Loi du Bouddha et peu d'entre eux ont foi dans les doctrines brahmaniques. Pourtant, et quoi qu'il y ait un grand nombre de couvents, on ne rencontre que peu de religieux. Les stûpa sont en ruine et couverts de plantes sauvages. » L'invasion arabe, vingt ans plus tard, ne fera que donner le coup de grâce.

En quittant le canton de Nagarahâra, c'est-à-dire le district de Jalâlâbâd, Hiuan-tsang voulut aller, en suivant les falaises méridionales qui bordent le Kâbul-Rûd, jusqu'à la coupure de Siyah-Sang, visiter un dernier site célèbre : la caverne où le Bouddha, après avoir dompté le nâga ou roi-dragon Gopâla, avait laissé la trace de son ombre.

Cette caverne, que M. Foucher a pu identifier près du village actuel de Tchahâr Bâgh, était d'un accès dangereux. Les chemins étaient déserts et infestés de brigands. Depuis deux ou trois ans presque aucun pèlerin n'en était revenu. Les compagnons de Hiuan-tsang s'efforcèrent de le faire renoncer à cette excursion. Vainement : « Il serait difficile, leur répondit-il, même pendant cent mille *kalpa,* de rencontrer une seule fois la véritable ombre du Bouddha. Comment pourrais-je être arrivé jusqu'ici sans aller l'adorer ? Pour vous, partez tout doucement. Aussitôt que j'y serai resté quelque temps, je me hâterai de vous rejoindre. » Et, congédiant ces Indiens pusillanimes, il se dirigea seul vers la caverne.

Dans le couvent le plus proche, personne ne voulut lui servir de guide. Seul un vieillard rencontré sur sa route accepta de lui montrer le chemin. « A peine eurent-ils fait quelques *li* que cinq brigands s'avancèrent vers eux, l'épée à la main. Le Maître de la Loi ôta son bonnet et laissa voir son habit religieux. « Maître, lui dit un des brigands, où voulez-vous aller ? » — « Je désire, répondit-il, aller adorer l'ombre du Bouddha. » — « Maître, reprit le bandit, n'avez-vous pas entendu dire qu'en ces lieux il y a des brigands ? » — « Les brigands, répondit notre saint, sont des hommes. Maintenant je vais adorer le Bouddha, et quand bien même les chemins seraient remplis de bêtes féroces, je marcherais sans crainte ! A plus forte raison ne dois-je pas avoir peur de vous qui êtes des hommes dont le cœur est doué de pitié. » « En entendant ces mots, ajoute la *Vie de Hiuan-tsang,* les brigands furent touchés et ouvrirent leur cœur à la foi. »

Après cette dramatique rencontre, Hiuan-tsang put aller faire ses dévotions à la Grotte. « Elle est située à l'est d'un ruisseau qui coule entre deux montagnes. Dans un mur de pierre, où elle est creusée, on voit une sorte de porte qui s'ouvre au couchant. Lorsqu'il eut plongé les yeux dans la Grotte, elle lui parut sombre et ténébreuse et il ne put rien apercevoir. » « — Maître, lui dit le vieillard, son compagnon, entrez tout droit ; quand vous aurez touché la paroi orientale, faites 50 pas en arrière et regardez juste à l'est : c'est là que réside l'Ombre. »

« Le Maître de la Loi entra dans la grotte et s'avanca sans guide. Au bout de 50 pas, il heurta la paroi orientale, puis, fidèle à l'avis du vieillard, il recula et resta debout. Alors, animé d'une foi profonde, il fit les 100 salutations, mais il ne vit rien. Il se reprocha amèrement ses fautes, pleura en poussant de grands cris, et s'abandonna à la douleur. Ensuite, avec un cœur plein de sincérité, il récita dévotement les *sûtra* et les *gâthâ,* en se prosternant après chaque strophe. »

Alors le miracle se produisit : « Lorsqu'il eut ainsi fait une centaine de salutations, il vit apparaître sur le mur oriental une lueur, large comme le pot d'un religieux, qui s'éteignit à l'instant. Pénétré de joie et de douleur, il recommença ses salutations, et, de nouveau, il vit une lumière de la largeur d'un bassin, qui brilla et s'évanouit comme un éclair. Alors, dans un transport d'enthousiasme et d'amour, il jura de ne point quitter cet endroit avant d'avoir vu l'Ombre sacrée... Il continua ses hommages et, soudain, toute la grotte fut inondée de lumière et l'Ombre du Bienheureux, d'une blancheur éclatante, se dessina majestueusement sur le mur, comme lorsque les nuages s'entrouvrent et laissent apercevoir tout à coup l'image merveilleuse de la *montagne d'or*. Un éclat éblouissant éclairait les contours de sa face divine. Hiuan-tsang contempla, ravi, en extase, l'objet sublime et incomparable de son admiration. Le corps du Bouddha et son vêtement monastique étaient d'un jaune rouge ; depuis les genoux jusqu'en haut les beautés de sa personne brillaient en pleine lumière ; mais le dessous de *son trône de lotus* était comme enveloppé dans un crépuscule. A gauche, à droite et derrière le Bouddha on voyait au complet les ombres des bodhisattva et des vénérables çrama*n*a qui forment son cortège.

« Après avoir été témoin de ce prodige, il ordonna de loin, à six hommes qui se trouvaient en dehors de la porte, d'apporter du feu et d'entrer pour brûler des parfums. Quand le feu fut entré, soudain l'Ombre du Bouddha s'en retourna et disparut. Aussitôt il ordonna d'éteindre le feu et à l'instant Elle reparut devant lui. Parmi les six hommes cinq purent la voir, mais il y en eut un qui ne vit absolument rien. Cela ne dura qu'un instant... Hiuan-tsang, ayant vu clairement ce phénomène divin, se prosterna avec respect, célébra les louanges du Bouddha et répandit des fleurs et des parfums ; après quoi la lumière céleste s'éteignit. Alors il fit ses adieux et sortit. »

En quittant le Lampaka, Hiuan-tsang descendit le cours du Kâbul-rûd en longeant la rive méridionale de la rivière, et, par Dakka et la Passe du Khaiber, pénétra dans la province du Gandhâra.

Le Gandhâra est une des régions les plus fameuses de l'histoire orientale. Déjà connu des Macédoniens sous le nom de Gandaritis, il devint un des bastions de la puissance gréco-bactrienne. Ce fut là que les rois grecs, après leur expulsion de Bactriane, trouvèrent asile et se maintinrent pendant près d'un siècle encore. Une de leurs capitales de ce côté semble avoir été Pushkarâvatî, que les géographes classiques connaissent bien sous le nom de Peukelaotis. Quand les Indo-Scythes descendus de l'Asie centrale eurent remplacé les Grecs, ils paraissent avoir marqué la même prédilection pour le pays gandhârien. De fait, c'est à Purushapura ou Peshawar que leur grand empereur Kanishka avait eu sa résidence d'hiver, tandis que Kâpiçî, dans les montagnes afghanes, lui servait de résidence d'été. Ce que fut à cette époque la civilisation du pays gandharien, c'est ce que nous apprennent les statues, les bas-reliefs et aussi les monnaies qui, à Charsadda, à Sahri-Balol, à Hoti Mardan, à Shâhbâz Garhi, sortent partout et par centaines de ce sol classique.

S'étonneront seuls d'une telle fécondité ceux qui oublieront que pendant près de six siècles sans interruption cette vieille province de Peshawar avait été comme une nouvelle Hellade, miraculeusement protégée par son cercle de montagnes et de rivières contre le remous des invasions. Tout d'abord deux siècles de domination grecque directe, sous les purs Hellènes que furent les Hélioklès et les Antialkidas, princes que leur numismatique nous atteste aussi complètement nôtres que les Antiochos de Syrie ou les Ptolémées d'Egypte. Puis, près de quatre siècles d'imitation gréco-romaine sous les rois indo-scythes de la famille kushâ*n*a, les Kadphisès, les Kanishka, les Huvishka, les Vâsudêva et leurs successeurs, qui furent à coup sûr les plus constants philhellènes que l'Orient ait connus : n'est-ce pas sous leur gouvernement et à leur cour, bien plutôt que sous leurs prédécesseurs gréco-bactriens, que l'école gréco-bouddhique prit son essor ? Le reliquaire de Kanishka, trouvé en 1908 à Shahjî Kî Dhêrî près de Peshawar, ne porte-t-il pas, avec l'image du « Clovis indien », le nom de l'orfèvre qui le fondit, le Grec Agésilas ? Les innombrables Bouddhas gandhâriens qui sont venus peupler nos musées sont aussi les témoins fidèles de ce touchant philhellénisme. Profils d'une pureté tout apollinienne sous le dessin des cheveux ondés, draperies impeccables, souvent si agréables dans leur traitement mouillé, les pèlerins chinois qui durent les voir encore en place pouvaient-ils se douter qu'ils avaient là, devant leurs yeux, les premières images, sorties de la main des hommes, de l'apôtre de leur religion ? Savaient-ils que jadis — il y avait sans doute déjà six siècles — à une époque où nul n'osait encore figurer le Bouddha, sinon par de difficiles symboles, un de ces artistes *yavana,* comme disaient les Indiens, un homme du lointain *Tats'in,* comme on disait en Chine, avait osé, pour la première fois, représenter sous une forme humaine l'image du Bienheureux ? Et toutes les images bouddhiques étaient sorties de celle-là, depuis celles qu'on vénérait dans les sanctuaires de Ceylan jusqu'aux statues de la Chine et du Japon elles-mêmes, jusqu'à Longmen et à Nara...

Les pèlerins bouddhistes n'étaient pas aussi savants. Mais le Gandhâra, le K'ien-to-lo, comme ils prononçaient, avait d'autres attraits pour eux. Deux siècles à peine avant le voyage de Hiuan-tsang, c'est au Gandhâra que s'étaient levés deux des plus grands philosophes du bouddhisme mahâyâniste, Asa*n*ga et Vasubandhu, tous deux originaires de Peshawar : souvenir particulièrement cher au cœur de Hiuan-tsang, car ces deux maîtres étaient précisément les auteurs principaux de l'idéalisme mystique qu'il professait.

Malheureusement, quand Hiuan-tsang visita Peshawar, en 630 de notre ère, il y avait un siècle que l'invasion des Huns Hephthalites avait presque entièrement détruit la brillante civilisation gandhârienne. L'Attila de l'Inde, le Hun Mihirakula, avait porté aux ateliers gréco-bouddhiques un coup dont ceux-ci ne s'étaient point relevés. « La race royale est éteinte, écrit tristement Hiuan-tsang, et le pays a été rattaché au royaume de Kapiça. Les villes et les villages sont presque vides et déserts, et on ne voit (dans le pays) que quelques rares habitants. Un angle de la ville royale (Peshawar) renferme environ 1 000 familles... Il y a un millier de couvents bouddhiques, qui sont ruinés et déserts ; ils sont envahis par les herbes sauvages, et n'offrent qu'une triste solitude. La plupart des stûpa sont également en ruine. » Le désastre qui s'était abattu sur les communautés bouddhiques de la région était tel que la relique des reliques, le bol à aumônes du Bouddha, jusque-là conservée dans un couvent de Peshawar, avait été enlevée et, après bien des vicissitudes, emportée en pays infidèle, dans la Perse sassanide.

Hiuan-tsang visita les vestiges encore debout. A Peshawar (qu'il traduit correctement Pou-lou-cha-pou-lo), on lui montra, après l'arbre pippal sous lequel s'étaient assis quatre des Bouddhas du temps passé, les ruines d'un stûpa géant bâti par l'empereur Kanishka. Au cours d'une partie de chasse, le Clovis indo-scythe, encore étranger au bouddhisme, avait été miraculeusement conduit à cet endroit par un lièvre blanc. Il y avait trouvé un jeune pâtre qui lui avait répété une prédiction du Bouddha le concernant : « Quatre cents ans après ma mort, il y aura un roi qui s'illustrera dans le monde sous le nom de Kanishka... » Sur quoi le monarque indo-scythe s'était converti et avait élevé sur place un stûpa plein de reliques. Ce monument, M. Foucher, dès 1901, avait proposé de le rechercher sur la hauteur de Shâh-jî-kî-Dhêrî, dans la banlieue est de la ville, hypothèse qu'est pleinement venue confirmer en 1908 la découverte, sur le site même, du reliquaire de Kanishka.

En quittant Peshawar, Hiuan-tsang, après avoir traversé la rivière de Kâbul — dont le lit, comme il le note, est ici particulièrement large — alla visiter la seconde ville du Gandhâra, qu'il appelle Pou-chö-kie-lo-fa-ti, c'est-à-dire Pushkarâvatî, et qui est la Peukelaotis des géographes grecs, l'actuel Charsadda. On lui fit vénérer un grand stûpa, attribué à l'empereur Açoka (le tertre de Bâlâ-Hissar d'après M. Foucher), qui était construit sur le site où le Bouddha, dans une existence antérieure, avait fait « l'aumône de ses yeux ».

De Pushkarâvatî, Hiuan-tsang alla faire une excursion de deux jours au nord-ouest, sur le moyen Swât, pour visiter quelques sites où on avait localisé plusieurs des plus importants *jâtaka*. Les lacunes de son récit ont été comblées par M. Foucher qui a réussi à identifier ces emplacements. D'après le savant indianiste, les deux sites qu'alla visiter Hiuan-tsang sont aujourd'hui représentés par le tertre de Sarè-Makhê-Dhêrî, où devait s'élever un stûpa de Hâritî, l'ogresse transformée par le Bouddha en madone de l'enfance ; et par Périâno-Dhêrî où se trouvait le stûpa de Çyâma, le jeune ermite des bois, soutien de ses vieux parents aveugles, qui était tombé sous les flèches d'un roi cruel. Un peu plus loin à l'est, dans une petite cité gandhârienne que les pèlerins chinois appellent Polou-cha, on situait la légende de Viçvantara, une des plus célèbres du bouddhisme.

Viçvantara, ou Vessantara, était un jeune prince qui avait la passion de la charité. Il possédait un éléphant blanc doué de la faculté magique de provoquer les pluies. Un monarque voisin, dont le pays est affligé de sécheresse, demande l'animal. Viçvantara le donne ; ses concitoyens, furieux, exigent son châtiment. Le prince charitable doit partir pour l'exil, accompagné de son épouse Mâdrî, qui a voulu partager son sort, et de leurs deux enfants. En route deux brahmanes lui demandent les chevaux de son char : il les donne ; un troisième demande le char lui-même : il le donne. La famille exilée, au prix de mille souffrances, parvient enfin à la forêt choisie pour son séjour. Elle y vivra dans une hutte, en se nourrissant de racines et de fruits sauvages. Les arbres, émus de compassion, inclinent d'eux-mêmes leurs branches pour tendre leurs fruits aux deux fils de Viçvantara et de Mâdrî. Mais un nouveau brahmane surgit et demande au père de lui donner ses enfants comme serviteurs. Malgré leur terreur, malgré sa désolation, il les donne. Le dieu Indra, déguisé en ascète, vient enfin lui demander sa femme à titre d'esclave : il la donne aussi. A la fin Indra se fera connaître et rendra au héros de la charité sa famille et ses biens.

L'ermitage forestier où se localisait la plus émouvante, la plus humaine des préfigurations du Bouddha est célébré par tous les voyageurs chinois, par Hiuan-tsang aussi bien que par son prédécesseur Song Yun, comme un des sites les plus charmants de la région : « Des sources douces et des fruits exquis, écrit Song Yun, se trouvent sur la colline. Ses ravins sont d'une agréable tiédeur, ses arbres restent verts durant la mauvaise saison. A l'époque de notre visite, c'était le premier mois de l'année. Une brise tempérée nous éventait. Les oiseaux chantaient dans les arbres printaniers, les papillons volaient sur les parterres de fleurs... » M. Foucher a pu localiser à Shâhbâz-garhî le Polou-cha des écrivains chinois, l'ermitage de Viçvantara. Mais il n'a pu retrouver dans un site dévasté par les pâtres musulmans « ces bois où le prince exilé errait sous des berceaux de verdure, ce paysage enchanteur et fleuri dont le charme emplit l'âme de Song Yun... » L'Islâm, en déboisant le pays, a, ici comme partout, tari les eaux et tué jusqu'à la terre. En revanche le site de Shâbbâz Garhî nous a livré la splendide statue de bodhisattva — un jeune râja d'une souveraine élégance — qui fait au Louvre l'honneur de la collection Alfred Foucher.

Hiuan-tsang semble avoir quitté ensuite la grande route de Peshawar aux Indes pour une nouvelle et plus longue excursion vers le Nord, cette fois dans la province d'U*dd*iyâna (le Wou-tch'ang-na des Chinois).

Toute cette contrée du Swât et du Bunêr supérieur est déjà un pays himâlayen, contrastant avec la douceur du climat de Peshawar : « On voit constamment de la glace pendant le printemps et l'été. Souvent la neige vole en tourbillons mêlés de pluie, brillant des cinq couleurs : on dirait des nuages de fleurs qui volent[1]. » Le biographe de Hiuan-tsang décrit en particulier la route de montagne qui, dans le haut district de Bunêr, longe la rive droite de l'Indus : « Les routes étaient fort dangereuses et les vallées sombres. Tantôt il fallait passer par des ponts en corde lâches, tantôt en se cramponnant à des chaînes de fer. Ici c'étaient des passerelles suspendues au milieu du vide, là des ponts volants jetés sur des précipices ; ailleurs des chemins taillés au ciseau ou des échelons pour grimper. » L'intérêt de la région résidait, ici encore, dans ses souvenirs bouddhiques. S'il n'est pas sûr que Hiuan-tsang l'ait, à ce moment, visitée à fond, il mentionne du moins un certain nombre de sites célèbres.

Sur un de ces sites — localisé par M. Foucher au bourg de Palai — s'élevait le stûpa du moine Unicorne dont Hiuan-tsang ne manque pas de nous conter la savoureuse histoire : du fait de son innocence sylvestre, ce jeune anachorète, fils d'un rishi et d'une biche, s'était

---

1. Un pèlerin antérieur, Song Yun, qui, en 520, dut visiter la région de l'U*dd*iyana à une saison plus favorable, nous en a laissé une description assez différente. « La terre, nous dit-il, fournit une quantité de fleurs extraordinaires dont la floraison se continue hiver comme été. Les religieux et les laïques les cueillent pour en faire des offrandes au Bouddha. » Même paysage enchanteur à propos de la région où se localisait le « don du corps » que le Bouddha fit à une tigresse affamée (près du mont Mahâban, au sud du Bunêr ?). « Là de hautes montagnes se dressent, escarpées, et des pics vertigineux se perdent dans les nuages. Les arbres *kalpa* et les champignons merveilleux croissent en foule sur ces montagnes. Les bois et les sources y sont charmants. L'éclat bigarré des fleurs éblouit les yeux. »
(SONG YUN, traduction Chavannes.)

trouvé sans défense contre les embûches d'une courtisane déguisée en nonne, au point que celle-ci put se faire ramener par lui montée à califourchon sur ses épaules, jusqu'au palais du roi. Conte populaire dans toute l'Inde et dont s'égayait aussi bien la malice des moines bouddhistes que, sous une forme à peine différente, l'esprit sarcastique des ascètes hindous. Plus au nord, on montrait, à la source du Swât, l'endroit où le Bouddha avait dompté le roi-dragon Apalâla qui désolait la contrée par ses inondations, et la montagne de Hi-lo (le mont Ham, à 2 820 mètres d'altitude, dans le Bunêr), où il avait fait à cinq yaksha « l'aumône de son corps ».

Enfin sur un autre site, que sir Aurel Stein a retrouvé près du village de Girârai, se localisait le « don de la chair », l'offrande faite à un vautour pour la rançon d'une colombe, telle que la raconte le *Çibi-jataka* : « Il était un roi charitable, le roi des Çibi. Pour l'éprouver, le dieu Indra prit la forme d'un faucon poursuivant un pigeon, ou plutôt poursuivant un autre dieu déguisé en pigeon, « pigeon au corps bleu comme le firmament et aux yeux pareils à des perles rouges ». Pourchassé par le faucon, le pigeon se réfugie dans le sein du roi des Çibi. Le faucon vient, au nom de son propre droit à la vie, réclamer sa proie ou, tout au moins, une quantité égale de chair fraîche. Le roi, par un sublime sacrifice, coupe lui-même la chair de ses cuisses. Mais — ô miracle — dans la balance où on a placé le pigeon, celui-ci pèse toujours plus lourd que la chair de son rachat : si bien que c'est son corps tout entier que le roi doit mettre dans le plateau pour sauver l'animal. Alors Indra se fait connaître et le roi se réincarnera dans le corps du Bouddha Çâkyamuni. »

Mais dans l'Uddiyâna plus encore qu'au Gandhâra, l'invasion des Huns avait exercé de terribles ravages, car les sanctuaires bouddhiques étaient pour la plupart en ruines. Sur les bords du Çubhavastu, le Swat actuel « il y avait jadis quatorze cents monastères bouddhiques où l'on comptait 18 000 religieux[1] ; maintenant ils sont pour la plupart déserts ou le nombre de leurs habitants est considérablement réduit. » Ce n'est pas que le pays ne fût resté bouddhiste. Hiuan-tsang mentionne lui-même que les gens de l'Uddiyâna sont partagés entre le Mahâyâna et l'Hindouisme. Mais visiblement le Mahâyâna qu'ils pratiquaient excite

---

1. Cent dix ans plus tôt, vers 520, Song Yun notait encore que le son des cloches bouddhiques se faisait entendre durant toute la nuit et remplissait les vallées.

chez lui une sympathie médiocre. Il nous en donne d'ailleurs la raison : « Ils se livrent surtout à la doctrine du *dhyâna* (ou de l'extase). Ils aiment à lire les textes de cette doctrine, mais ils ne cherchent point à en approfondir le sens et l'esprit... L'étude des formules magiques est leur principale occupation. »

C'est en effet vers cette époque, dans l'Uddiyâna et dans les autres districts himâlayens, qu'au voisinage des sectes çivaïtes une certaine forme du bouddhisme mahâyâniste était en train de tourner à la sorcellerie, à la magie, à la démonologie, à toutes les pratiques anormales que l'on englobe sous la désignation générale de *Tantrisme*. Si grand devait être le rôle de l'Uddiyâna dans cette regrettable transformation que le nom même du pays, dans sa transcription tibétaine — *U-rgyan* — devait bientôt désigner au Tibet le spiritisme et la magie tantriques. C'était là un aboutissement du Mahâyâna qui ne pouvait que révolter le métaphysicien purement intellectualiste qu'était Hiuan-tsang. Nous savons à quel point le Mahâyâna lui tenait à cœur. Il n'en est que plus intéressant de remarquer qu'il témoigne bien autrement de sympathie à ses adversaires hinayânistes (ceux du Kapiça par exemple) qu'à ses soi-disant coreligionnaires tantrisants du Swât et du Bunêr.

Du reste, Hiuan-tsang avait hâte de s'enfoncer dans l'intérieur de l'Inde. Quittant l'U*dd*iyâna et le Gandhâra, il franchit l'Indus devant Udabhâ*n*da (Und, au nord d'Attock), et entra au Panjâb. Il visita d'abord la grande cité de Takshaçilâ — notre Taxila — qu'il appelle Ta-tch'a-che-lo.

Antique métropole du Panjâb, déjà connue des Grecs au temps d'Alexandre le Grand comme capitale du roi « Taxile », Taxila avait été ensuite embellie par l'empereur indien Açoka qui en avait fait le chef-lieu de ses provinces du Nord-Ouest. D'après la tradition bouddhique, il en avait nommé gouverneur son fils bien-aimé Ku*n*âla. Et c'est à Taxila que se placerait, d'après Hiuan-tsang, la touchante légende du supplice de ce prince, l'Hippolyte indien.

Ku*n*âla ayant repoussé les avances de sa belle-mère, la nouvelle favorite d'Açoka, celle-ci avait juré de se venger. Elle fabriqua frauduleusement une lettre au nom d'Açoka et profita du sommeil du roi pour la sceller — selon l'usage en cours — « de l'empreintre de ses dents ». Or cette lettre ordonnait de crever les yeux du jeune homme. A la réception de l'ordre royal, les serviteurs de Ku*n*âla hésitaient. Mais le héros s'offrit lui-même au bourreau : « Puisque mon père m'a condamné, comment oserais-je désobéir ? » Devenu aveugle, il demandait l'aumône sur les grandes routes de l'Inde. Ses pas le portèrent vers la résidence d'Açoka, près du palais royal. Durant la dernière veille de la nuit, il se met à chanter ses malheurs en s'accompagnant sur la vînâ. Voici que du haut d'une terrasse le roi tressaille en entendant cette voix. Il se fait amener l'aveugle et reconnaît son fils. Un saint moine bouddhiste rendra la vue à celui-ci et la Phèdre indienne sera condamnée au dernier supplice.

Peu après la mort d'Açoka, Taxila était redevenue hellénique comme capitale d'un des royaumes indo-grecs sous la dynastie d'Eukratidès, d'Hélioklès et d'Antialkidas. La ville reposait donc sur un sol tout pétri d'histoire. Les fouilles récentes du Service Archéologique des Indes n'y ont pas dégagé, sur le site moderne de Saraikala, moins de trois cités juxtaposées : l'ancienne ville indienne du roi « Taxile » sur le tertre de Bhîr, la ville grecque d'Eukratidès et de ses successeurs au bourg actuel de Sirkap, et enfin, à Sirsukh, une troisième ville, peut-être fondée par l'empereur indo-scythe Kanishka. Car, ici comme au Kâbul, les Indo-Scythes de la dynastie kushâna avaient fidèlement poursuivi l'œuvre d'hellénisation de leurs prédécesseurs grecs. Les figurines de stuc gréco-bouddhiques que sir John Marshall a trouvées par centaines dans le sol de Taxila nous montrent que les coroplastes de cette ville continuaient jusqu'à la veille de l'invasion des Huns, au Ve siècle, la grande tradition des ateliers gandhâriens. Mais ici encore les Huns avaient tout saccagé. « Il y a beaucoup de couvents, mais ils sont fort délabrés », tel est le leitmotiv qui revient toujours sous le pinceau de Hiuan-tsang quand il nous parle des communautés bouddhiques du Nord-Ouest qui n'étaient pas encore remises de l'invasion des Huns à l'heure où la menace musulmane s'annonçait déjà. Le pèlerin chinois put du moins admirer à Takshaçilâ un stûpa construit par l'empereur Açoka sur l'emplacement où, dans une de ses existences antérieures, le Bouddha avait fait « l'aumône de sa tête » ou plutôt de ses têtes pendant mille existences successives. Près de ce sanctuaire, on montrait le couvent où avait vécu — sans doute dans la seconde moitié du IIe siècle de notre ère — le philosophe bouddhiste Kumâralabdha ou mieux

Kumâralâta, un des principaux théoriciens de l'école hînayâniste et phénoméniste des *sautrântika.*

Notons, au point de vue politique que Taxila, au VIIe siècle, après avoir longtemps dépendu du Kapiça, était passée sous la suzeraineté des rois de Kâçmîr.

A ce moment le pèlerin, au lieu de se diriger vers le bassin du Gange, rebroussa chemin pour visiter, au nord-ouest de Taxila, sur la rive droite de l'Indus, l'emplacement d'un des plus fameux *jâtaka* : celui où le prince Mahâsattva, le futur Bouddha, fit l'aumône de son corps à une tigresse affamée et à ses sept petits. « A l'origine, écrit le pieux historiographe, la terre avait été teinte du sang du prince. Aujourd'hui elle est encore rouge, et les plantes, comme les arbres, conservent cette même couleur. »

Le Kâçmîr attirait Hiuan-tsang. « Il gravit des hauteurs couvertes de précipices, traversa un pont en fer et, après avoir fait 1 000 *li,* arriva au royaume de Kia-che-mi-lo. » Lui-même nous a laissé de ce « paradis aérien » une description fort pittoresque. « Le pays a 700 lieues de tour, et ses quatre frontières sont adossées à des montagnes d'une hauteur prodigieuse. On y arrive par des passages fort étroits. C'est pourquoi aucun des princes voisins n'a pu l'attaquer avec succès. Du côté de l'ouest la capitale est voisine d'un grand fleuve (le cours supérieur de la Vitastâ, l'Hydaspes des Grecs, notre Jhelum). Le pays est favorable à la culture des grains et produit une grande abondance de fleurs et de fruits... Le climat est froid et glacial ; il tombe beaucoup de neige, mais il y a peu de vent... Les habitants sont fort beaux de visage, quoique d'un naturel trop rusé. Ils portent des bonnets de laine et des vêtements de coton blanc. »

Dans ces vallées himâlayennes, des légendes étranges se transmettaient, amplifiées par l'atmosphère des hautes solitudes. « On voit (sur les hauteurs) des stûpa qui renferment les reliques des grands saints. Les animaux sauvages et les singes des montagnes cueillent des fleurs et leur en font hommage. Dans toutes les saisons de l'année, ils continuent leurs pieuses offrandes : on dirait qu'ils s'acquittent d'un devoir prescrit. » On voyait des génies chevaucher sur les sommets : « Sur cette montagne on voit beaucoup de choses qui tiennent du prodige. Quelquefois un mur de rochers paraît divisé en travers ; ou bien, sur un sommet élevé, on aperçoit les traces d'un cheval ; mais toutes ces choses ont une apparence trompeuse. Ce sont les *arhat* ou des *çramana* qui, se promenant en troupe pour se récréer, ont tracé des lignes avec le doigt, ou qui, galopant à cheval, y ont laissé les traces de leurs pas. Il serait difficile de faire connaître en détail tous ces faits singuliers... »

Le Kâçmîr, en effet, a été de tout temps le foyer d'une intense vie religieuse. Au IXe siècle il devait abriter une des principales écoles philosophiques de l'hindouisme çivaïte. A l'époque de Hiuan-tsang les bouddhistes avaient pour quelque temps encore la prépondérance. Ils possédaient une centaine de couvents, avec 5 000 religieux et montraient avec orgueil les trois *stûpas* construits par l'empereur indien Açoka, et les souvenirs de l'empereur indo-scythe Kanishka, le Constantin et le Clovis du bouddhisme. Partout aussi on évoquait au Kâçmîr la légende du moine Madhyântika qui avait rendu le pays habitable en desséchant les lacs et en convertissant les dragons. Lorsque Hiuan-tsang approcha de la capitale — Pravarapura, l'actuel Çrînâgâr — le roi de Kâçmîr, avec toute la cour, vint en personne à sa rencontre. « Le chemin était couvert de parasols et d'étendards et toute la route était inondée de fleurs et de parfums. Pour honorer son hôte, le monarque indien « répandit devant lui sur le sol une immense quantité de fleurs. Puis il le pria de monter sur un grand éléphant et marcha à sa suite. » Le lendemain, après un festin au palais, le râja invita Hiuan-tsang à ouvrir des conférences sur les points difficiles de la Doctrine. « Ayant appris que l'amour de l'étude l'avait fait venir des contrées lointaines et que, lorsqu'il voulait lire, il se trouvait dépourvu de textes », il mit 20 scribes à ses ordres pour lui procurer des copies des évangiles bouddhiques ainsi que des traités philosophiques ultérieurs (*sûtra* et *çâstra*).

Hiuan-tsang trouva d'ailleurs au Kâçmîr, en plus de ces ressources bibliographiques, un maître selon son cœur dans la personne d'un vénérable docteur mahâyâniste âgé de soixante-dix ans. Le biographe du pèlerin chinois nous apporte un écho de la joie qu'éprouvèrent ces deux grands esprits à se rencontrer. Le vieillard découvrait avec ravissement dans son élève chinois un penseur capable de continuer la lignée des philosophes du Ve siècle, les Asa*n*ga et les Vasubandhu. Et Hiuan-tsang, de son côté, se voyait dédommagé de toutes ses peines, puisque, par ce maître, il était encore à même de recueillir dans toute sa pureté la tradition de l'Ecole idéaliste. Aussi quel beau portrait il nous a tracé de lui ! « Ce maître, d'une vertu éminente, observait avec une pureté sévère les règles de la discipline. Il était doué d'une intelligence profonde et sa vaste instruction embrassait toutes les parties de la science. Ses talents et ses lumières avaient quelque chose de divin et son âme bienveillante était remplie d'affection pour les sages et d'estime pour les lettrés. Hiuan-tsang l'interrogeait à cœur ouvert et se livrait avec lui jour et nuit à l'étude avec un zèle infatigable. » En même temps que la doctrine idéaliste, qui répondait à ses tendances personnelles, Hiuan-tsang retrouvait au Kâçmîr les traditions d'une autre école bouddhique, aussi fameuse et bien plus ancienne, celle des réalistes intégraux ou *Sarvâstivâda*. C'était non loin de la région kâçmîrienne, à Jâlandhara, que l'empereur indo-scythe Kanishka, avec le concours de deux patriarches célèbres, Pârçva et Vasumitra, avait réuni un concile de 500 docteurs qui codifièrent le canon bouddhique dans le sens des Sarvâstivâda. Avec son omniscience et l'éclectisme relatif de ses goûts, Hiuan-tsang, au Kâçmîr, partagea ses veilles entre ces systèmes opposés.

Le pèlerin chinois resta ainsi deux années pleines au Kâçmîr, de mai 631 à avril 633. Années d'étude, années fécondes où il acheva sa formation philosophique. Années de recueillement aussi, avant d'entreprendre son pèlerinage proprement dit. Possédant enfin la somme des textes religieux et métaphysiques, il descendit des hautes vallées kâçmîriennes vers la terre sainte du Gange pour y retrouver les traces du Bouddha.

CHAPITRE VII

VERS LA TERRE SAINTE DU GANGE

Une des premières haltes de Hiuan-tsang en descendant du Kâçmîr fut la ville de Çâkala, en chinois Cho-kie-lo aujourd'hui Sialkot, chef-lieu du Panjâb oriental. Vieille cité classique puisque les géographes alexandrins la mentionnent sous le nom de Sangala et qu'elle devint la capitale d'un des royaumes indo-grecs, celui de Demetrios, d'Appolodote et de Ménandre. Se souvenait-on encore à Çâkala, au temps de Hiuan-tsang, de ce « Milinda » — comme les Indiens appelaient le roi Ménandre — qui avait un moment poussé ses armes jusqu'à l'Oude et au Béhar et failli subjuguer toute l'Inde du Nord ? Son souvenir, en tant que conquérant, devait être aboli, comme l'était celui d'Alexandre, comme allait l'être le nom de tant d'autres princes du siècle sur cette terre sans mémoire qui méprise les souvenirs temporels pour ne se rappeler que les visions éternelles. Mais justement le nom du roi Milinda restait attaché à un texte fameux, le *Milindapañha* qui est sans doute le premier en date des ouvrages de philosophie bouddhique. Ouvrage capital en effet pour les bouddhistes puisque le moine Nâgasena y expose au roi grec un des points essentiels de leur doctrine, le caractère purement phénoménal et illusoire du moi, — livre non moins intéressant pour nous puisqu'il nous apporte à travers les siècles et les traductions successives, comme un écho des curieux dialogues philosophiques qui durent s'échanger, au soir de l'épopée macédonienne, entre les derniers aventuriers helléniques et les premiers métaphysiciens du bouddhisme.

Si Çâkala ne se souvenait plus du temps déjà lointain où elle avait été une des capitales de l'hellénisme, elle gardait l'orgueil d'avoir plus récemment — deux siècles environ avant la visite de Hiuan-tsang — abrité les méditations de l'illustre philosophe bouddhiste Vasubandhu,

— Vasubandhu dont le passage de la scolastique hînayâniste à l'idéalisme absolu était, à juste titre, considéré comme un des plus grands succès du Mahâyâna.

Depuis la mort de Vasubandhu, il est vrai, toute cette région du Panjâb avait subi, comme le pays gandhârien, les ravages des Huns Hephthalites. Dans le premier quart du VIe siècle, les Huns avaient détruit le dernier grand empire indien unitaire, celui des Gupta du Magadha, et replongé l'Inde dans le chaos. Leur roi, le farouche Mihirakula, l'Attila de l'Inde, ayant pris Çâkala pour résidence, tenait sous la terreur de ses armes toutes les provinces du Nord. « Mo-hi-lo-kiu-lo (Mihirakula), nous dit Hiuan-tsang, se distinguait par son naturel bouillant et son courage indomptable. Parmi les rois voisins il n'y en avait pas un seul qui ne lui obéît en tremblant. » Il dirigea contre le bouddhisme une persécution terrible, faisant partout détruire les monastères et les stûpas et massacrant les moines. Hiuan-tsang nous raconte sa lutte contre le dernier empereur indien de la dynastie gupta, le roi de Magadha Bâlâditya. Ce dernier était un bouddhiste fort pieux. Indigné des persécutions que le chef des Huns dirigeait contre la religion, il refusa le tribut exigé par les barbares. Mihirakula envoya ses hordes contre lui. Telle était la terreur hunnique qu'à leur approche Bâlâditya et ses officiers s'enfuirent dans la jungle. Toutefois il semble que les envahisseurs soient tombés dans une embuscade et aient été repoussés. La tradition voulait même que Mihirakula ait été fait prisonnier. D'autres sources le font battre par le roi de Mâlva Yaçovarman (entre 530 et 545). Quoi qu'il en soit, il dut se retirer de la région gangétique et partit avec ses hordes pour le Kâçmîr dont il massacra le roi et où il s'établit. De là il faisait encore régner la terreur dans le bassin du haut Indus. C'est ainsi que « pour châtier » le roi de Gandhâra (qui avait sans doute refusé le tribut) il envahit le pays, extermina la famille royale, détruisit tous les couvents bouddhiques et renversa tous les stûpas qu'il put atteindre. Il reprit ensuite le chemin du Kâçmîr en emportant toutes les richesses du pays et en traînant à sa suite des troupeaux de prisonniers qu'il massacra sur les bords de l'Indus. Après sa mort, le Kâçmîr chassa les Huns, mais ceux-là continuèrent à camper dans le haut Panjâb et ils ne furent éliminés qu'à la veille même du pèlerinage de Hiuan-tsang, par les rois de Thanesvar de la maison de Harsha. Ces terribles souvenirs étaient encore tout récents à Çâkala lors du passage du pèlerin qui nous en a laissé le récit détaillé.

Après avoir quitté Çâkala, Hiuan-tsang et ses compagnons rencontrèrent dans une forêt de *palâça* une cinquantaine de brigands. Ceux-là, après les avoir dépouillés de leurs habits, les poursuivirent, l'épée à la main, jusqu'à un étang desséché. « Heureusement que le lit de l'étang était tout couvert de buissons épineux et de plantes rampantes. Les religieux qui accompagnaient le Maître de la Loi, ayant percé du regard ce fourré épais, découvrirent sur le bord méridional de l'étang une caverne creusée par les eaux, qui pouvait contenir plusieurs personnes. Ils en avertirent par signes le Maître de la Loi et s'y enfoncèrent avec lui. Lorsque les brigands eurent perdu leurs traces, les voyageurs coururent à perdre haleine jusqu'au village voisin où ils contèrent leur mésaventure. Un brahmane en train de labourer, qui était sans doute le chef du village, convoqua les habitants au son de la conque et du tambour, et, après avoir ramassé une cinquantaine de paysans, partit pour châtier les brigands. Mais ceux-ci s'étaient déjà dispersés au fond des bois. » Les voyageurs, dépouillés de leurs bagages, se lamentaient. Seul Hiuan-tsang conservait un visage souriant, « car son âme était comme une rivière pure dont on peut agiter les flots sans jamais la troubler ».

De fait, à peine étaient-ils arrivés à la ville voisine qu'un vieux brahmane ami du bouddhisme réunit la population et fit donner à Hiuan-tsang et à ses compagnons l'équivalent de ce qu'ils avaient perdu. Pour comble de chance, le brahmane était versé dans les doctrines du système *Mâdhyamika,* ce criticisme bouddhique si radical qu'on y a souvent vu (à tort d'ailleurs) une sorte de nihilisme. Hiuan-tsang passa un mois auprès de lui à étudier les maîtres de cette école, Nâgârjuna et Aryadêva. Etude fructueuse pour lui car on ne peut, à notre sens, bien pénétrer la doctrine *yogâcâra ou vijñânavâda,* l'idéalisme mystique cher à Hiuan-tsang, que si on s'est préalablement assimilé la dialectique du criticisme *mâdhyamika.* De même Fichte et Schelling ne se comprennent pleinement qu'en fonction de Kant.

Le pèlerin avançait désormais dans une véritable Terre Promise. A chaque étape il trouvait des bibliothèques pleines de traités essentiels, des docteurs versés dans tous les secrets philosophiques de la Grande Voie. Il passa quatorze mois des années 633-634 à Cînabhukti, sur la rive gauche du Bias tant y étaient nombreux les textes du *Mâdhyamika* et du *Hînayâna*, puis quatre mois de la saison des pluies de 634, auprès d'un religieux éminent, à Jâlandhara, la dernière grande ville du Panjâb oriental d'ailleurs centre bouddhique important puisque le pays ne comportait pas moins de 50 monastères.

Dans sa marche vers le sud-est, le pèlerin arrivait maintenant à la vallée de la Jumna. Il se rendit tout de suite à la principale ville de la région, l'antique Mathurâ, la Mo-t'ou-lo de son récit. Il touchait ici à l'Inde tropicale. « Le climat, note-t-il, est brûlant, et le sol est si gras et si fertile que les manguiers, que chacun plante à l'envi, forment une espèce de forêt. » Comme toutes les grandes villes gangétiques, Mathurâ était aussi pleine de souvenirs sacrés pour les hindouistes que pour les bouddhistes. Les premiers y voyaient la patrie du héros Krish*n*a, le divin bouvier dont la dévotion toute de tendresse devait un jour remplacer celle de Çâkyamuni. Les seconds conservaient à Mathurâ les reliques de plusieurs disciples du Maître : Çariputra et Maudgalyâyana, apôtres de la première heure Upâli, l'ancien barbier jugé en religion supérieur aux fils des princes, Ananda au cœur si tendre qui fut le disciple préféré, Râhula enfin, le fils du Bodhisattva selon la chair, qui mérita de devenir son fils selon l'esprit. C'était également près de Mathurâ que se localisait la délicieuse légende de l'offrande du singe, telle que nous la rapportent les Ecritures : ce singe était un jour venu offrir au Bouddha un bol de miel sauvage ; dans sa joie de voir son offrande acceptée, il fit une si folle gambade qu'il se tua, — accident providentiel car, par récompense de sa charité, il renaquit aussitôt dans le corps d'un saint[1].

Nous pouvons compléter les souvenirs de Hiuan-tsang par ce que nous ont appris les découvertes récentes. L'art bouddhique, en effet, dès l'époque des Indo-Scythes, avait produit à Mathurâ une série de reliefs de stûpa et des statues où on voit l'art grec du Gandhâra céder peu à peu à une invincible reprise indienne. C'était encore à Mathurâ, au IVe et au Ve siècle, sous la grande dynastie des Gupta, que cet effort de libération artistique avait abouti à une floraison incomparable. De fait, le classicisme indien, connu sous le nom d' « art gupta », nous a laissé

1. Un petit fragment de relief en schiste, provenant des dernières trouvailles de Hadda, nous offre, au Musée Guimet, une charmante effigie de ce pieux simien.

dans cette ville un de ses plus purs chefs-d'œuvre, le grand Bouddha du Ve siècle, debout dans son vêtement transparent, sous son immense auréole circulaire, et qui est aujourd'hui l'orgueil du Mathurâ Museum. Il nous plaît d'imaginer quel put être l'émerveillement recueilli du pèlerin philosophe s'il fût mis en présence de cette statue dont la douceur majestueuse et sereine reste à coup sûr l'expression la plus haute de l'idéalisme mahâyâniste. Ce n'est sans doute pas un hasard si une telle œuvre se trouve contemporaine de la métaphysique fluide et comme aérienne d'un Asa*n*ga et d'un Vasubandhu. Jamais en effet l'art indien ne traduisit plus directement, sous la beauté d'ailleurs tout allégée et spiritualisée des formes, l'idéalisme qui l'inspira.

En quittant Mathurâ, Hiuan-tsang remonta le cours de la Jumna pour aller visiter Sthâneçvara qu'il appelle Sa-t'a-ni-sseu-fa-lo, la moderne Thanesvar. C'était une place fort importante par sa position stratégique et commerciale au centre de ce vieux pays de Kurukshetra qui forme comme un isthme resserré entre le bassin de l'Indus à l'ouest et celui du Gange à l'est, entre l'Himâlaya au nord et le désert du Râjputana au sud. Sur cet étroit passage s'étaient vidées toutes les querelles historiques. A l'époque légendaire, c'était là que l'Epopée plaçait la grande guerre du *Mahâbhârata,* le choc des Kaurava et des *Pând*ava pour l'hégémonie du Gange. Le récit de Hiuan-tsang contient même comme un écho de l'épisode le plus célèbre de l'épopée, celui où le demi-dieu Krish*n*a, déguisé en cocher du héros Arjuna, encourage celui-ci à donner sans hésitation et sans scrupules humanitaires l'ordre d'attaque : « La vie et la mort, fait dire Hiuan-tsang au héros, sont comme un océan sans rivage et coulent dans une alternance sans fin ; les créatures intelligentes ne peuvent échapper au tourbillon qui les entraîne... » Ne croirait-on pas entendre le Krish*n*a du poème trouver dans son adhésion sereine au branle cosmique, dans sa sagesse supérieure aux infimes humanités, dans son indifférence divine à toute contingence — par-delà la joie et la douleur, par-delà la pitié et la haine — une légitimation transcendante aux brutalités de l'action ?

Les mêmes raisons qui avaient fait du Kurukshetra le champ de bataille de l'Epopée avaient valu à la Thanesvar du VIIe siècle un rôle de premier plan. On sortait à peine des grandes invasions hunniques qui avaient détruit l'empire indien unitaire des Gupta. Les hordes des Huns restaient campées sur le haut Indus. Face à elles la principauté de

Thanesvar était devenue une marche-frontière et s'était aguerrie à cet office. Devant la carence des derniers empereurs gupta désormais réduits à leur patrimoine du Béhar, les rois de Thanesvar, de la dynastie Vardhana, étaient devenus les champions de l'indépendance indienne. L'un d'eux, Prabhâkara Vardhana (mort en 605), avait en plusieurs rencontres vaincu les terribles Huns. Son fils aîné, Râjya Vardhana, qui n'avait pu régner que deux ans, avait encore eu le temps de vaincre les gens du Mâlva, meurtriers de son beau-frère le roi de Kanauj, lorsqu'il fut lui-même assassiné au milieu de ses conquêtes par un roi du Bengale. Mais Harsha Vardhana, le frère de la victime, devait la venger. Devenu roi à son tour, dans ces circonstances tragiques, il allait au cours de son long règne (606-647) réaliser le programme de sa maison et établir son hégémonie sur le monde gangétique. Toutefois, parvenu à ce degré de puissance, il découronna Thanesvar de sa primauté et transféra sa capitale sur le Gange moyen, à Kanauj, ville mieux située pour être le centre d'un grand empire.

Reprenant sa marche vers l'Orient, Hiuan-tsang atteignit le cours supérieur du Gange. Il nota la dévotion populaire dont, de temps immémorial, « la sainte Ga*n*gâ », le fleuve divin descendu du ciel sur la terre, était l'objet de la part des Hindouistes. « Près de sa source ce fleuve est large de trois *li* ; à son embouchure sa largeur est d'une dizaine de *li*. Ses eaux sont bleuâtres, mais elles varient souvent de couleur, et ses flots ont une étendue immense. Un grand nombre de créatures merveilleuses y vivent, d'ailleurs inoffensives pour les hommes. L'eau a une saveur douce et agréable et entraîne avec elle un sable d'une extrême finesse. Dans les textes indiens on l'appelle l'Eau de Félicité. Ceux qui s'y baignent, assure-t-on, se trouvent purifiés de tous leurs péchés. Ceux qui en boivent ou, seulement, s'en lavent la bouche, voient s'évanouir les malheurs qui les menaçaient. Ceux qui s'y noient renaissent parmi les dieux. Une multitude d'hommes et de femmes se rassemble constamment sur ses bords. » Mais le culte du fleuve sacré, qui jouait un si grand rôle dans les croyances brahmaniques, était, de ce fait, combattu par les bouddhistes. Hiuan-tsang rappelle comment le docteur bouddhiste *A*rya Deva osa jadis, au milieu de la foule qui se pressait sur les bords du Gange, s'attaquer à cette « superstition ».

Ouvrons ici une parenthèse pour signaler quel observateur incomparable de la société brahmanique fut notre pèlerin. Voyez par exemple son exposé du système des castes, d'une exactitude scientifique étonnante :

« Les différentes familles se divisent dans l'Inde en quatre classes ou castes. La première est celle des brahmanes (en chinois *Po-lo-men)*. Ce sont des hommes d'une vie sans tache. La pureté la plus sévère est la règle de leur conduite. La seconde caste est celle des *kshatriya* (en chinois *Ts'a-ti-li)*. C'est la race royale. Depuis des siècles ils se succèdent sur le trône. La troisième est celle des *vaiçya (fei-che)*. Ce sont les marchands, ils se livrent au négoce. La quatrième est celle des *çûdra (siu to-to)*. Ce sont les laboureurs. Dans ces quatre familles, la pureté ou l'impureté de la caste assigne à chacun une place séparée. » Enfin les castes inférieures, les hors-caste et les intouchables : « Les bouchers, les pêcheurs, les bourreaux, etc., sont relégués hors des villes. Quand ils vont et viennent dans les villages, ils marchent à l'écart, sur le côté gauche du chemin. »

Du reste, malgré l'influence croissante de l'hindouisme dans les masses, les principautés du Gange supérieur abritaient encore de nombreuses communautés bouddhiques. Hiuan-tsang y passa à Matipura, dans le district actuel de Bijnor, le printemps et l'été de 635, occupé à étudier les textes du Petit Véhicule, notamment ceux de l'école réaliste des Sarvâstivâda : preuve, une fois de plus, de l'éclectisme de son esprit et de l'étroite interdépendance des diverses écoles philosophiques du bouddhisme.

En descendant le cours du Gange, Hiuan-tsang traversa la riche Mésopotamie située entre le fleuve et ses deux affluents de droite et de gauche, la Kâlînadî et la Râmgangâ. C'était le pays de Kapitha, l'ancien Kâmpilya. Il y vénéra la place sacrée où le Bouddha, après être allé dans le ciel des Trente-Trois Dieux pour y prêcher à sa mère la Loi salvatrice, redescendit sur terre. Devant les yeux du pèlerin flottèrent les images merveilleuses qui, dix siècles plus tard, hantaient encore l'imagination des artistes tibétains : le Bouddha, grand comme le monde, descendant l'escalier des cieux au milieu d'un flamboiement multicolore. « Le milieu de l'escalier était en or massif, le côté gauche en cristal et le droit en argent blanc. Le Bouddha descendit par les degrés du milieu à la tête des *Deva*. Le dieu Brahmâ, un chasse-mouche blanc à la main, se tenait à sa droite sur les degrés d'argent. Indra, le couvrant d'un parasol orné de pierres précieuses, se tenait à sa gauche sur les degrés de cristal. Cent mille *deva* et la multitude des bodhisattva descendaient les marches à la suite du Bouddha, répandant une pluie de fleurs et récitant des stances. » On montrait encore près de là une pierre où les pas du Bouddha restaient empreints sous forme de larges fleurs de lotus. Ajoutons d'ailleurs qu'à l'émerveillement de ces prodiges les vrais bouddhistes préféraient la leçon de la doctrine. Une charmante parabole, rapportée par Hiuan-tsang, le rappelait aux fidèles : une nonne nommée « Couleur-defleur-de lotus », qui désirait passionnément être la première à revoir le Bouddha à sa descente du ciel, obtint de se métamorphoser pour cela en Reine-Universelle, sorte de divinité aérienne ayant le pouvoir d'ubiquité. Mais voici que pendant ce temps une autre âme fidèle, le disciple Subhûti, concentrait sa pensée sur l'universelle vanité des choses. Et le Bouddha apprit à « Couleur-de-fleur-de-lotus » qu'elle avait été devancée, car tandis qu'elle n'avait découvert que son corps matériel, Subhûti avait aperçu le premier son « corps spirituel » et pénétré sa pensée.

Hiuan-tsang arriva à la grande métropole du Doâb, Kanyâkubja, notre Kanauj, qu'il appelle Kiejo-kiu-chö Il fut frappé de la beauté et de la richesse de cette ville. « Elle a des murs élevés et des fossés solides. On ne voit partout que tours et pavillons. On rencontre aussi sur plusieurs places des bosquets fleuris, des étangs limpides et clairs comme un miroir. Dans ce pays on trouve en quantité les marchandises les plus rares des autres contrées. Les habitants vivent dans une heureuse opulence. » Surtout, comme on l'a vu, Kanauj était à sette époque la résidence principale du grand empereur Harsha Vardhana et, de ce fait, la capitale politique de l'Inde. Hiuan-tsang, qui désigne Harsha par son surnom laudatif de Çîlâditya — Soleil de Vertu —, commença à Kanauj à se pénétrer de la gloire et des mérites du monarque indien.

De fait Harsha réunissait en sa personne toutes les qualités du guerrier et de l'homme d'Etat. Au cours de son long règne (606-647) il avait rendu au monde gangétique l'unité et la paix qu'on ne connaissait plus depuis la chute des Gupta.

Dès son avènement une cause sacrée lui avait mis les armes à la main. Il avait, on l'a vu, à venger son frère aîné, Râjya Vardhana, traîtreusement massacré par un prince de Gaud*a* ou Gaur, ou Bengale, nommé Çaçâ*n*ka. Nous sommes peu renseignés sur les détails de cette guerre, car toutes les louanges du poète Bâ*n*a, son historiographe, ne valent pas quelques faits positifs. Il dut apporter d'autant plus d'ardeur à cette lutte que, tandis qu'il était lui-même un adepte fervent du bouddhisme, Çaçâ*n*ka, son ennemi, persécutait ouvertement l'Eglise, allant jusqu'à porter une main sacrilège sur l'Arbre de la Bodhi, à Gayâ. Harsha dut être partout victorieux. Hiuan-tsang nous dit qu'après être allé venger le meurtre de son frère, « il marcha de l'ouest à l'est pour châtier les rois insoumis. Pendant six ans les éléphants ne quittèrent point leurs selles ni les hommes leurs cuirasses ». Sans doute Harsha trouva-t-il des alliés dans la personne des derniers Gupta du Magadha, devenus ses clients et ses protégés. Toujours est-il que nous voyons ses possessions étendues peu après jusqu'au golfe du Bengale et même encore plus loin vers l'est puisque le roi Kâmarûpa, c'est-à-dire d'Assam, accepta spontanément sa suzeraineté. On doit supposer que Harsha acheva aussi de tirer vengeance des gens du Mâlva qui avaient quelques années plus tôt fait périr son beau-frère l'ancien roi de Kanauj et emprisonné sa sœur Râjyaçrî. De fait le Mâlva fut annexé à l'empire de Harsha. Celui-ci réduisit même en vassalité, au sud-ouest du Mâlva, le riche royaume de Valabhî, qui comprenait le Gujerât et la presqu'île de Kathiawar. Au témoignage de son historiographe, le poète Bâna, il renouvela aussi contre les dernières hordes des Huns, au nord du Panjâb, les exploits de son père Prabhâkara et de ses aïeux, puisqu'on nous le montre portant ses armes « jusqu'au pays inaccessible et aux montagnes neigeuses du Tokharestan ». Seul le Dékhan avait échappé à sa conquête, le roi du Mahârâsh*t*ra, le calukya Pulakeçin, ayant repoussé toutes ses attaques de ce côté de sorte que son empire était resté borné au sud par la chaîne des monts Vindhya.

Or ce conquérant, ce pacificateur, ce dernier empereur de l'Inde indépendante était le plus pieux des bouddhistes. Comme jadis Açoka c'était un saint sur le trône. Ses guerres terminées, nous dit Hiuan-tsang, il ne s'occupa plus que du bien matériel et moral de ses peuples. Son idéal de souverain fut de faire passer dans les lois et dans les mœurs la douceur et la charité bouddhiques. Tentative méritoire à la veille de la grande vague çivaïte et de son déferlement de violences. « Son gouvernement, dit Hiuan-tsang, était juste et humain. Il oubliait le boire et le manger pour accomplir de bonnes œuvres. » Comme Açoka, il cherchait à interdire le meurtre des animaux. Comme lui, il érigea des milliers de stûpas et de monastères. « Dans les villes, dans les villages, aux carrefours, aux croisements des routes il fit bâtir des maisons de secours où on déposait des aliments, des breuvages, des médicaments pour les donner en aumône aux voyageurs, aux pauvres et aux indigents. »

Nul ne prenait plus à cœur son métier de roi. « Quand les rois des petits royaumes voisins, écrit Hiuan-tsang, leurs ministres ou leurs grands officiers pratiquaient le bien et cherchaient la vertu, il les conduisait par la main, les faisait asseoir sur son trône, et les appelait ses bons amis. » Sauf à la saison des pluies, il parcourait continuellement les provinces de son empire, inspectant tout par lui-même et redressant les torts.

Comme jadis Açoka et Kanishka, Harsha prenait une part active à la vie de l'Eglise bouddhique. Chaque année, il réunissait en concile les moines de l'Inde entière, discutait avec eux les points de doctrine, soutenait leur foi, comblait d'aumônes les religieux méritants. Il invitait les plus savants et les plus saints d'entre eux à s'asseoir sur son trône et recevait lui-même de leur bouche leur enseignement.

D'autre part — et c'est encore chez lui un trait commun avec son saint prédécesseur Açoka — on doit constater chez ce moine couronné un esprit de tolérance tout à l'honneur du bouddhisme indien. Chaque jour il nourrissait personnellement, en même temps que 1 000 moines bouddhistes, 500 brahmanes. Et tous les cinq ans il réunissait une « Assemblée de Délivrance » où il conviait les pauvres de toute confession et le clergé de tous les cultes à une distribution générale d'aumônes.

Hiuan-tsang, durant son séjour à Kanauj, ne rencontra point le roi Harsha, sans doute absent de la ville. Il y passa néanmoins trois mois de l'année 636, dans le couvent du Bhadravihâra, pour relire les commentaires du recueil des Trois-Corbeilles *(Tripitaka)* qui constituent la somme des Ecritures bouddhiques.

Lorsqu'il se fut remis en route, le pèlerin passa le Gange et pénétra dans la province de l'Oude, l'antique pays d'Ayodhyâ (A-yu-t'o, en chinois). La capitale, appelée aussi Ayodhyâ, et qui est la même ville que l'ancienne Çâketa, était encore toute pleine de la gloire des deux grands docteurs mahâyânistes, les deux frères Asa*n*ga et Vasubandhu, fondateurs de l'école idéaliste chère à Hiuan-tsang. Celui-ci visita avec un singulier respect, à cinq ou six *li* au sud-ouest de la ville, dans un bois de manguiers, le vieux monastère où les deux frères, deux siècles auparavant, avaient conçu et enseigné leur système. Venus de la région gandhârienne dans l'Oude, ils n'avaient pas suivi tout d'abord la même évolution. Tandis qu'Asa*n*ga, l'aîné, embrassait tout de suite la doctrine, alors nouvelle de l'idéalisme absolu, le cadet, Vasubandhu, restait fidèle aux anciennes disciplines hînayânistes, notamment à l'école, réaliste jusqu'à une manière d'atomisme, des Vaibhâshika. Vasubandhu rédigea même la somme philosophique du Vaibhâshika, l'énorme *Abhidharma koça çastra* qui reste, en tout état de cause, un des monuments les plus imposants de la philosophie bouddhique. Mais l'heure de la grâce allait sonner pour lui aussi. D'après la *Vie de Vasubandhu,* écrite vers 560 par Paramârtha, cette conversion fut provoquée par Asa*n*ga lui-même.

Le grand idéaliste avait donné rendez-vous à son frère à Ayodhyâ, dans le couvent des manguiers. La nuit venue il le conduisit sur une terrasse qui dominait la rivière, et se retira. C'était une nuit pure d'automne, où la lune brillait sur les eaux. Une voix s'éleva, une voix inconnue qui lisait un traité mahâyâniste. Sans doute disait-elle la libération de l'esprit, son envolée sur les ailes de l'idéalisme. Dans cette théorie fluide et lumineuse, le monde des formes devait s'évanouir, comme flottaient à cette heure les apparences de la terre et des eaux dans les buées lunaires de la Gogra. Au-dessus des matérialités vaines, par-delà tout le concret, le rêve emplissait la nuit indienne ; les choses n'étaient plus que cela — le rêve d'un rêve. L'idéalité de l'univers remplaçait le cosmos matériel, et, sous cet aspect nouveau, tout devenait intelligible, accessible et possible... Vasubandhu, ému jusqu'à l'extase, comprenait enfin la beauté du Mahâyâna. Il voulut couper sa langue qui avait jusque-là combattu la Grande Doctrine. Asa*n*ga, caché dans l'ombre, se précipita pour l'en empêcher. Les deux frères, désormais étroitement unis, allaient mener le même combat pour le triomphe des doctrines idéalistes.

Une autre légende, localisée à Ayodhyâ, disait comment les deux frères et aussi leur disciple Buddhasi*m*ha, avaient fait un jour entre eux le serment que le premier qui décéderait viendrait enseigner les autres. De fait, après les funérailles de Vasubandhu, une nuit qu'Asa*n*ga méditait, le corps glorieux du défunt lui apparut et lui révéla les merveilles du paradis de Maitreya. Le bodhisattva Maitreya, le bouddha de l'avenir, joue d'ailleurs un grand rôle dans la formation de l'école idéaliste. Hiuan-tsang nous rapporte lui-même comment Asa*n*ga était, la nuit, ravi au ciel des dieux bienheureux où Maitreya lui dictait les textes de sa doctrine. De sorte que pour nombre de fidèles chinois et japonais l'école d'Asa*n*ga et de Vasubandhu est encore aujourd'hui placée sous l'invocation directe du messie bouddhique.

Hiuan-tsang, en quittant l'Oude, alla rejoindre le cours du Gange. Il s'embarqua sur le fleuve avec une vingtaine de compagnons pour le descendre jusqu'à Prayâga, la moderne Allâhâbâd. — Ici se place un des épisodes les plus dramatiques de sa biographie et qui faillit bien marquer le terme de son voyage.

Le pèlerin avait fait une vingtaine de kilomètres sur le Gange lorsque son bateau arriva à un endroit où les rives du fleuve étaient ombragées, des deux côtés, par une forêt d'arbres açoka, au feuillage particulièrement touffu. Or ces arbres cachaient une dizaine de barques de pirates. Ceux-ci, faisant force de rames, s'avancèrent à la rencontre du pèlerin et de ses compagnons et leur coupèrent la route. Plusieurs des passagers, saisis d'épouvante, se précipitèrent dans le fleuve. Le bateau de Hiuan-tsang fut entouré par les brigands qui conduisirent le pèlerin au rivage. Tous les passagers furent fouillés et dépouillés de leurs vêtements. Pour comble de malheur les brigands adoraient la déesse çivaïte Durgâ, farouche divinité qui exigeait de ses sectateurs des sacrifices humains. Chaque année, à l'automne, ils cherchaient donc une victime, de préférence un homme bien fait et de belle figure, l'immolaient et offraient à la déesse sa chair et son sang. Lorsqu'ils eurent examiné le Maître de la Loi, dont la taille noble et la figure distinguée répondaient à leurs vues cruelles, ils se regardèrent l'un l'autre d'un air joyeux. « Nous allions, dirent-ils, laisser passer l'époque du sacrifice qu'exige notre déesse, faute de trouver un sujet digne d'elle ; mais voici un religieux d'une belle stature et d'un visage charmant. Tuons-le pour obtenir le bonheur. » « Si ce corps vil et méprisable, leur dit Hiuan-tsang, pouvait répondre dignement au but de votre sacrifice, en vérité je n'en serais pas avare ; mais comme je viens des pays lointains pour honorer les Lieux Saints, me procurer des livres sacrés et m'instruire dans la *Loi*, ce vœu n'étant pas encore accompli, je crains, hommes généreux, qu'en m'ôtant la vie, vous ne vous attiriez les plus grands malheurs. » Tous les passagers du bateau prièrent ensemble les pirates, il y en eut même qui offrirent de mourir à sa place ;

mais ils s'y refusèrent obstinément. Sur ces entrefaites le chef des pirates envoya des hommes pour chercher de l'eau au milieu du bois fleuri d'açokas et les chargea de construire un autel en terre pétrie avec de la vase du fleuve ; puis il ordonna à deux satellites de tirer leurs sabres, d'entraîner Hiuan-tsang en haut de l'autel et de le sacrifier immédiatement. Mais le Maître de la Loi ne laissa voir sur sa figure aucune marque de crainte ni d'émotion. Les pirates en furent surpris et presque touchés. Cependant Hiuan-tsang, voyant qu'il ne pouvait échapper à son sort, pria les brigands de lui accorder quelques moments de répit, et de ne point le presser avec violence : « Laissez-moi, leur dit-il, entrer dans le Nirvâna avec une âme calme et joyeuse. »

Alors le Maître de la Loi songea avec amour au bodhisattva Maitreya et tourna toutes ses pensées vers le Ciel des Bienheureux, formant des vœux ardents pour y renaître, afin d'offrir à ce *Bodhisattva* ses respects et ses hommages, d'entendre expliquer la *Loi* excellente et d'arriver à l'Intelligence accomplie (à l'état de *Bouddha*) ; puis de redescendre et de renaître sur la terre pour instruire et convertir ces hommes, leur faire pratiquer les actes de vertu supérieure et abandonner leur infâme profession — et enfin de répandre au loin tous les bienfaits de la *Loi,* et de procurer la paix et le bonheur à toutes les créatures. Alors il adora les Bouddhas des dix contrées du monde, s'assit dans l'attitude de la méditation et attacha énergiquement ses pensée sur *Maitreya bodhisattva* sans laisser poindre aucune idée étrangère.

« Tout à coup, au fond de son âme ravie, il lui sembla qu'il s'élevait jusqu'au mont Sumêru, et qu'après avoir franchi un, deux et trois cieux, il voyait, dans le palais des Bienheureux, le vénérable *Maitreya* assis sur un trône resplendissant et entouré d'une multitude de dieux. Dans ce moment, il nageait dans la joie, de corps et d'âme, sans savoir qu'il était près de l'autel du sacrifice, sans songer aux pirates altérés de son sang. Mais ses compagnons s'abandonnaient aux cris et aux larmes, lorsque soudain un vent furieux s'élève de tous côtés, brise les arbres, fait voler le sable en tourbillons, soulève les flots du fleuve en engloutissant tous les bateaux. Les pirates sont saisis de terreur, et, interrogeant les compagnons de Hiuan-tsang : « D'où vient donc ce religieux et quel est son nom ? »

— C'est, répondirent-ils, un religieux renommé qui vient de Chine pour chercher la Loi : si vous le tuez, seigneurs, vous vous attirerez des châtiments sans fin. Ne voyez-vous pas déjà, dans la colère des vents et des flots, les signes terribles de la vengeance des esprits du ciel ? Hâtez-vous de vous repentir !

Les brigands, saisis d'effroi, se jetèrent aux pieds de Hiuan-tsang. Mais le Maître de la Loi, ravi en extase, n'avait rien vu de ce qui se passait autour de lui. Comme un des brigands touchait avec respect le bord de son vêtement, il ouvrit les yeux et demanda avec douceur si son heure était arrivée. Quand il connut le changement qui s'était produit, il accueillit la nouvelle de son salut avec la même sérénité que, tout à l'heure, l'annonce de sa mort, et invita les bandits repentants à changer définitivement de vie. Ils le promirent et, en témoignage de leur repentir, jetèrent leurs armes dans le Gange. « Bientôt les vents et les flots se calmèrent. Les pirates, transportés de joie, saluèrent le Maître de la Loi et prirent congé de lui. »

Après ce dramatique épisode, Hiuan-tsang atteignit le confluent du Gange et de la Jumnâ où s'élevait la ville de Prayâga, la Po-lo-ye-k'ie de son texte, la moderne Allâhâbâd. Prayâga, qui, aux IVe et Ve siècles, avait été une des capitales des empereurs Gupta, restait encore une cité fort populeuse. Mais malgré la présence d'un stûpa d'Açoka, malgré les souvenirs du pilosophe mahâyâniste Arya Deva qui y avait prêché au IIIe siècle, les bouddhistes y étaient en minorité. Les deux monastères qu'ils y possédaient — d'ailleurs hînayânistes — ne pouvaient rivaliser avec les centaines de temples hindouistes, fréquentés nous dit Hiuan-tsang, par un nombre prodigieux de fidèles. C'était d'ailleurs une ville fameuse, ne fût-ce que par sa « plaine des aumônes ». On nommait ainsi un plateau tout uni situé à l'est de Prayâga et où, de temps immémorial, les princes et les grands venaient faire œuvre pie en distribuant des aumônes aux religieux, aux indigents et aux orphelins.

Hiuan-tsang note à Prayâga comme plus haut le culte dont le Gange était l'objet de la part des foules brahmaniques. Une multitude de gens cherchaient à mourir dans les eaux sacrées, espérant par ce moyen renaître au ciel des dieux. Même des hardes de cerfs et des familles de singes se rassemblaient sur les berges, se baignaient longuement dans le fleuve et parfois ces animaux, nous affirme Hiuan-tsang, refusaient de s'en aller et y jeûnaient pieusement jusqu'à leur trépas. Le pèlerin nous cite comme exemple l'histoire d'un singe qui s'établit sur un arbre près de la berge et se laissa mourir de faim sous le règne du roi Harsha, événement qui provoqua un regain de zèle parmi les sectaires adonnés aux austérités. De longues perches avaient été fixées dans le fleuve à cette place, chacune portant une cheville ou saillie près du sommet pour permettre aux dévots de s'y attacher. Dès le lever du soleil, Hiuan-tsang put voir l'un d'eux pratiquer au milieu du fleuve cet étrange exercice ; portant d'une main et d'un pied sur la perche, l'autre bras et l'autre jambe étendus horizontalement, le corps suspendu en l'air, l'Hindou suivait d'un œil ardent la course du soleil dans l'espace. Il ne redescendit de sa colonne que lorsque le soleil eut disparu à l'Occident, et pour recommencer dès l'aube suivante. Ces pénibles austérités avaient pour but d'affranchir l'âme de la transmigration, et elles étaient poursuivies chaque jour, sans aucune interruption, pendant des dizaines d'années.

Hiuan-tsang nous signale même à propos de Prayâga la démoralisation qu'entraînaient avec elles certaines dévotions sectaires hindouistes. On dirait une des plus troublantes pages de Kipling. « Il y a dans la ville un temple des dieux, d'une richesse éblouissante, où éclatent une multitude de miracles. Qui y donne une seule pièce de monnaie acquiert plus de mérite qu'en en donnant mille partout ailleurs. De plus si on se suicide dans ce temple, on obtient le paradis des dieux. Devant la salle principale, il y a un grand arbre dont les branches et les feuilles touffues répandent une ombre épaisse. Un démon anthropophage y demeure. C'est pourquoi à gauche et à droite de l'arbre on voit une quantité d'ossements humains. Dès qu'un homme a pénétré dans ce temple, il fait le sacrifice de sa vie. Il est entraîné à la fois par les prestiges de l'erreur et par les séductions de l'esprit. Depuis l'Antiquité jusqu'à nos jours, cette coutume insensée n'a pas cessé un seul instant. »

Lors du passage de Hiuan-tsang un exemple tragique venait encore de montrer le danger de l'étrange contagion mentale qui régnait au temple de la mort. Un brahmane d'une haute intellectualité avait résolu de mettre fin à cette meurtière superstition. A peine entré, la hantise du suicide le saisit. « Il monta dans l'arbre et, se penchant en bas, il cria à ses amis : je vais mourir. Je disais auparavant que leur doctrine n'était que mensonge, mais mainteant j'en reconnais la vérité. Les *ri*shi et les musiciens du ciel, nageant au milieu des airs, m'appellent en ce moment vers eux. Il faut qu'en cet endroit fortuné je précipite ce corps méprisable », et il se jeta dans le vide.

Il ne faut jamais oublier de telles scènes, il ne faut jamais perdre de vue toutes les étranges et dangereuses superstitions qui pullulèrent sur le fond hindouiste, si l'on veut apprécier à sa valeur l'apport moral du bouddhisme. L'esprit humain présente de ces contradictions. La religion toute théologique, l'ontologie fervente des milieux brahmaniques n'empêchaient pas le développement des pratiques les plus cruelles, les plus immorales : l'histoire et l'iconographie de plusieurs sectes çivaïstes le prouvent assez. Au contraire le bouddhisme, théoriquement donné comme « nihiliste », conservait, au moins dans ses formes autorisées, une simplicité de mœurs, un équilibre moral, une modération souriante qui rappellent plutôt la Grèce socratique que les manifestations mediévales de l'hindouisme. Devant les excès de l'hindouisme, Hiuan-tsang réagit comme un Européen.

De Prayâga, le pèlerin, à travers une zone de forêts pleine de fauves et d'éléphants sauvages, alla visiter, dans la direction du sud-ouest, sur la basse Jummâ, une autre ancienne capitale gupta, Kauçâmbî, qu'il appelle Kiao-chang-mi, et qui est l'actuel Kosam. Là encore on montrait les traces du passage du Bouddha, un stûpa d'Açoka, le pavillon à double étage où Vasubandhu avait écrit un de ses ouvrages, et le bois de manguiers où avait vécu Asa*n*ga. Mais on n'y voyait qu'une dizaine de couvents bouddhiques, d'ailleurs en partie ruinés et déserts, avec, seulement, 300 religieux, tous hînayânistes. Au contraire Kauçâmbî comptait près de 50 temples brahmaniques, fréquentés par la multitude. Ainsi, à l'heure même qui semble marquer pour nous l'apogée de la pensée bouddhique dans l'Inde, la reconquête hindouiste, aux yeux d'un observateur averti, s'affirmait chaque jour plus menaçante.

CHAPITRE VIII

AUX LIEUX SAINTS BOUDDHIQUES

Après Kauçâmbî, l'itinéraire de Hiuan-tsang change de direction. Au lieu de descendre le Gange jusqu'à Bénarès, il remonta droit vers le nord, par les pistes qui conduisaient à l'Oude septentrional et au Népâl. Le pèlerin, en effet, ne voulait pas tarder plus longtemps à visiter le site de la nativité du Bouddha Çâkyamuni.

Dans cette direction, Hiuan-tsang rencontra d'abord la ville de Crâvastî — en chinois Che-lo-fa-si-ti — aujourd'hui le bourg de Sahet-Mahet, sur la rive droite de la Rapti. C'était, au temps du Bouddha, la capitale de l'ancien pays de Koçala — l'Oude actuel — et de son roi Prasenajit. Mais au VIIe siècle le site était déjà à peu près abandonné et l'ancienne capitale ne renfermait guère que des ruines[1].

Que de souvenirs pourtant se rattachaient à cette ville morte ! C'était à Çrâvastî que se trouvait le parc du Jetavana, offert à l'Eglise naissante par le riche marchand Anâthapi*nd*ika et dont, bien des siècles plus tard, les premiers pèlerins chinois admiraient encore les clairs étangs, la verdure luxuriante et les innombrables fleurs. Açoka avait jadis marqué cet emplacement par des piliers inscrits portant la Roue de la Loi et le Taureau, mais à l'époque de Hiuan-tsang ces deux colonnes restaient seules debout auprès du monastère en ruine. C'était encore à Çrâvastî que le Bouddha avait accompli ce qu'on appelle « le Grand Miracle », célébré à l'envi depuis par toute l'iconographie sacrée, d'après le récit traditionnel : le roi Prasenajit ayant organisé un tournoi de prodiges

1. Sur l'état actuel de ce site, voir Ph. VOGEL, *Excavations at Sahet-Mahet (Archæological Survey of India,* notamment *Report* de 1907-1908, p. 81).

entre Lui et trois ascètes adverses, la scène tourna à l'apothéose du Bienheureux : il s'éleva dans les airs, atteignit la région de la lumière et n'y fut pas plus tôt que des lueurs multicolores s'échappèrent de son corps ; de ses épaules s'élancèrent des tourbillons de flammes, à ses pieds ruissela une pluie d'eau froide ; peu après on le vit assis sur un lotus créé par les rois-nâga, avec Brahmâ à sa droite et Indra à sa gauche ; puis, par un prestige de sa toute-puissance, il fit apparaître d'autres lotus, en nombre incommensurable, qui remplissait le ciel, avec, dans chacun d'eux, un Bouddha magique pareil à lui-même.

Hiuan-tsang vit la tour qui marquait la place du couvent de religieuses fondé par Prajâpati, la tante et mère adoptive du Bouddha — Prajâpati qui, appuyée par Ananda, avait après de longs refus obtenu enfin du Bouddha l'entrée des femmes dans la Communauté.

Un peu plus loin on montrait encore le stûpa d'A*n*gulimâla qui se rapportait à une de ces conversions d'êtres malfaisants si fréquentes dans la vie du Bienheureux. A*n*gulimâla était un bandit fanatique, sans doute affilié à quelque secte homicide comme celle des modernes Thugs, qui assassinait les gens pour couper leurs doigts et s'en faire une « guirlande sacrée ». Il ne manquait plus que deux unités pour que son horrible trophée fût complet. Il allait tuer pour cela sa propre mère lorsque le Bouddha, saisi de compassion, se substitua à elle. « Brandissant son épée, le bandit se rua sur le Bienheureux ; celui-ci recula à pas lents et A*n*gulimâla le poursuivit sans pouvoir l'atteindre. » Malgré une telle noirceur d'âme, le Bouddha condescendit à le convertir, et l'ancien coupeur de têtes finit sa vie sous les vêtements d'un moine pieux et fidèle.

Près de l'ancien parc du Jetavana, Hiuan-tsang vit le stûpa « de la guérison du moine ». Le souvenir d'un des traits les plus humains et les plus tendres de la vie du Bouddha y restait attaché — : il était un moine malade qui s'abandonnant lui-même, vivait dans l'isolement, à l'écart de la communauté. Le Bienheureux, le voyant ainsi, lui demanda la raison de cette réclusion. « Je suis, répondit le moine, d'une disposition si indolente que je n'ai même pas le courage de recourir aux médecins. Je suis très malade et je n'ai personne pour s'occuper de moi. » Le Bouddha, ému de pitié, lui dit : « Mon ami, c'est moi qui serai ton médecin. » Là-dessus il toucha le malheureux de sa main et la maladie disparut. Le Bouddha le porta ensuite hors de sa chambre, refit son lit, le leva, l'habilla de vêtements neufs et le quitta en lui recommandant d'être zélé et énergique.

Plus loin un petit stûpa rappelait la charmante histoire de Maudgalyâyana et de Çâriputra, deux des premiers et des plus illustres disciples de Çâkyamuni : un jour que le Bouddha prêchait à la foule, près du lac d'Anavatapta, il s'aperçut que Çâriputra était absent et chargea Maudgalyâyana d'aller le chercher. Maudgalyâyana avait reçu du Bienheureux des pouvoirs surnaturels ; en quelques secondes il se transporta par la voie des airs à Çrâvastî. Il y trouva le saint dans son couvent, fort occupé à raccommoder son manteau monastique. Vainement il essaya de le ramener avec lui. N'ayant pu y parvenir, il retourna, par la voie des airs, à l'assemblée du lac. Quelle ne fut pas sa surprise en arrivant : la première personne qu'il aperçut auprès du Bouddha fut précisément Çâriputra. Cette histoire, nous dit Hiuan-tsang, nous apprend que dans le bouddhisme les pouvoirs surnaturels accordés aux saints ne passaient — si grands qu'ils fussent — que bien après la spiritualité.

Aussi bien les lieux saints ne se comptaient plus à Çrâvastî. Chacun d'eux était marqué par quelque stûpa commémoratif. Un de ces stûpas signalait l'endroit où les brahmanes, ayant assassiné une courtisane, accusèrent le Bouddha de ce crime ; une fosse était celle où avait été précipité jusqu'aux enfers Devadatta, le Judas Iscariote du bouddhisme ; une autre fosse avait vu la terre engloutir une jeune fille qui avait calomnié la vertu du Bienheureux. Ailleurs c'était la place où le Bouddha avait une première fois sauvé sa patrie. Virû*dh*aka. roi de Koçala, ayant à se venger du peuple des Çâkya, marchait contre eux avec une immense armée. Le Bouddha se plaça sur son chemin, assis sur un arbre mort. En l'apercevant, le roi descendit de son char, le salua et lui demanda pourquoi il avait choisi pour abriter sa méditation, au lieu de l'ombre abondante des arbres voisins, un tronc desséché. « Mon clan, répondit le Bouddha, était mes branches et mes feuilles. Maintenant que vous allez l'abattre, je serai comme un arbre dépouillé. » Le roi, touché de la leçon, fit pour cette fois demi-tour. Plus tard, il est vrai, il recommença sa tentative, détruisit le pays çâkya et ramena de son expédition cinq cents jeunes filles auxquelles, sur leur refus de lui appartenir, il fit couper les mains et les pieds et qu'il jeta dans une fosse. Comme elles allaient mourir, elles firent appel au Bouddha. Celui-ci leur apparut, leur annonça la bonne loi, reçut leur dernier soupir et les fit renaître au ciel des dieux. Hiuan-tsang fit ses dévotions au stûpa témoin de leur martyre.

On vénérait de même à 4 ou 5 *li* du Jetavana le stûpa « des yeux recouvrés ». Il s'agissait, dit la tradition, de cinq cents brigands awadhis auxquels le roi de Koçala, après leur capture, fit arracher les yeux et qu'on abandonna en cet état au milieu d'une épaisse forêt. Dans leurs tourments, ils tournèrent leur pensée vers le Bouddha. Leurs crimes étaient sans nombre, mais l'expiation avait été terrible et la miséricorde du Maître était infinie. Il eut pitié. Des névés de l'Himâlaya une brise rafraîchissante se mit à souffler vers Çrâvastî et les suppliciés recouvrèrent la vue.

Se dirigeant vers le nord-est, le religieux chinois parvint enfin à « Kie-pi-lo-fa-sou-tou », c'est-à-dire à Kapilavastu, la ville natale du Bouddha. On sait combien les archéologues ont eu de mal à retrouver ce lieu célèbre sous le misérable site de Tilaura Kot, au fond du teraï népalais[1]. Au VIIe siècle la région était déjà abandonnée. « On y compte dix villes désertes dont le sol est couvert de plantes incultes. La capitale est ruinée à tel point qu'il est impossible de déterminer quelle était son étendue. Toutefois on distingue bien les murs du palais royal qui étaient construits en briques et dont les fondements sont encore hauts et solides. » Près de cet ancien palais on voyait un couvent qu'habitaient une trentaine de religieux hinayânistes. Qu'était-ce auprès du millier de monastères dont les ruines s'apercevaient partout à travers la jungle ? « Comme ce pays est désert et inhabité depuis des siècles, on ne rencontre dans les villages que de rares habitants. Il n'y a plus ni prince ni chef suprême, chaque bourg a son chef local. » Et pourtant Hiuan-tsang note lui-même que le pays est fertile et bien arrosé, avec une température toujours normale et des saisons très régulières. Quelle malédiction pesait donc sur cette autre Terre Sainte pour avoir stérilisé tant de richesses et fait un désert de ce sol heureux ?

---

1. Le site de Kapilavastu a pu être définitivement identifié grâce à la découverte à Rummindei, près du village népalais de Paderia, à deux milles au nord de Bhagvanpur, d'un pilier inscrit d'Açoka. Rummindei est le nom moderne de Lumbinî, le jardin où naquit le Bouddha, aux portes de Kapilavastu. Cf. Purma Chandra MUKERJI, *Antiquities in the Terai, Nepal. The region of Kapilavastu (Archæological Survey of India* 1901).- *Journal of the Royal Asiatic Society*, 1914, PP. 391, 751. — Jarl CHARPENTIER, *Note on the Pandaria or Rummindei inscription (Indian Antiquary*, janvier 1914, p. 17).

Hiuan-tsang évoque avec une ferveur et une mélancolie poignantes les souvenirs sacrés, flottant parmi ces ruines. Près des fondations du palais royal qui avait été celui du roi Çuddhodana, le père du Bouddha, on montrait l'emplacement de la chambre du gynécée où la reine Mâyâ, avertie par un grave pressentiment, s'était retirée pour passer dans le recueillement et la prière les heures qui précédèrent la Conception. Hiuan-tsang put encore voir une image représentant cette scène célèbre : sans doute, comme sur nos reliefs de Bhârhût et d'Amarâvatî, le bodhisattva était-il figuré sous les traits d'un éléphanteau descendant du ciel des dieux bienheureux dans le sein de la reine élue. Et partout c'étaient d'autres sites où se localisaient les divers épisodes de l'Enfance et de l'Adolescence. Au nord-est de la chambre de la reine Mâyâ, un stûpa marquait la place où le saint vieillard Asita avait prédit aux parents de l'enfant divin sa grandeur future ; près de la porte méridionale de l'ancien Kapila-vastu un stûpa s'élevait au lieu où, jeune râja en âge de se marier, le Bodhisattva vainquit en tournoi de jeux les autres prétendants. Ailleurs on montrait l'endroit où, parti sur son char pour galoper à travers la campagne, le jeune prince rencontra pour la première fois la Vieillesse, la Maladie et la Mort, rencontre symbolique qui devait décider de sa vocation. A la pointe sud-est de Kapilavastu, un sentier frayé dans la brousse était le passage par lequel, ayant abandonné le harem endormi pour aller embrasser la vie monastique, il sortit furtivement de la ville, monté sur son bon cheval Ka*nth*aka, dont les génies eux-mêmes, pour éviter de donner l'éveil aux gardiens des portes, soulevaient les sabots dans leurs mains.

La banlieue de Kapilavastu n'était pas moins riche en souvenirs. A quatre *li* au sud de la ville, un stûpa d'Açoka indiquait l'emplacement d'une scène émouvante. C'était bien des années après le grand départ. Le Bouddha avait atteint la sagesse parfaite et fondé sa religion. Mais dans sa ville natale, son père, devenu vieux, lui envoyait message sur message pour le revoir avant sa mort. Le Bouddha se rendit à ce désir. Comme il approchait de Kapilavastu, le roi Çuddhodana vint au-devant de lui, et c'était cette rencontre du père et du fils que rappelait le stûpa d'Açoka.

Un autre monument désignait la place de la première méditation que nous a racontée le poète du *Buddhacarita*. Le bodhisattva n'était qu'un adolescent. Il s'était rendu dans la campagne pour assister aux travaux des champs. « Voyant la jeune herbe arrachée et éparpillée par le soc, couverte des œufs et des petits des insectes qu'on avait tués, il fut saisi d'une douleur profonde, comme s'il se fût agi du massacre des siens. Et voyant les laboureurs au teint flétri par la poussière, par l'ardeur du soleil et le vent, il ressentit une extrême compassion. » Il s'assit sous un pommier rose et entra en méditation. On était au milieu du jour. Le soleil se couchait qu'il méditait encore. Mais l'ombre du pommier rose n'avait pas bougé et continuait à abriter l'adolescent divin.

Le lieu le plus sacré de cette région était, dans la banlieue nord-est de Kapilavastu, le jardin de Lumbinî, témoin de la nativité du Bodhisattva. C'était là que la reine Mâyâ, dans l'attitude que l'iconographie bouddhique a popularisée, debout, tenant de la main droite la branche d'un arbre açoka, avait donné le jour au héros de la charité. L'enfant divin était sorti de son flanc droit, reçu dans les bras d'Indra et de Brahmâ, le dieu suprême du Védisme et le dieu suprême du Brahmanisme accourus pour le saluer. Deux génies, deux rois-nâga, se montrant à mi-corps dans les airs, avaient fait apparaître deux courants d'eau chaude et d'eau froide pour permettre à Brahmâ et à Indra de donner à l'enfant le bain rituel. L'enfant avait pris possession du monde en faisant sept pas dans chacune des quatre directions. Des musiques célestes s'étaient fait entendre et des brises parfumées avaient soufflé sur la région. Un pilier inscrit du roi Açoka s'élevait au milieu du jardin et c'est ce pilier, encore debout, qui a permis tout récemment de situer le parc de Lumbini sur l'emplacement de l'actuel Rummindei[1].

S'enfonçant plus à l'est, en plein teraï népalais, dans une zone de forêts sauvages, aujourd'hui encore infestée de tigres et de troupeaux d'éléphants, Hiuan-tsang alla visiter le stûpa de Râmagrâma. C'était un monument vénérable où un ancien roi du pays avait enfermé des reliques du Bouddha. Abandonné par les hommes, qui avaient perdu jusqu'à son souvenir, oublié en pleine jungle, ce stûpa fut entretenu pendant des siècles par les éléphants sauvages. Le moine qui le découvrit de nouveau put contempler ce miracle : « Les éléphants cueillaient des fleurs et venaient les déposer devant le reliquaire, ils arrachaient les herbes alentour, et arrosaient le sol avec leur trompe. » Un peu plus loin s'élevait un autre stûpa, construit par Açoka à l'orée

---

1. On trouvera de bonnes photographies des paysages de Rummindei, dans le livre de Perceval LANDON, *Nepal*, Londres 1928, t. I, pp. 1-10.

d'une forêt où le Bodhisattva, après avoir quitté la maison paternelle, détacha ses vêtements princiers, ses bijoux, son turban royal et fit ses adieux à son écuyer en larmes et à son cheval qui, non moins ému, lui léchait les pieds. Le saint roi Açoka avait fait élever dans cette clairière un stûpa appelé le stûpa de Cha*n*daka, du nom de l'écuyer. A l'est de ce monument un autre stûpa marquait la place où le Bodhisattva avait échangé ses riches vêtements contre les haillons d'un pauvre chasseur et où il avait coupé sa chevelure qu'il lança dans les airs et qui fut recueillie par les dieux.

Plus tard, on l'a vu, le Bouddha parvenu à la sagesse devait, sur les supplications de son père, revenir visiter son pays natal. On montra à Hiuan-tsang la place où il était descendu du ciel — car le voyage s'était fait par la voie des airs. « Huit Vajrapâ*n*i formaient son escorte et les quatre Rois Célestes ouvraient la marche. Indra se tenait à sa gauche et Brahmâ à sa droite, avec le peuple des dieux. Le Bouddha s'élevait au milieu de leur multitude comme la lune qui resplendit au milieu des étoiles. Ebranlant les trois mondes par sa puissance divine, effaçant les sept planètes par son éclat éblouissant, il traversa les airs et arriva dans son royaume natal. Quand le roi Çuddhodana et les ministres qui l'accompagnaient eurent fini de lui rendre hommage, tout le cortège entra à Kapilavastu... »

Les lieux saints de la mort du Bouddha se trouvaient dans cette même région où s'était écoulée sa jeunesse. Hiuan-tsang, en quittant la province de Kapilavastu, se rendit à Kuçinagara, qu'il appelle Kiu-che-na-kie-lo et dont l'emplacement a été identifié avec le site actuel de Kasiâ, sur la rive droite de la moyenne Gandak[1]. Il y vit le paysage au milieu duquel le Bienheureux était entré dans le nirvâ*n*a. Il évoqua la page, si émouvante à travers les siècles et la vanité des choses, des Ecritures pâlies — : Sur les bords de la rivière Hira*n*yavatî, dans un bosquet d'arbres çâla, le Bouddha se fit préparer un lit entre deux arbres jumeaux qui, aussitôt, se couvrirent de fleurs. Il consola doucement son

1. On trouvera des cartes archéologiques de ce site célèbre, ainsi que des photographies des paysages de Kuçinagara et des ruines de ses monastères dans les articles de Ph. VOGEL, Hirananda SASTRI, etc., *Excavations at Kasiâ (Archæological Survey of India,* 1904-1905, pp. 42-58, 1906-1907, pp. 44-67, 1911-1912, p. 134, 1924-1925, planche IV, etc.).

disciple Ananda qui se désespérait : « Ne gémis pas, ne te désespère pas, ô Ananda. De tout ce que l'homme aime il faut se séparer. Comment se pourrait-il que ce qui est né, sujet à l'instabilité, ne passe pas ?... Il pourrait se faire que vous pensiez : Nous n'avons plus de maître. Il ne le faut pas, ô Ananda ! La doctrine que j'ai prêchée, voilà votre maître. » Il répéta : « En vérité, ô disciples, tout ce qui est créé est périssable. Luttez sans relâche. » Ce furent ses dernières paroles. « Son esprit, dit le catéchisme bouddhique, s'enfonça dans les profondeurs de l'absorption mystique, et lorsqu'il eut atteint ce degré où toute pensée, toute notion s'éteint, où la conscience de l'individualité cesse, il entra dans le suprême Nirvâ*n*a. Devant la porte de Kuçinagara qui s'ouvre vers l'Orient, les nobles de Malla brûlèrent le corps du Bouddha avec des honneurs royaux. »

Hiuan-tsang visita le site du nirvâ*n*a au commencement de l'an 637 de notre ère. Il y avait onze cent vingt ans environ que le Bouddha était mort. Plusieurs stûpa marquaient les phases successives de ce grand drame. Ici c'était l'emplacement de la maison de Chunda, le forgeron, chez qui le Bienheureux avait pris son dernier repas. Plus loin, l'emplacement du bosquet de çâla, sous lesquels Il s'était endormi ; l'endroit où les dieux avaient, pendant sept jours, adoré sa dépouille avec des chants célestes et des pluies de fleurs; la place où on avait mis au cercueil le corps du Saint, la place où on l'avait brûlé sur un bûcher d'essences précieuses, l'endroit où avait failli éclater, pour le partage de ses restes, « la Guerre des Reliques », l'endroit enfin où les reliques avaient été partagées. Comme les Vajrapâ*n*i qui s'étaient évanouis de douleur à la mort du Bienheureux, le pèlerin dut prononcer le thrène qu'il rapporte : « Pour traverser la vaste mer de la vie et de la mort, qui est-ce qui nous servira de nacelle et de rames ? Pour marcher dans les ténèbres d'une longue nuit, qui est-ce qui sera désormais notre guide et notre flambeau ? »

Et, comme, dans le bouddhisme indien, nos frères les animaux ne doivent être absents d'aucune des grandes scènes de notre salut, tout près de ces stûpa du Bouddha historique figurait le monument élevé à la mémoire du « cerf charitable » — le bodhisattva dans une de ses existences antérieures — qui, lors d'un incendie de forêt, avait péri en sauvant le peuple de la jungle.

« Il y avait jadis en cet endroit une vaste forêt. Un jour un incendie s'éleva dans une plaine sauvage qui en occupait le centre. Les oiseaux et les quadrupèdes étaient réduits à la dernière extrémité. Devant eux coulait un torrent rapide qui les arrêtait. Pressés par la violence du feu, ils se jetaient à l'eau et y perdaient la vie. Le cerf, ému de pitié, se plaça en travers du torrent qui lui perçait la peau et lui brisait les os, et fit tous ses efforts pour les sauver du naufrage. Un lièvre boiteux étant arrivé le dernier, le cerf, bravant la fatigue et la douleur, eut encore l'énergie de le faire passer sur l'autre rive. Mais ses forces étaient épuisées, il s'enfonça dans l'eau et mourut. Les dieux recueillirent ses os et lui élevèrent un stûpa. »

Le « miracle de francolin », localisé sur le même site, avait également pour thème un incendie de forêt. « Il y avait une forêt vaste et épaisse, remplie d'oiseaux et de quadrupèdes, les uns habitant des nids, les autres des cavernes. Un jour un vent terrible s'éleva et des flammes violentes volèrent en tourbillon. Dans ce moment, il y eut un francolin qui, ému de pitié, alla se plonger dans un courant d'eau pure ; puis, s'élançant dans les airs, il aspergea la forêt avec ses ailes. » Le dieu Indra aperçut l'oiselet et le railla de son effort : « Comment es-tu assez borné pour fatiguer ainsi tes ailes ? Déjà l'incendie consume les arbres des forêts et les herbes des plaines. Comment un être aussi chétif que toi pourrait-il l'étouffer ? » Alors le francolin fait honte au dieu de son inertie, et celui-ci, prenant de l'eau dans le creux de sa main, la jette sur l'incendie qui cesse aussitôt : « Les flammes cessèrent, la fumée se dissipa, et tous les oiseaux, tous les quadrupèdes furent sauvés. » Un stûpa commémorait aussi ce miracle.

Des lieux saints du nirvâ*n*a, le pèlerin, à travers les immenses forêts qui séparent le Gandak de la Gogra et de la Gumti, se rendit à Bénarès.

Bénarès, l'antique Vârâ*n*açî, la Po-lo-na-sseu de notre auteur, était déjà la ville sainte de l'hindouisme. Hiuan-tsang en fait une description singulièrement actuelle. Après avoir signalé la végétation luxuriante de la région, il note la densité de la population, les richesses accumulées dans cette métropole du monde gangétique, l'antique culture de la ville et surtout la multitude des temples brahmaniques. « Ces temples, qui ont plusieurs étages, sont enrichis d'une abondante décoration sculpturale et, pour les parties en bois, d'une éclatante polychromie ; ils sont situés dans des parcs touffus et entourés de bassins d'eau pure. » Il note aussi le pullulement des sectes ascétiques au sein du Brahmanisme et du Jainisme. « La plupart adorent Çiva. Les uns se coupent les cheveux, les autres les réunissent en touffe au sommet de la tête. On en voit (ce sont les Jains) qui vont nus. D'autres se frottent le corps de cendre, ou se livrent à de cruelles macérations pour obtenir d'échapper à la transmigration... »

Dans un de ces temples brahmaniques de Bénarès, Hiuan-tsang remarqua notamment une statue colossale de Çiva « pleine de grandeur et de majesté : en la voyant on est saisi d'une crainte respectueuse, comme si on était en présence du dieu »... Ces lignes, sous le pinceau d'un écrivain bouddhiste, sont bien curieuses. N'est-ce pas un peu la définition de cette sculpture *gupta* du haut Moyen Age dans laquelle l'esthétique indienne venait enfin de réaliser son idéal ? Et la description de Hiuan-tsang n'évoque-t-elle pas immédiatement, à défaut du Çiva de Bénarès que nous ignorerons toujours, celui d'Elephanta, le dieu triple et un représenté en Maheçamûrti, qui est sans doute la plus haute figuration du dieu panthéiste qui soit sortie de la main des hommes ?

Au reste, près de Bénarès même, au faubourg de Sârnâth le pèlerin aurait pu admirer une autre statue merveilleuse, bouddhique celle-là. Nous voulons parler du Bouddha du Musée de Sârnâth, datant du Ve siècle de notre ère, assis dans l'attitude de la prédication, ou, selon l'expression consacrée, « faisant tourner la Roue de la Loi », œuvre d'une gravité, d'une simplicité et d'une douceur qui en font, à notre avis, la plus pure incarnation de l'idéal gupta[1].

Car, malgré la supériorité numérique des hindouistes, Bénarès n'avait pas oublié les souvenirs du Bouddha. Dans la banlieue de la ville, dans ce même faubourg de Sârnâth, s'élevait le Parc aux Antilopes, témoin de la première prédication du Bienheureux ou, comme disent les textes, de la mise en mouvement de la Roue de la Loi. C'était là que jadis vivaient, dans un orgueilleux ascétisme, les cinq premiers disciples du Bouddha qui l'avaient abandonné, scandalisés, lorsque à la veille de l'Illumination il avait renoncé aux macérations épuisantes et vaines. Or voici que le Bouddha, après l'Illumination, vint à Bénarès et se présenta à eux. « Toute sa personne respirait le calme et répandait au loin une

---

1. Sur le Sârnâth bouddhique — plans des monastères, photographies des ruines, statuaire, etc. — voir les articles de sir John MARSHALL et de Sten KONOV *Excavations at Sârnâth (Archæological Survey of India,* 1904-1905, pp. 59-104, 1906-1907, pp. 68-101, 1907-1908, pp. 43-80, 1914-1915, pp. 97-131, etc.).

lumière divine. Ses cheveux avaient l'éclat du jade et son corps était comme l'or pur. Il s'avançait d'un pas tranquille, émouvant tous les êtres par sa majesté. » Les cinq ascètes avaient juré de le traiter avec mépris, mais une force invincible les prosterna devant lui. Et ce fut alors qu'il prononca — pour eux — le Sermon de Bénarès, un des plus beaux qui soient sortis de lèvres purement humaines.

Le Maître disait : « Il y a deux extrêmes, ô moines, dont il faut rester éloigné : une vie de plaisirs, cela est bas, ignoble, contraire à l'esprit, indigne et vain. Et une vie de macérations, cela est triste, indigne et vain. De ces deux extrêmes, ô moines, le Parfait s'est gardé éloigné, et il a découvert le chemin qui passe au milieu, qui mène au repos, à la science, à l'Illumination, au Nirvâ*n*a... Voici, ô moines, la vérité sainte sur la douleur : la naissance, la vieillesse, la maladie, la mort, la séparation d'avec ce qu'on aime sont douleurs. Voici l'origine de la douleur : c'est la soif de plaisir, la soif d'existence, la soif d'impermanence. Et voici la vérité sur la suppression de la douleur : c'est l'extinction de cette soif par l'anéantissement du désir. »

Le cœur plein de ces grands souvenirs, Hiuan-tsang visita longuement le Parc aux Antilopes. Il ne manqua pas d'y remarquer le pilier inscrit qu'avait élevé l'empereur Açoka et dont le chapiteau campaniforme, avec sa frise d'animaux d'un naturalisme charmant, avec les quatre lions adossés qui le surmontent, est le premier en date des chefs-d'œuvre de l'art indien. Non loin de là, un stûpa marquait l'emplacement où Maitreya, le Bouddha des temps futurs, avait reçu du Bienheureux l'annonce de son rôle messianique. A l'est du parc aux Antilopes, on voyait encore l'étang où le Bouddha, durant ses séjours à Bénarès, avait coutume de se baigner, l'étang où il lavait ses vêtements et celui où il nettoyait ses vases religieux. Ces lieux saints étaient pieusement entretenus, car le Parc aux Antilopes abritait un vaste couvent, dont Hiuan-tsang vante les galeries propices à la méditation, et où vivaient 1 500 religieux hînayânistes.

C'était également à Bénarès que la tradition localisait plusieurs des vies antérieures du Bouddha, notamment quelques-uns de ces *jâtaka* à thème animal où se marque de façon si touchante la tendresse universelle du bouddhisme. Un des jâtaka les plus célèbres, celui de l'éléphant à six défenses, s'était déroulé dans la forêt voisine des étangs sacrés, comme si le Bienheureux s'était plu à revoir sous sa dernière forme humaine les paysages où s'était déroulée une de ses plus émouvantes vies animales. Dans une existence antérieure en effet, le Bodhisattva était un roi des éléphants, un éléphant blanc, armé de six défenses merveilleuses « pareilles à des racines de nénuphar ». « Un jour, comme il se promenait avec ses deux femmes, il heurta un arbre en fleur. Le hasard dirigea vers l'une des reines le pollen et les pétales, tandis que l'autre ne recevait que des brindilles et des feuilles mortes. » Dévorée de jalousie, cette dernière obtint, pour se venger, de mourir et de renaître dans le corps d'une reine de Bénarès. Elle envoya alors un chasseur tuer l'éléphant pour s'emparer de ses défenses. Le chasseur, qui avait eu la perfidie de prendre le déguisement d'un moine inoffensif, découvrit l'animal divin, « pareil à une montagne qui marcherait », un peu à l'écart du troupeau, près d'un étang couvert de lotus. Il lui décocha une flèche empoisonnée. Si grande était la douleur de l'éléphant qu'il fut sur le point de tuer son ennemi. Mais il se contint et même empêcha son troupeau de broyer le chasseur. Apprenant la mission dont celui-ci était chargé, il arracha lui-même ses défenses avec sa trompe ensanglantée et, tout tremblant de douleur, les offrit à son bourreau. Il mourut à ce moment et renaquit dans le corps du futur Bouddha. Et la reine ? En recevant les défenses, en apprenant le sacrifice de celui qu'elle avait tant aimé dans une autre vie, elle fut saisie d'un tel remords que son cœur se brisa...

Dans cette campagne de Bénarès, toute pleine de légendes tendres et merveilleuses, on montrait aussi, au milieu d'une forêt, la clairière où s'était déroulé le jâtaka du roi des cerfs. Lui aussi était une préfiguration du Bouddha. Il commandait un troupeau de 500 cerfs. Le roi de Bénarès envoya des rabatteurs qui cernèrent toute la harde. Le roi des cerfs se rendit auprès de lui et obtint la libération des captifs, sous condition d'envoyer chaque jour un cerf aux boucheries de Bénarès. Il advint qu'une biche enceinte fut désignée pour aller à la mort. Elle alla trouver le roi des cerfs ; « avec les genoux de ses pattes de devant elle se prosterna devant lui, disant : attends seulement que j'aie mis bas, alors je m'offrirai sans regret ». Saisi de compassion, le roi des cerfs, se substituant à elle, alla s'offrir lui-même au roi de Bénarès. Celui-ci touché de tant de magnanimité, renonça à son cruel tribut. Et l'histoire, dans le *Sûtrâlamkâra,* finit sur quelques stances d'une tendresse toute franciscaine : « Toutes ces forêts et tous ces bois, toutes ces sources et tous ces étangs, je les donne au peuple des cerfs et défends qu'on leur fasse aucun mal. »

Un peu plus loin un stûpa évoquait l'histoire du bon lièvre, telle que les Ecritures en mettaient le récit dans la bouche du Bouddha lui-même. « Et dans une autre vie j'étais un lièvre et je vivais dans une forêt sur une montagne. Je me nourrissais d'herbes, de feuilles et de fruits et je ne faisais de mal à aucun être. Un singe, un chacal et moi nous habitions ensemble. Je les instruisais de leurs devoirs et leur enseignais ce qui est bien et ce qui est mal. » Un jour un vieux brahmane, ou plutôt Indra déguisé en brahmane s'approche des trois amis — « Mes enfants, leur dit-il, vous plaisez-vous dans cette calme retraite ? — Nous foulons un gazon touffu, répondirent-ils ; nous nous promenons dans une forêt épaisse ; et quoique étant d'espèces différentes, nous nous plaisons ensemble. Nous sommes tranquilles et heureux. — Quand j'eus appris, repartit le vieillard, que vous étiez lié d'une si étroite amitié, oubliant le poids des ans, je suis venu exprès de bien loin vers vous. Mais pour le moment je suis pressé par la faim. Que me donnerez-vous à manger ? » — Les quatre amis se mirent aussitôt en chasse. Le chacal attrapa dans la rivière une carpe fraîche, le singe cueillit des fruits et des fleurs d'une espèce extraordinaire. « Seul le lièvre revint à vide et se mit à gambader de droite et de gauche. » Comme le vieillard s'en étonnait : « Un noble don, répond l'animal, un don comme il n'en a jamais été donné encore, voilà ce que je veux te donner aujourd'hui. Ramasse du bois et allume du feu ! » — « Quand le bois commença à brûler poursuit la parabole, je m'élançai en l'air et me précipitai au milieu du feu. Comme une eau fraîche, chez celui qui s'y plonge, calme le tourment de la chaleur, ainsi ce feu flamboyant calma tous mes tourments. Peau et chair, os et cœur, tout mon corps avec tous mes membres, je l'ai donné au brahmane ! »

Après avoir vénéré tous ces sites, historiques ou légendaires, Hiuan-tsang, quittant la province de Bénarès, alla visiter un peu plus au nord, sur le bas Gandak, la ville de Vaiçâlî (Fei-chö-li), l'actuel Besarh. Cité célèbre par ses jardins de bananiers et de manguiers, Vaiçâlî avait été un des séjours préférés du Bouddha. C'était aujourd'hui une ville morte. Hiuan-tsang visita longuement dans la banlieue sud le Parc des Manguiers, jadis offert à la Communauté par Amrapâlî, la sainte bayadère. On lui fit voir le « bassin des singes » qui avait été en effet creusé pour le Bouddha par ses amis les singes ; tout près, un stûpa rappelait comment les singes avaient enlevé le vase à aumône du Bienheureux pour le lui rapporter bientôt rempli de miel sauvage. Ville pleine de tendres souvenirs, de souvenirs mélancoliques aussi, car on montrait le monticule d'où le Bouddha, partant vers le lieu de sa mort, s'était retourné pour revoir ces horizons amis, et, longuement, avait contemplé une dernière fois sa ville et son couvent préférés. Mais, pour un théologien comme Hiuan-tsang, Vaiçâlî présentait encore un autre intérêt. C'était là qu'une centaine d'années après la mort du Bouddha s'était tenu le deuxième concile de l'Eglise bouddhique.

De toutes les provinces indiennes la plus importante pour le pèlerin, tant à cause de ses souvenirs sacrés qu'au point de vue des études bouddhiques, était encore l'antique royaume de Magadha (Mo-kie-t'o des écrivains chinois), dans le Béhar méridional. Terre impériale par excellence, qui par deux fois, sous la dynastie Maurya et sous la dynastie Gupta, avait donné ou rendu à l'Inde son unité politique. Hiuan-tsang, avec son exactitude de voyageur géographe, nous a laissé sur ces campagnes du « South-Bihar » quelques renseignements toujours actuels : « Les villes ont peu d'habitants, mais les villages sont très peuplés. Le sol est gras et fertile, et les grains viennent en abondance. On y récolte un riz d'une espèce extraordinaire, dont le grain est très gros et le goût exquis. Le terrain est bas et humide ; les villages sont construits sur des plateaux élevés. Après les premiers mois d'été et avant le second mois d'automne les plaines se trouvent inondées et on peut s'y promener en bateau. »

La capitale historique du Magadha, dont Hiuan-tsang nous parle tout d'abord, était Pâ*t*aliputra — en chinois Po-t'o li tseu — dont le site correspond au bourg actuel de Bankipore et au village de Kumrahar, près de Patna, entre le Gange et le bras ancien de la Sone. C'était une cité fameuse. Là jadis le premier empereur maurya, « Sandrocottus », avait reçu les ambassadeurs grecs ; de là son petit-fils, Açoka, avait gouverné l'Inde entière. C'était d'ailleurs à Pâ*t*aliputra qu'Açoka avait réuni son célèbre concile, compté comme le troisième et où il avait décidé l'évangélisation du monde : alors s'étaient mis en route ces missionnaires qui, au témoignage des inscriptions, devaient aller porter la foi chez les princes grecs Séleucides de Syrie, Lagides d'Egypte, Antigonides de Macédoine. La vieille cité était alors la rivale d'Alexandrie et d'Antioche : et, de fait, les fouilles récentes y ont fait découvrir les restes d'une salle hypostyle qui rappelle les colonnades de Persépolis. Après une période d'effacement, Pâ*t*aliputra était un moment redevenue la capitale de l'Inde, au IVe siècle, au début de la dynastie des Gupta, pour retomber ensuite définitivement dans l'obscurité. Lors du passage de Hiuan-tsang, il semble que sa décadence ait été définitive. En tout cas, on ne voyait de ses palais antiques que les fondations, et sur ses centaines d'anciens couvents deux ou trois à peine restaient encore debout.

Hiuan-tsang visita ces couvents. Il vit un stûpa d'Açoka, — un des 84 000 monuments de cet ordre dont le pieux monarque avait couvert la terre indienne. Il vénéra sur la rive du Gange la pierre de l'adieu du Bouddha, où l'empreinte des pas sacrés marquait toujours : le Bouddha, qui savait que son temps était proche, quittait cette vieille terre du Magadha où il avait lutté, souffert, triomphé, pour reprendre le chemin du Nord, le chemin du trépas. « Alors, sur le rivage méridional du fleuve, se tenant debout sur une grande pierre carrée, il regarda avec émotion Ananda et lui dit : C'est pour la dernière fois que je contemple le trône de diamant et la ville royale. » Emotion infiniment précieuse chez le Maître du Renoncement, mélancolie involontaire à l'approche de la mort, doublement troublante chez l'apôtre du Nirvâ*n*a, aveu d'attachement terrestre qui nous rend soudain si humaine la physionomie du Sage parfait...

Le pays auquel le Bouddha vieilli adressait ce dernier adieu, c'était en effet le principal théâtre du grand drame mystique qu'avait été sa vie. C'était la véritable terre sainte du bouddhisme.

L'émotion de Hiuan-tsang apparaît à chaque ligne quand il nous décrit la route de Pâ*t*aliputra à Bodh-Gayâ. Bodh-Gayâ, en effet, c'était le cœur même du bouddhisme, le site sacré où le Bouddha avait obtenu la sagesse. Le pèlerin vit la rivière Nairañjanâ, l'actuelle Lîlâjan ou Phalgû, « aux eaux pures, aux beaux escaliers, embellie par des arbres et des bosquets, de tous côtés entourée de pâturages et de villages » — paysage modéré que le Bouddha, à la recherche d'un ermitage, avait élu pour sa douceur[1]. Il arriva à l'Arbre divin sous lequel s'était produit le miracle de l'Illumination. Et il évoqua la scène sacrée telle que les Ecritures en avaient transmis le souvenir avec chaque détail immuablement fixé :

---

1. On trouvera une photographie du village d'Urêl, l'ancien Uruvelâ où s'élevait l'ermitage du Bouddha, dans l'article de Th. BLOCH *Notes on Bodh-Gayâ (Archæological Survey of India, Report* 1908-1909, p. 143).

... Le Bodhisattva, renonçant aux macérations inutiles, à toutes les pratiques de l'ascétisme hindou, venait de restituer à sa pensée le support physique indispensable. Il avait pris le lait et le riz que lui avait préparés une pieuse jeune fille du village voisin nommée Sujâtâ. Il avait rafraîchi dans les eaux pures de la Nairañjanâ ses membres fatigués. Puis il s'était dirigé vers Bodh-Gayâ, vers le figuier sacré qui allait abriter la scène capitale des évangiles bouddhiques.

Le Bodhisattva — ici les textes sont d'une précision particulière — s'assit au pied de l'Arbre sur une poignée d'herbes fraîchement fauchées dont il recouvrit un siège miraculeusement surgi à cet endroit, le Trône de Diamant, centre du monde bouddhique. Alors avait commencé la « sublime méditation » d'où devait sortir le salut des créatures. En vain le démon bouddhique Mâra avait-il assailli le Sage méditant, avec toutes les hordes de l'enfer : les traits, les rocs et les jets de flamme brûlante s'étaient changés en guirlandes de fleurs et en halo de lumière autour du Bienheureux. En vain les filles de Mâra avaient-elles eu recours à toutes leurs séductions : le Bodhisattva les avait changées en vieilles décrépites. Contre toutes ces tentatives, il avait pris la Terre à témoin de l'excellence de son effort, et la Terre, apparaissant à mi-corps parmi les sillons entrouverts, lui avait rendu solennellement hommage.

« Ayant triomphé de la tentation, le Bodhisattva immobile, toujours assis au pied de l'Arbre, concentra sa pensée sur la douleur universelle et les moyens de l'abolir. Son regard embrassa l'ensemble des univers. Il vit le cycle sans fin des renaissances se déroulant à l'infini depuis le monde infernal et le monde des animaux jusqu'aux dieux eux-mêmes, à travers le temps éternel. Et toute naissance, toute vie, toute mort étaient douleur.

« Alors le Bodhisattva, avec sa pensée ainsi recueillie, complètement pure, à la dernière veille de la nuit, quand paraît l'aurore, à l'heure où bat le tambour », parvint à la possession de la Sagesse. Remontant la chaîne des causes, il découvrit que la cause de la douleur universelle est la soif d'existence, et que celle-ci a pour points d'appui nos fausses conceptions concernant la pensée, le moi et le monde matériel. Supprimer la soif d'existence en supprimant ses causes intellectuelles, c'était donc supprimer la douleur... Telle fut l'Illumination intérieure, la révélation de la parfaite sagesse par laquelle le Bodhisattva était enfin devenu un suprême Bouddha. »

Après l'Illumination, d'ailleurs, le Bouddha était encore demeuré quatre semaines auprès de l'Arbre. La cinquième, un orage terrible avait ravagé la contrée. Mais un serpent divin, Mucilinda, s'était présenté, avait enroulé ses replis sous le corps du Bouddha, l'exhaussant ainsi au-dessus de l'inondation, tandis que, du capuchon de ses sept têtes, il abritait contre l'ouragan la tête du Bienheureux. Puis, sur les instances des dieux Brahmâ et Indra venus l'en supplier, le Bouddha était parti pour évangéliser le monde, ou, comme disent les textes, « pour mettre en mouvement la Roue de la Loi ».

Ce sont toutes ces scènes sacrées qu'évoqua longuement Hiuan-tsang. L'Arbre de la Bodhi reçut d'abord son adoration. Il en a noté soigneusement tous les aspects : « Le tronc de l'Arbre est d'un blanc jaunâtre, et ses feuilles, vertes et luisantes, ne tombent ni en été ni en hiver. Seulement, quand vient l'anniversaire du Nirvâna, elles se détachent pour renaître aussi belles le lendemain. Ce jour-là les rois et les seigneurs se réunissent sous ses branches, l'arrosent avec du lait, allument des lampes, répandent des fleurs et se retirent après avoir recueilli de ses feuilles. »

Depuis Açoka — comme nous l'apprend un relief de Sañchi représentant la visite du saint empereur à Gayâ — l'Arbre était protégé par une enceinte en brique. « La porte principale de l'enceinte s'ouvre à l'est, en face de la rivière Nairañjanâ. La porte méridionale est voisine d'un grand étang couvert de fleurs de lotus. A l'ouest une ceinture de montagnes escarpées en défend l'entrée. La porte du nord communique avec un grand couvent dans l'intérieur duquel on voit, à chaque pas, des monuments sacrés, tantôt des *vihâra,* tantôt des *stûpa* que des rois, des ministres et de riches particuliers ont construits par amour pour les saints, afin de conserver et d'honorer leur mémoire. Au milieu de ce couvent on voit le *Trône de Diamant,* ainsi appelé parce qu'il est ferme, solide, indestructible, capable de résister à tous les chocs du monde. Tout Bodhisattva qui veut dompter les démons et parvenir à l'état de Bouddha doit s'asseoir sur ce trône. Le lieu où Çâkyamuni arriva à la Bouddhéité s'appelle aussi le Siège de l'Intelligence. Lorsque le monde tremble jusque dans ses fondements, ce lieu seul n'est point ébranlé. »

Près de l'Arbre de la Bodhi s'élevait une statue du bodhisattva Avalokiteçvara. Une vieille prédiction annonçait que, quand cette statue aurait disparu dans le sol, la religion du Bouddha disparaîtrait de l'Inde. Or elle était déjà enfoncée jusqu'à la poitrine. Hiuan-tsang lui-même prévoit qu'il ne faudra pas plus de cent cinquante ou deux cents ans pour que tout soit consommé. Rencontre curieuse, c'est précisément du VIIIe au IXe siècle que, le Magadha et le Bengale exceptés, le bouddhisme fut pratiquement éliminé de l'Inde...

Ce qui rend Hiuan-tsang si vivant et si vrai, ce qui fait qu'on ne peut le lire sans l'aimer, c'est que, chez ce puissant métaphysicien, une tendre piété voisine avec les tendances les plus spéculatives. Voyez la scène qui termine son pèlerinage à l'Arbre de la Bodhi : « Après l'avoir contemplé avec une foi ardente, il se prosterna contre terre, poussa des gémissements et s'abandonna à la douleur : « Hélas ! disait-il, quand le Bouddha arriva à l'Intelligence parfaite, j'ignore dans quelles conditions je traînais ma misérable vie. Maintenant que me voici arrivé en ce lieu, dans les derniers temps de la statue, je ne puis songer qu'avec la rougeur sur le front à l'immensité et à la profondeur de mes fautes ! » A ces mots un ruisseau de larmes inonda son visage. Dans le même moment, plusieurs milliers de religieux, qui sortaient de la retraite d'été, arrivèrent en foule de tous côtés. Tous ceux qui virent le Maître de la Loi dans cette attitude douloureuse ne purent retenir leurs soupirs et leurs larmes. »

Hiuan-tsang vénéra un par un tous les emplacements sacrés de Bodh-Gayâ. Il vit l'étang, créé par Indra, où le Bouddha lava ses vêtements, un autre étang où avait sa demeure le roi-serpent Mucilinda qui abrita du parasol de ses sept têtes la méditation du Bienheureux, l'ermitage où le Bodhisattva s'était, avant l'Illumination, livré à de telles austérités que les dieux eux-mêmes avaient craint pour sa vie ; on lui montra dans la Nairañjanâ la place où le Bienheureux avait pris un bain avant de marcher vers l'Arbre de la Sagesse, l'endroit où les dieux vinrent Lui offrir successivement des bols à aumônes faits des métaux les plus précieux qu'Il refusa pour n'accepter que le bol de pierre des plus pauvres mendiants ; il vit enfin à Uruvelâ la clairière où s'élevait l'ermitage des frères Kâçyapa, les plus fameux des ascètes brahmaniques de jadis, dont le Bouddha dompta l'orgueil au point de faire d'eux les piliers de son Eglise.

Ici encore des histoires de *jâtaka,* des paraboles à thème animal. Dans une forêt sur les bords de la Nairañjanâ, près d'un étang, un stûpa rappelait la touchante aventure du jeune « éléphant à parfum ». Cet éléphanteau nourrissait sa mère aveugle en cueillant pour elle des racines de lotus. Capturé et conduit aux écuries royales, il refusa toute nourriture, jusqu'à ce que le roi, touché de sa piété filiale, l'eût remis en liberté.

Dans les environs de Gayâ, Hiuan-tsang, à travers une région de forêts et de jungles, alla faire l'ascension du mont du Pied-de-Coq, montagne sauvage où, d'après la tradition, le grand disciple de Çâkyamuni, Mahâ Kâçyapa, attend, depuis plusieurs siècles, dans une immobilité extatique, la venue de Maitreya, le Bouddha futur. « On y voit des sommets escarpés et des grottes profondes. Des torrents rapides baignent le pied de la montagne et des forêts gigantesques enveloppent les vallées. Trois pics hardis s'élancent dans les airs, et leur masse imposante est au niveau des nuages. » Lorsque le patriarche Kâçyapa fut devenu très vieux, il désira se retirer du monde. « Il se rendit à la montagne et en fit l'ascension du côté du nord, en suivant des chemins tortueux. Quand il fut arrivé à la chaîne du sud-ouest, il se trouva arrêté par la paroi du roc. Il la frappa avec son bâton et la fendit en deux. Après avoir ouvert ce chemin à travers la montagne, il arriva au centre des trois pics. Par la puissance de son désir, les trois pics se rapprochèrent et le dérobèrent à la vue des hommes... » Plus loin, sur la même montagne, 500 *arhat* (ou saints bouddhiques) s'étaient endormis en attendant, eux aussi, un mystérieux réveil.

Au nord-est de Bodh-Gayâ se trouvait Nâlandâ. C'était une véritable cité monastique, formée d'une dizaine de couvents, réunis par une enceinte de murs en brique, et comprenant, avec les bâtiments d'habitation des religieux, une quantité de salles de réunion et de prière. — Hiuan-tsang nous décrit avec complaisance l'aspect du *samghârâma,* ses tours régulièrement disposées, sa forêt de pavillons et de harmikâs, tous ses couronnements de temples « qui semblaient voler au-dessus des vapeurs du ciel ». Des cellules des moines « on voyait naître les vents et les nuages ». La description du pèlerin prend pour nous un intérêt nouveau depuis que les récentes fouilles du Service archéologique des Indes nous ont restitué la topographie de cet ensemble de monastères, avec ses stûpas, ses vérandas, ses cellules et ses cours[1] « Autour des couvents serpentait une eau azurée que des

---

1. Cf. *Archæological Survey of India, Report* 1922-1923, p. 104, avec planches XIX et XX, les saisissantes photographies des murailles dégagées. — *Ibid., Report* 1923-1924, planche XXIX, 1924-1925, planche XXVIII. Grâce à cette série de fouilles méthodiques et d'articles, le plan des divers monastères décrits par Hiuan-

lotus bleus embellissaient de leurs calices épanouis ; çà et là, de beaux *kanaka* laissaient pendre leurs fleurs d'un rouge éblouissant, et, au-dehors, des bois de manguiers protégeaient les habitations de leur ombrage épais. »

L'espace ménagé entre les monastères fut partagé en huit cours. Dans les diverses cours les maisons des religieux avaient chacune quatre étages. « Les couvents de l'Inde, nous dit le biographe de Hiuan-tsang, se comptent aujourd'hui par milliers, mais il n'en est point qui égalent ceux-là par leur majesté, leur richesse et la hauteur des constructions. On y compte en tout temps 10 000 religieux, tant du dedans que du dehors, qui tous suivent la doctrine du Grand Véhicule. Les sectateurs des 18 écoles s'y trouvent réunis et l'on y étudie toutes sortes d'ouvrages, depuis les livres vulgaires, les *Veda* et autres récits du même genre, jusqu'à la médecine, aux sciences occultes et à l'arithmétique. Dans l'intérieur du couvent une centaine de chaires étaient occupées chaque jour et les disciples suivaient avec zèle les leçons de leurs maîtres, sans perdre un instant.

« Dans le séjour de tous ces hommes vertueux régnaient naturellement des habitudes graves et sévères. Aussi depuis les sept cents ans que ce couvent existe, nul homme n'a jamais enfreint les règles de la discipline. Le roi l'entoure de respect et de vénération et il a affecté le revenu de 100 villes pour subvenir à l'entretien des religieux. Tous les jours, 200 familles leur envoient régulièrement plusieurs centaines de boisseaux de riz, du beurre et du lait. C'est pourquoi tous les étudiants ne demandent rien à personne et se procurent sans peine les quatre choses nécessaires. Leurs progrès dans l'étude et leurs succès éclatants sont dus à la libéralité du roi. »

Hiuan-tsang recut à Nâlandâ un accueil fraternel. Deux cents religieux et un millier de fidèles vinrent l'attendre en procession avec des étendards, des parasols, des parfums et des fleurs. Une fois arrivés, il furent rejoints par la multitude des religieux. « Quand le Maître de la Loi eut fini de les saluer, ils placèrent sur l'estrade du président un fauteuil particulier et le prièrent de s'y asseoir. La multitude des religieux et des fidèles s'assit pareillement. Après quoi on chargea le sous-directeur de

---

tsang est aujourd'hui presque entièrement établi. C'est un des résultats qui font le plus d'honneur à sir John Marshall et à ses collaborateurs du service archéologique.

frapper la plaque sonore et d'inviter à haute voix le Maître de la Loi à demeurer dans le couvent, et à faire usage en commun de tous les ustensiles et effets des religieux qui y étaient rassemblés. » Hiuan-tsang fut conduit solennellement auprès de celui qu'on pouvait considérer comme le supérieur de l'énorme monastère, le saint vieillard Çîlabhadra, surnommé le Trésor de la Bonne Loi[1].

« Hiuan-tsang suivit ses guides et entra pour le saluer. Dès qu'il fut en sa présence, il lui rendit tous les devoirs d'un disciple et épuisa les témoignages de respect. Se conformant aux règles et aux usages consacrés parmi eux, il marcha sur ses genoux en s'appuyant sur ses coudes, fit résonner ses pieds et frappa la terre de son front. Après l'avoir interrogé et comblé de louanges, Çîlabhadra fit apporter des sièges et pria le Maître de la Loi et les religieux de s'asseoir. Cela fait, il s'enquit des intentions du Maître de la Loi. « Je viens de Chine, répondit celui-ci, pour étudier sous votre direction la philosophie de l'Idéalisme. »

A ces mots, Çîlabhadra ne put retenir ses larmes. Et il fit raconter à Hiuan-tsang l'extraordinaire pressentiment qu'il avait eu de son arrivée : Quelque temps auparavant, souffrant d'une cruelle maladie, il avait désiré mourir. Une nuit, il vit en songe trois divinités. Leur taille était belle et leur figure pleine de dignité, ils étaient vêtus d'habits de cérémonie aussi légers que brillants. Le premier était couleur d'or, le second de lapis-lazuli, le troisième d'argent blanc. C'étaient les bodhisattva Mañjuçrî, Avalokiteçvara et Maitreya. Ils lui étaient apparus, lui ordonnant de vivre pour répandre au loin la Loi sainte avec la doctrine idéaliste, et d'attendre pour cela l'arrivée d'un religieux venu de Chine auquel il enseignerait la science. « Puisque mon arrivée, répondit Hiuan-tsang, est d'accord avec votre ancien songe, veuillez m'instruire et m'éclairer ; mettez le comble à ma joie en me permettant de vous montrer les sentiments d'un disciple docile et dévoué ! »

---

1. En 637, quand Hiuan-tsang arrive à Nâlandâ, son biographe prête à Çîlabhadra cent six ans. Le saint moine serait donc né vers 531. Mais il convient de remarquer que Hiuan-tsang lui-même nous dit simplement que son maître était très vieux, sans nous donner aucun chiffre.

Le pèlerin chinois avait enfin trouvé le maître omniscient, le métaphysicien incomparable qui allait lui révéler les derniers secrets des systèmes idéalistes. Car, avec lui, Hiuan-tsang atteignait la pure tradition de l'Ecole, transmise de maître à élève par une lignée de métaphysiciens de génie. Les fondateurs de l'Idéalisme mahâyâniste, Asa*n*ga et Vasubandhu, dont la production, d'après MM. Sylvain Lévi et Takakusu, se place au Ve siècle de notre ère[1], avaient eu pour disciple le logicien Dignaga ; Dignaga avait formé Dharmapâla, chef de l'Ecole de Nâlandâ, mort vers 560, et Dharmapâla, à son tour, avait été le maître de Çîlabhadra.

C'était donc bien tout l'héritage de l'idéalisme bouddhique que Çîlabhadra allait assurer au monde sino-japonais, et la *Siddhi,* le grand traité philosophique de Hiuan-tsang dont nous parlerons tout à l'heure, n'est pas autre chose que la Somme de cette doctrine, l'aboutissement de sept siècles de pensée indienne.

Hiuan-tsang passa à Nâlandâ, auprès de Çîlabhadra, la saison des pluies de l'année 637. Il logea d'abord dans un pavillon à double étage, au milieu d'un couvent bâti par le roi de Magadha Bâlâditya, puis dans une maison située tout près de l'ancienne résidence du philosophe Dharmapâla. « Chaque mois, le roi du Magadha lui envoyait trois mesures d'huile et chaque jour la quantité nécessaire de beurre, de lait et d'autres provisions. Par ordre du roi, chaque jour un moine et un brahmane lui faisaient faire une promenade en char, à cheval ou en palanquin. »

Hiuan-tsang interrompit un moment ses travaux philosophiques pour aller visiter, au nord de Nâlandâ, l'ancienne capitale du Magadha, Râja*gri*ha (Râjgir)[2]. C'était, on se le rappelle, la métropole du pays au temps du Bouddha qui y avait si souvent fait sa quête sous le règne du pieux roi Bimbisâra, son protecteur et son ami. Abandonnée depuis longtemps pour Pâ*t*aliputra, ce n'était guère qu'une ville morte qu'animaient seuls encore ses grands souvenirs bouddhiques.

---

1. Entre 420 et 500 environ, d'après M. Takakusu.
2. En réalité la Râja*gri*ha bouddhique ne se trouvait pas à Râjgir même, mais un peu plus au sud, sur le site de Kuçâgârapura, comme l'indique fort correctement Hiuan-tsang. Je renvoie à l'excellente carte et aux belles photographies publiées par sir John Marshall dans son article *Rajagriha and its remains (Archæological Survey of India, Report* 1905-1906, pp. 86-106).

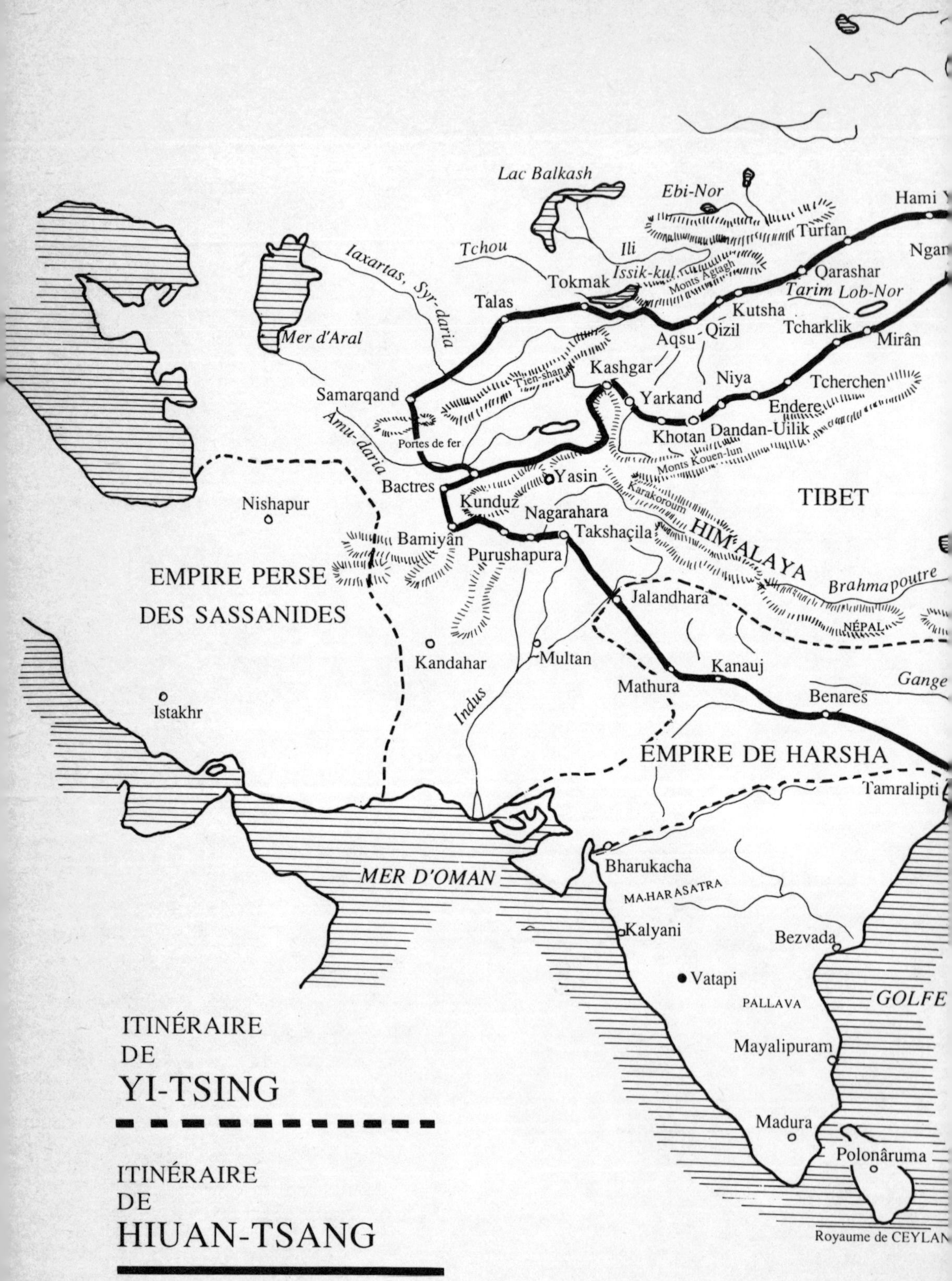

Lac Balkash
Ebi-Nor
Hami
Turfan
Ngan
Tchou
Ili
Iaxartas, Syr-daria
Tokmak
Issik-kul
Monts Agtagh
Qarashar
Tarim
Lob-Nor
Talas
Kutsha
Mer d'Aral
Aqsu
Qizil
Tcharklik
Mirân
Tien-shan
Kashgar
Niya
Tcherchen
Samarqand
Yarkand
Endere
Amu-daria
Khotan
Dandan-Uilik
Portes de fer
Monts Kouen-lun
Bactres
Yasin
Karakoroum
TIBET
Nishapur
Kunduz
Nagarahara
Bamiyân
Takshaçila
HIMALAYA
Purushapura
EMPIRE PERSE
DES SASSANIDES
Brahmapoutre
Jalandhara
NÉPAL
Kandahar
Multan
Kanauj
Mathura
Gange
Benares
Istakhr
Indus
EMPIRE DE HARSHA
Tamralipti
MER D'OMAN
Bharukacha
MAHARASATRA
Kalyani
Bezvada
Vatapi
PALLAVA
GOLFE
Mayalipuram
Madura
Polonâruma
Royaume de CEYLAN
ITINÉRAIRE
DE
YI-TSING
ITINÉRAIRE
DE
HIUAN-TSANG

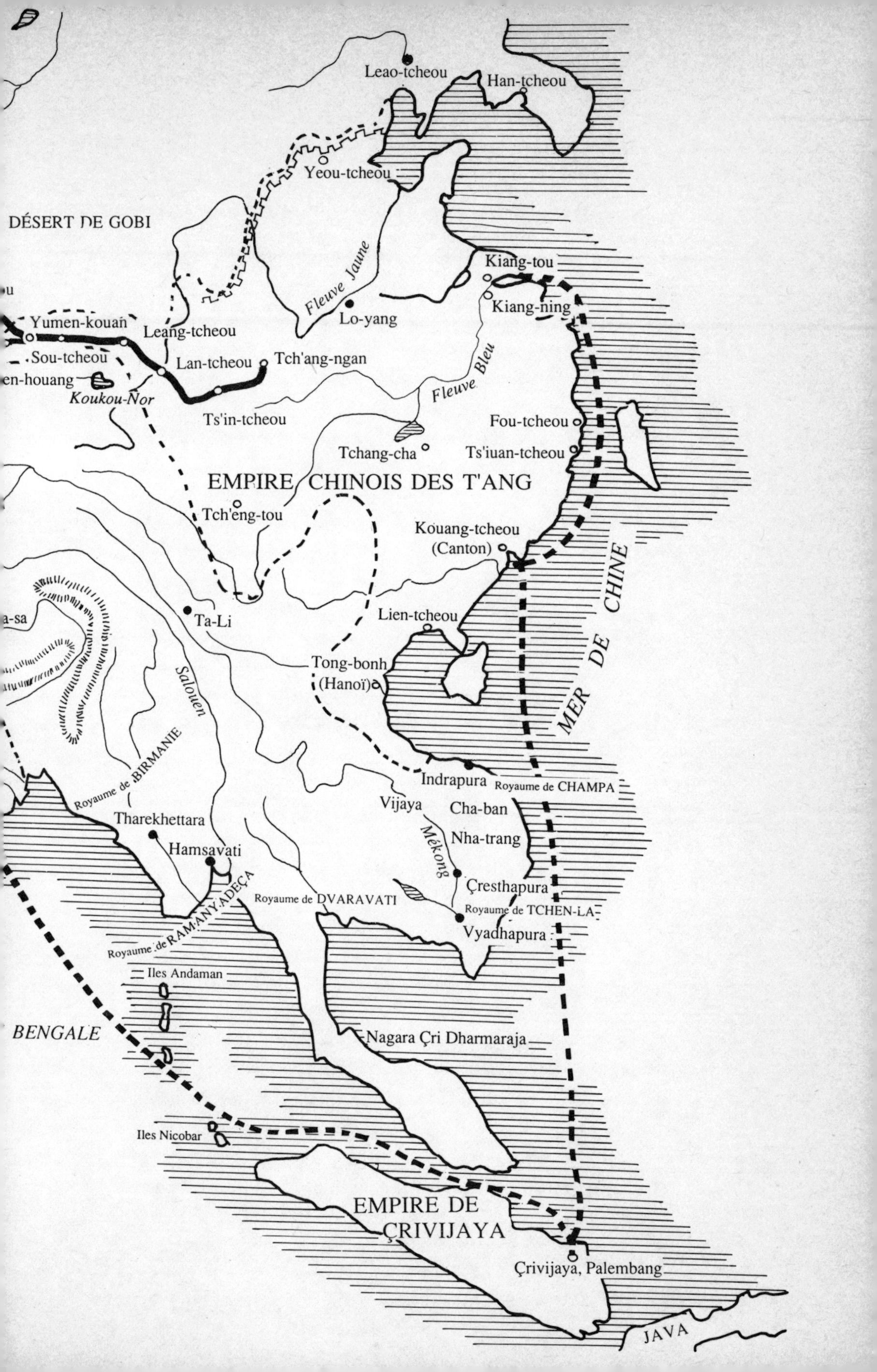

Leao-tcheou
Han-tcheou
Yeou-tcheou
DÉSERT DE GOBI
Fleuve Jaune
Kiang-tou
Kiang-ning
Lo-yang
Yumen-kouan
Leang-tcheou
Sou-tcheou
Lan-tcheou
Tch'ang-ngan
en-houang
Koukou-Nor
Fleuve Bleu
Ts'in-tcheou
Fou-tcheou
Tchang-cha
Ts'iuan-tcheou
EMPIRE CHINOIS DES T'ANG
Tch'eng-tou
Kouang-tcheou
(Canton)
MER DE CHINE
Lien-tcheou
Ta-Li
a-sa
Tong-bonh
(Hanoï)
Salouen
Royaume de BIRMANIE
Indrapura
Royaume de CHAMPA
Vijaya
Cha-ban
Tharekhettara
Mèkong
Nha-trang
Hamsavati
Çresthapura
Royaume de DVARAVATI
Royaume de TCHEN-LA
Royaume de RAMANYADEÇA
Vyadhapura
Iles Andaman
BENGALE
Nagara Çri Dharmaraja
Iles Nicobar
EMPIRE DE ÇRIVIJAYA
Çrivijaya, Palembang
JAVA

Hiuan-tsang nous a laissé une mélancolique description de cette cité du passé où il nous montre la végétation luxuriante de l'Inde tropicale en train de recouvrir les pierres des ruines. « Des quatre côtés s'élèvent des collines qui semblent taillées à pic. A l'ouest on y pénètre par un étroit sentier ; au nord s'ouvre une large porte. Dans l'intérieur (de l'ancienne cité), il y a encore une petite ville dont les fondations occupent une étendue de 30 *li*. De tous côtés on aperçoit des bosquets d'arbres *kanaka* qui fleurissent sans interruption, à toutes les époques de l'année, et dont les pétales sont de couleur d'or. »

On montra au pèlerin le lieu où le Judas bouddhique, Devadatta, et son complice, le prince Ajataçatru, indigne fils du roi Bimbisâra, avaient fait lâcher sur le passage du Bouddha un éléphant furieux qui, dompté par la force de sa mansuétude, s'était arrêté net devant lui et l'avait adoré. Au nord-est de Râja*gri*ha, Hiuan-tsang alla visiter le Pic du Vautour. C'était un des sites les plus pittoresques de la région. « Cette montagne, note le biographe, offre de fraîches fontaines, des rochers extraordinaires et des arbres couverts des plus riches feuillages. Jadis, quand le Bouddha était dans ce monde, il habitait souvent cette montagne et ce fut là qu'il enseigna aux disciples le *Lotus de la Bonne Loi*, le *sûtra de la Sagesse transcendante*, et nombre d'autres *sûtra*. C'était aussi dans les environs de Râja*gri*ha que se trouvait le Jardin des Bambous, un des parcs monastiques les plus célèbres des Ecritures. Le saint homme Kalanta, ou plutôt le roi Bimbisâra lui-même l'avait jadis donné au Bouddha qui en avait fait une de ses résidences favorites. C'était le type des couvents décrits par les textes : « Pas trop loin et pas trop près de la ville, facilement accessibles, pas trop animés le jour, silencieux la nuit, éloignés du tumulte et de la foule des hommes, endroits de retraite et séjours favorables pour méditer dans la solitude. »

On montrait aussi près de Râja*gri*ha le lieu où le roi Bimbisâra et toute la foule de la ville s'étaient portés à la rencontre du Bienheureux, — scène si vivante pour nous depuis que nous en lisons le récit sur les reliefs de Sañchi et de Bhârhût.

Râja*gri*ha possédait encore la Tour des Reliques. Le roi de Magadha, Ajataçatru, y avait, après la mort du Maître, enfermé sa part des Saintes dépouilles. Plus tard l'empereur Açoka, voulant construire des stûpa-reliquaires aux quatre coins de l'Inde, préleva une partie du précieux dépôt, mais laissa le reste dans la tour sacrée, qui, nous affirme Hiuan-tsang, répandait toujours un éclat extraordinaire.

Un autre monument voisin évoquait de tout autres souvenirs : c'était le stûpa d'une oie sauvage. Mais cette oie sauvage n'était autre qu'une des incarnations du Bodhisattva — et c'est ici qu'il y a lieu de remarquer une fois de plus l'étroite communauté que le bouddhisme établit entre nous et nos frères les animaux. La légende, telle que la rapporte Hiuan-tsang, est d'ailleurs délicieuse : Il était un jour, dans un couvent de Râjagriha, un bon religieux, chargé de l'économat, qui, n'ayant pu se procurer les provisions nécessaires, se trouvait dans une grande perplexité. Comme une troupe d'oies sauvages passait dans les airs, il s'écria en riant : « Aujourd'hui la pitance des religieux manque complètement. Nobles êtres, il faut que vous ayez égard à cette circonstance ! » A peine avait-il achevé ces mots que le chef de la troupe tomba du haut des nuages comme si on lui eût coupé les ailes et vint rouler aux pieds du moine. Tous les religieux accoururent : l'oiseau était un bodhisattva qui avait donné sa vie pour eux. On fit construire pour son cadavre une tour ornée de l'inscription qui rapporte cette histoire.

Pour un théologien comme Hiuan-tsang, Râja*gri*ha présentait un autre intérêt. C'était là que s'était tenu le premier concile bouddhique. Au lendemain de la mort du Bienheureux, ses disciples s'y étaient réunis pour y fixer, nous affirme la tradition, les textes qui composèrent depuis le recueil des *Trois Corbeilles*. Le concile s'était ouvert par une scène où se reflète toute l'âme du bouddhisme primitif. Kâçyapa, qui présidait, refusa l'entrée à Ananda, qui avait été le cousin et le disciple préféré du Maître, mais qui s'était rendu coupable d'une distraction grave. « Vos fautes, ô Ananda, ne sont point effacées. Ne souillez point par votre présence la pureté de cette auguste assemblée ! » Ananda, couvert de confusion, se retira. « Pendant la nuit, de toutes les forces de son âme, il s'efforça de briser les liens qui l'attachaient au monde pour obtenir le rang d'*arhat*. Il revint alors et frappa à la porte : « Vos liens sont-ils tous brisés ? » lui demanda Kâçyapa. « Ils le sont tous », répondit Ananda. « S'il en est ainsi, reprit Kâçyapa, il n'est pas besoin de vous ouvrir ; entrez par où vous voudrez... » Ananda entra alors par une fente de la porte, salua le religieux et lui baisa les pieds. Kâçyapa le prit par la main et lui dit : « Je désirerais vous voir effacer toutes vos fautes et obtenir le Fruit de la *Bodhi*. C'est pour cela que je vous ai éloigné de l'assemblée, vous devez le savoir ; n'en gardez point de rancune. — Si mon cœur conservait de la rancune, reprit Ananda, comment pourrais-je dire que j'ai brisé tous mes liens ? » Alors il salua

Kâçyapa, lui témoigna sa reconnaissance et prit place dans le concile. Puis sur l'invitation même de Kâçyapa, il monta au fauteuil et récita les discours du Bouddha. L'assemblée tout entière les reçut de sa bouche et les écrivit sur des feuilles de palmier.

Après avoir vénéré ses grands souvenirs, Hiuan-tsang revint au couvent de Nâlanda. Pendant plus d'une année — quinze mois, dit son biographe —, le saint vieillard Çîlabhadra lui expliqua les textes de la philosophie idéaliste et mystique du *Yogâcâra,* qu'il avait déjà étudiés au Kâçmir, mais qu'il tint à approfondir une seconde fois pour en résoudre les difficultés et dissiper ses doutes : son traité de la *Siddhi* sortira de cet enseignement. Il étudia aussi les textes de la philosophie brahmanique et se perfectionna dans la lecture du sanscrit. Son biographe insère même, à ce point de son récit, un résumé fort exact de la grammaire sanscrite.

Hiuan-tsang dut cependant s'arracher au séjour de paix et de science qu'était pour lui Nâlandâ, et reprendre sur les grandes routes de l'Inde le bâton du pèlerin. En partant pour le Bengale, il s'arrêta quelques jours au monastère de Kapota, construit dans un site charmant. « A deux ou trois *li* du couvent, il y a une montagne isolée qui est taillée en terrasse et dont le sommet est embelli par une riche végétation, des bassins d'eau pure et des fleurs parfumées. Comme c'est un lieu remarquable par la beauté de ses sites, on y a bâti un grand nombre de temples sacrés où l'on voit éclater souvent des miracles et des prodiges extraordinaires. Dans un couvent qui occupait le centre du plateau s'élevait une statue d'Avalokiteçvara en bois de santal dont la puissance divine inspire le plus profond respect. »

C'était une des dévotions les plus courues de la contrée. La statue était protégée par une balustrade d'où les fidèles lançaient des fleurs au Bodhisattva. Ceux qui réussissaient à fixer leurs guirlandes sur les mains de la statue se considéraient comme exaucés. Hiuan-tsang formula trois vœux où se montre l'âme pure de notre philosophe : « Premièrement, après avoir étudié dans l'Inde, je désire retourner dans ma patrie. Comme présage de succès je désire que ces fleurs se fixent sur vos vénérables mains. Secondement, je désire renaître un jour dans le ciel des Dieux Bienheureux et servir Maitreya. Si ce vœu doit s'accomplir, je souhaite que ces fleurs se fixent sur vos deux vénérables bras. Troisièmement, moi, Hiuan-tsang, j'ai des doutes sur moi-même et j'ignore si je suis du nombre de ceux qui sont doués de la nature de

Bouddha. Si je possède cette nature, et si, en pratiquant la vertu, je puis, à mon tour, devenir Bouddha, faites que ces guirlandes se fixent sur votre vénérable cou. » Il dit, lança ses guirlandes et eut la joie de les attacher suivant son désir.

Hiuan-tsang passa l'été de 638 au Bengale Occidental, dans le royaume d'Ira*n*a. La tradition y localisait l'histoire de la conversion, par le Bouddha, d'un *yaksha* anthropophage qui devint, depuis, un saint. A l'époque de Hiuan-tsang on y comptait une dizaine de couvents avec environ 4 000 religieux appartenant tous au Petit Véhicule, et, dans le Petit Véhicule, au système réaliste des Sarvâstivâdin. C'était la doctrine la plus opposée au système idéaliste qu'il professait. Il s'y mit néanmoins à l'école des docteurs du pays, pour approfondir leurs textes.

Le temps qu'il consacra à leur enseignement nous montre combien ses préférences dogmatiques savaient se tempérer de libéralisme.

Le voyageur chinois s'enfonça ensuite au cœur du Bengale actuel, l'ancien Champa. Terre tropicale, que bordait au sud une zone de forêts épaisses et sombres, où erraient par centaines des troupes d'éléphants sauvages remarquables par leur force et la hauteur de leur taille, des rhinocéros et des fauves de toute espèce. Hiuan-tsang note à ce sujet que les rois du Bengale possèdent un nombre immense d'éléphants de guerre, des chasseurs d'éléphants battant les forêts en toute saison pour fournir leurs écuries.

Hiuan-tsang passa ensuite le Gange et poussa une pointe vers le Bengale Oriental (Pundravardhana et Kar*n*asuvar*n*a). Puis il redescendit au Samata*t*a, c'est-à-dire dans le delta du Gange, « pays bas et humide, où les grains viennent en abondance, où on voit une quantité prodigieuse de fleurs et de fruits, et où les hommes ont la peau noire, la taille petite, un naturel dur et cruel ». Il descendit enfin sur le golfe du Bengale et arriva au port de Tâmralipti, l'actuel Tamluk, d'où il comptait s'embarquer pour l'île de Ceylan.

CHAPITRE IX

VOYAGE AU DÉKHAN, AU TEMPS D'AJANTA

Tâmralipti — les mémoires de Yi-tsing nous le prouveront — était le grand emporium de l'Inde du côté de l'Insulinde et de l'Indochine. Hiuan-tsang a dû y interroger les marins bengalis ou les navigateurs malais qui faisaient halte dans le port, car il nous indique avec beaucoup de précision les pays pour lesquels on s'y embarquait : « En partant de là dans la direction du nord-est en longeant la mer, on rencontre le royaume de Çrîkshetra » ce qui est en effet le nom d'une ancienne capitale de la Birmanie. « Plus loin, à l'est, se trouve le royaume de Dvâravatî » — et c'est effectivement le nom d'un ancien royaume môn du Siam actuel, récemment retrouvé par M. Cœdès et ses élèves. « Plus loin à l'est se trouve le royaume d'Içânapura » — : et Içânapura fut bien, avant la fondation d'Angkor, une des capitales du Cambodge, située peut-être aux ruines de Sambor Prei Kuk que fouille actuellement M. Victor Goloubev. « Plus loin à l'est, se trouve le royaume de Mahâ Champa » : le « grand royaume » de Champa, alors dans toute sa splendeur, occupait bien, comme nous l'indique le voyageur, toute la côte méridionale et même centrale de l'Annam actuel.

Mais ce qui intéressait Hiuan-tsang parmi tous les royaumes auxquels conduisaient les navires de Tâmralipti, c'était Ceylan, l'île sainte, le foyer de l'Eglise hînayâniste — notamment de l'école réaliste des Sarvâstivâdin — qu'il était indispensable de connaître pour avoir une idée complète du bouddhisme indien.

Le biographe de Hiuan-tsang nous le montre, au bord de la mer du Bengale, rêvant aux reliques des anciens sanctuaires cinghalais. Laissant, dans la tiédeur des nuits tropicales, errer sa pensée sur l'immensité des flots, il croyait déjà voir, par-delà l'horizon liquide, la Dent du Bouddha rayonner comme une étoile de la mer. « A 200 lieues au sud de Ceylan, toutes les nuits, quand le ciel est pur et sans nuages, le diamant précieux placé au haut du stûpa de la Dent projette une lumière éclatante qu'on aperçoit de loin, et par sa forme radieuse il ressemble à une planète suspendue au milieu des airs. » Toutefois des religieux du Sud, de passage à Tâmralipti, dissuadèrent Hiuan-tsang de s'embarquer. Ils lui prouvèrent que, pour aller du Bengale à Ceylan, il n'était nullement nécessaire de s'exposer aux périls d'une longue traversée, mais qu'il valait mieux gagner par terre la pointe sud-est du Carnate, d'où, en trois jours de mer, on atteignait l'île.

Hiuan-tsang, se rangeant à cet avis, entreprit la traversée du Dékhan du nord au sud, en longeant la côte orientale de la péninsule. Il traversa ainsi l'O*d*radeça, qui est l'Orissa actuel, et le Kali*n*ga ou côte des Circars, pays dont il note le climat brûlant, la fertilité tropicale et la luxuriante végétation. Les forêts abritaient notamment une race d'éléphants sauvages d'un noir foncé, particulièrement estimée par les râjas indiens. Quant aux indigènes, Hiuan-tsang nous les peint de teint noir, de haute stature, de caractère brusque et sauvage, et de mœurs féroces : le fond de la population se compose en effet encore aujourd'hui de tribus aborigènes, mu*n*da et télugu, assez superficiellement indianisées.

Malgré la présence de plusieurs îlots bouddhiques, cette région était en général très attachée aux différentes sectes de l'hindouisme. Hiuan-tsang signale le nombre de temples hindouistes de l'Orissa et du Kali*n*ga, fréquentés par une multitude d'indigènes. Les sanctuaires vishnuites ou çivaïtes de Bhuvaneçvar, de Konarkâ et de Jagannâtha Puri attestent l'exactitude de cette remarque, avec leur forêt de tours curvilignes et bombées, aux nervures vigoureuses, jaillissant d'un seul jet vers le ciel. Si la plupart de ces temples de l'Orissa ont été construits entre le IXe et le XIIe siècle, le temple de Mukteçvara à Buhvaneçvar paraît bien être contemporain du voyage de Hiuan-tsang. Le pèlerin se douta-t-il que cette floraison touffue, surgie de la terre tropicale, étoufferait un jour la semence du bouddhisme indien ?

L'itinéraire de Hiuan-tsang oblique ensuite vers le sud-ouest. Il visita le Mahâ-Koçala, région de bois et de prairies située au cœur du Dékhan et habitée par les tribus primitives des Gonds, aborigènes « à la peau noire, de taille élevée, de mœurs dures et violentes, d'un naturel brave et emporté ». Contrée sauvage où Rudyard Kipling devait situer le *Livre de la Jungle*. La patrie de Mowgli avait cependant vu fleurir au IIe

et au IIIe siècle de notre ère deux des plus grands métaphysiciens du bouddhisme, Nâgârjuna et Arya Deva, le premier originaire d'un district voisin (le Bérar), le second de naissance cinghalaise, fondateurs l'un et l'autre du puissant et subtil criticisme mâdhyamika. Contrastes habituels à cette terre indienne, à la fois si multiple et si homogène, qui nous montre sur le même plan la barbarie brute et le génie d'un Kant oriental.

En traversant les immenses forêts qu'arrose le réseau fluvial de la Godâvarî, le pèlerin atteignit l'ancien royaume d'Andhra, qui correspond à peu près à l'Etat actuel du Nizam entre le cours de la Godâvarî et celui de la Krishnâ. Lors de son passage, ce pays venait, depuis très peu d'années, d'être conquis par un clan des Calukya, venus du pays mahratte, qui y avaient établi leur capitale à Vengipura. C'est l'Etat calukya de Vengipura qui est proprement désigné par Hiuan-tsang sous le nom de royaume d'Andhra. Le sud-est de l'ancien Andhra, avec Bezvâda et Amarâvatî, villes situées sur les deux rives de la basse Krishnâ, formait au VIIe siècle le royaume particulier de Dhanakataka. En amont d'Amarâvatî, et sur la même rive méridionale de la Krishnâ, se trouvaient deux autres sites célèbres dans l'histoire archéologique, Goli et Nâgârjunikonda. L'historien du sud de l'Inde, M. Jouveau-Dubreuil, a établi qu'à l'époque de Hiuan-tsang un clan cola, c'est-à-dire tamoul, s'était établi dans ce district essentiellement telugu, entre la Krishnâ et le Pannar, de sorte que c'est là qu'il faut chercher le royaume cola mentionné par le pèlerin.

Malgré la culture sanscrite universellement répandue dans les classes supérieures, on entrait donc là dans le domaine de la langue telugu, dont Hiuan-tsang note la différence avec les dialectes indo-aryens. Mais l'Andhra n'en avait pas moins joué un rôle considérable dans l'histoire du bouddhisme. Aux premiers siècles de notre ère, à l'époque où l'Inde du Nord subissait pour l'art comme au point de vue politique des dominations étrangères, — grecque et scythique—, l'Andhra avait conservé intacte, avec son indépendance, la tradition de l'esthétique indienne : Amarâvatî, Goli et Nâgârjunikonda s'étaient couverts, du IIe au IVe siècle de notre ère, de stûpas dont les sculptures servent de lien entre l'art bouddhique « primitif » de Sañchî et les ateliers gupta du IVe au VIIe siècle.

Nous connaissions déjà cette grande école de sculpture par les pièces du Musée de Madras et du British Museum. Elle nous est devenue encore plus familière depuis qu'en 1928 un lot admirable de reliefs, provenant de cette même région d'Amarâvatî, et datant des IIe, IIIe, IVe et Ve siècles, est entré au Musée Guimet. Il suffit d'apercevoir sur ces marbres purs les scènes de la légende bouddhique ciselées avec amour par les vieux maîtres andhra pour comprendre la place éminente de l'école dans la formation de l'esthétique indienne. Œuvres bouddhiques, certes, par la douceur de l'inspiration, mais d'une facture si délicatement païenne qu'on sent passer ici l'éternelle jeunesse de la nature hindoue. Quelle fraîcheur, quelle sève printanière, quel sentiment du jeu des formes vivantes, quelle joie naïve de vivre, quel velouté aussi dans la scène de la vie de plaisirs du bodhisattva au gynécée, fidèlement modelée d'après le texte même de *Lalitavistara*. « Rêveries d'un païen mystique » qui nous montrent à quel point la doctrine bouddhique du renoncement savait, dans la pratique, s'adapter à une mentalité toute proche de celle de l'antique Hellade, — et non point l'Hellade des tragiques et des philosophes, mais celle de l'Anthologie. Du reste, l'art gréco-romain lui-même n'a pas été sans faire sentir son influence à Amarâvatî, comme pouvaient le laisser supposer les relations commerciales attestées à l'époque de Pline entre les « Andarae » et le monde classique, comme le prouvent les monnaies des Césars et la tête de Bouddha au masque impérial trouvées par M. Jouveau-Dubreuil dans cette même région.

Sur le terrain doctrinal aussi, l'ancien Andhra avait beaucoup fait pour la culture bouddhique. Dans la seconde moitié du Ve siècle, l'illustre philosophe Dignaga avait composé à Amarâvatî une partie de ses traités sur la logique et la critique de la connaissance. A l'époque de Hiuan-tsang on y rencontrait encore des docteurs éminents, attachés aux doctrines du Grand Véhicule. Le pèlerin passa avec eux à Amarâvatî ou à Bezvada la saison des pluies de 639.

D'Amarâvatî, Hiuan-tsang marchant vers le sud-ouest, par Nâgârjunikonda et la forêt de Kurnul, puis se rabattant vers le sud, par le bassin du Pennar, arriva au Carnate, région tropicale, au climat chaud et humide. Ce vieux pays tamoul était la terre dravidienne par excellence, le « Drâvida » comme l'appelle le pèlerin. Il appartenait alors à la dynastie des Pallava, dont la capitale était Kancipuram, l'actuel Conjiveram et le port principal Mâvalipuram ou Sept-Pagodes, villes situées toutes deux sur la rive nord du Palar inférieur.

C'est une des plus glorieuses dynasties de l'histoire indienne que celle des Pallava. Après avoir succédé aux rois d'Andhra dans l'hégémonie du Dékhan oriental, elle avait maintenant à tenir tête à une autre maison dékhanaise, celle des Calukya du pays mahratte qui venait de lui enlever la Mésopotamie de la Krishnâ et de la Godâvarî inférieures. Malgré cette perte, les Pallava devaient encore prendre de terribles revanches sur leurs ennemis mahrattes. Le roi pallava Narasi*m*havarman, au nom si nettement vishnuite, qui régnait entre 625 et 645, donc lors du passage de Hiuan-tsang, devait, en 642, vaincre et tuer le puissant roi de Mahârâsh*t*ra, Pulakeçin II.

En même temps les Pallava sont une des dynasties qui ont le mieux travaillé pour la culture indienne. De bonne heure, ils avaient créé une architecture à eux, d'où devaient dériver tous les styles du Sud, et, lors du passage de Hiuan-tsang, Mâvalipuram, leur métropole, commençait à se peupler des œuvres admirables qui en ont fait une des capitales de l'art indien. On connaît par les beaux travaux de M. Victor Goloubev cet ensemble peut-être unique dans l'Inde : temples monolithes qui couvrent toute la plage, en appel de leurs répliques chames et indonésiennes, rochers sculptés en forme de statues animales, d'un naturalisme merveilleusement large et puissant, falaises entières ouvrées en fresque de pierre, en immenses tableaux d'une ordonnance, d'un mouvement, d'une valeur lyrique jusque-là sans exemple aux Indes.

Hiuan-tsang put sans doute connaître quelques-uns de ces chefs-d'œuvre. Parmi les sculptures de Mâvalipuram, en effet, il en est au moins deux, celles des grottes de Yamapuri et de Valadalandha, avec leurs beaux reliefs représentant les incarnations de Vish*n*u, qui datent du VIIe siècle. Peut-être même le pèlerin vit-il commencer la falaise de la Descente du Gange, avec son peuple de dieux, de génies, d'ascètes et d'animaux en adoration devant les eaux fécondantes. Et sans doute une telle glorification, une telle divinisation des forces naturelles, bonnes ou mauvaises — ou plutôt toutes bonnes parce qu'elles sont l'expression même de la Vie, et d'ailleurs relativement humanisées ici, puisque l'inspiration reste en général vishnuite —, sans doute un tel déferlement de lyrisme vital ne put-il que choquer l'apôtre du renoncement bouddhique. Mais il n'est pas sans intérêt pour nous que la spéculation idéaliste d'un Çîlabhadra et d'un Hiuan-tsang ait été contemporaine du débordement de naturalisme de Mâvalipuram, — tant ce grand VIIe siècle indien, dans le domaine esthétique comme dans les sphères métaphysiques, était porté par un courant de forces créatrices d'une valeur éternelle.

Hiuan-tsang, au cours de l'année 640, semble s'être arrêté assez longtemps au pays pallava. Il y retrouvait, à Kancipuram, le souvenir d'un des plus illustres métaphysiciens mahâyânistes, Dharmapâla, mort vers 560, et qui avait été le maître de Çîlabhadra. Or, comme on l'a vu, Çîlabhadra, le saint vieillard devenu le doyen de la cité monastique de Nâlandâ, était lui-même le maître de Hiuan-tsang. Aussi le pèlerin visita-t-il avec une émotion particulière la patrie du grand philosophe. Il nous raconte comment Dharmapâla avait refusé la main d'une princesse de Kancipuram pour embrasser la vie religieuse, décision qui avait valu à la littérature mahâyâniste quelques-uns de ses ouvrages les plus fameux.

Cependant le pèlerin n'avait poussé si loin vers le Sud que dans l'espoir de s'y embarquer pour Ceylan. Mais une grave déception l'attendait. L'île sainte, à la suite de révolutions de palais, était en proie à la guerre civile en même temps qu'à la famine. Loin de pouvoir aller y faire une paisible retraite, Hiuan-tsang vit arriver à Kancipuram des religieux cinghalais obligés de s'enfuir, qui paraissent lui avoir déconseillé le voyage.

Hiuan-tsang, renonçant à visiter l'île, reprit donc le cours de son voyage autour du Dékhan. Il parcourut le pays qu'il appelle Malakottai, c'est-à-dire le pays tamoul de Tanjore et de Madurâ, qui avait formé jadis et qui devait reconstituer un jour le puissant empire des Cola. Climat brûlant et humide, végétation tropicale pleine d'essences précieuses, territoire enrichi par les pêcheries de perles et le commerce des épices avec l'Insulinde. Toutefois le pays cola ne devait prendre son plein développement que bien plus tard, au Xe siècle. La population était de langue tamoule et de peau noire, le bouddhisme y avait jadis pénétré, mais elle était retournée, presque tout de suite, aux cultes hindous, surtout au çivaïsme ; on comptait aussi de nombreux groupements jains.

Hiuan-tsang était descendu au Dékhan par la côte du golfe de Bengale. Il en revint par le côté de la mer d'Oman, en traversant le Ko*n*kan et le Mahârâsh*t*ra, l'actuel pays mahratte. Cette région formait alors l'empire des Calukya.

Les Calukya, qui jouent un rôle de premier ordre dans l'histoire de ce temps, étaient un vigoureux clan de guerriers d'origine râjput, qui, à la fin du VIe siècle, avait organisé les populations mahrattes. Au moment du voyage de Hiuan-tsang ils dominaient tout le nord-ouest du Dékhan. La description que Hiuan-tsang nous donne de leur pays est d'une remarquable exactitude. Il note le climat, relativement doux et tempéré, grâce au voisinage de la mer et à l'altitude de la chaîne des Ghâts. Il signale le caractère belliqueux de la race mahratte, et ses indications restent éternellement vraies, de Pulakeçin le calukya, le vainqueur de l'empereur Harsha, à Sivaji, le Rat des Montagnes : « Les habitants ont une haute stature, et, bien que de mœurs simples et honnêtes, ils ont un caractère fier et emporté. Ils estiment (par-dessus tout) l'honneur et le devoir et méprisent la mort. Quiconque leur a fait du bien peut compter sur leur gratitude, mais celui qui les a offensés n'échappe jamais à leur vengeance. Si quelqu'un les insulte, ils risquent aussitôt leur vie pour laver leur affront. Mais si quelqu'un vient les implorer dans la détresse, ils oublient le soin de leur propre personne pour le secourir. Quand ils ont une injure à venger, ils ne manquent jamais d'avertir d'avance leur ennemi. Après quoi chacun apprête ses armes et lutte, la lance à la main. Au combat ils poursuivent les fuyards, mais ne tuent point ceux qui se sont rendus. Si un de leurs propres généraux a été vaincu, on ne lui inflige point de peine corporelle, on l'affuble seulement de vêtements de femme, et souvent lui-même se donne la mort pour échapper au déshonneur. » — En somme une des plus fortes races militaires de l'Inde. Une des plus chevaleresques aussi. Le bref tableau de Hiuan-tsang nous annonce déjà ce que seront l'épopée râjpute du Moyen Age, l'épopée mahratte du XVIIIe siècle.

Le roi de Mahârâsh*t*ra était ce Pulakéçin II qui avait repoussé victorieusement toutes les attaques de l'empereur nord-indien Harsha. Il était alors à l'apogée de sa gloire, étant monté sur le trône vers 608, et dans les dernières années de son règne qui devait se terminer en 642. Hiuan-tsang malgré une admiration de coreligionnaire pour Harsha, qui fut son protecteur et son ami, rend pleine justice aux mérites du souverain mahratte : « Il a, nous dira Houei-li, des vues larges et profondes, et étend au loin son humanité et ses bienfaits. Ses sujets le servent avec un dévouement absolu... Il a des goûts belliqueux et met au premier rang la gloire des armes. C'est pourquoi dans son royaume l'infanterie et la cavalerie sont équipées avec le plus grand soin et les règlements militaires sévèrement observés. » « L'Etat, note Hiuan-tsang lui-même, entretient un corps d'intrépides champions, au nombre de plusieurs centaines. Chaque fois qu'ils se préparent au combat, ils boivent du vin jusqu'à s'enivrer et alors un seul de ces hommes, la lance au poing, défierait 10 000 ennemis. Si, en cet état, il tue un homme qui se trouve sur son chemin, la loi ne le punit point. Chaque fois que l'armée entre en campagne, ces braves marchent à l'avant-garde, au bruit du tambour. » En outre, le roi de Mahârâsh*t*ra nourrissait dans ses écuries plusieurs centaines d'éléphants de guerre d'un naturel féroce. Au moment du combat on les abreuvait aussi de liqueurs fortes, jusqu'à ce que l'ivresse les ait rendus furieux. On les lâchait alors en trombe sur l'ennemi, et leur charge massive écrasait tout sur son passage.

Avec une telle organisation militaire, le roi Pulakéçin était le prince le plus redouté de l'Inde péninsulaire. La fortune de l'autre potentat indien, Harsha, empereur de l'Inde gangétique, n'avait rien pu contre lui. « Actuellement, écrit Hiuan-tsang, l'empereur Harsha porte de l'est à l'ouest ses armes victorieuses. Il subjugue les peuples éloignés et fait trembler les nations voisines, mais les hommes de ce royaume sont les seuls qui ne se soient point soumis. Quoiqu'il se soit mis plusieurs fois à la tête de toutes les troupes des Cinq Indes, il n'a jamais pu triompher de leur résistance. »

Il est possible que Hiuan-tsang ait passé la saison des pluies de 641 à Nâsik, dans la capitale de Pulakéçin II. En tout cas le pèlerin chinois, après avoir parlé de l'état politique du pays, note en connaissance de cause les aptitudes intellectuelles de la race mahratte : « Les habitants sont passionnés pour l'étude. » La dynastie calukya était d'ailleurs hindouiste, et particulièrement dévouée aux sectes çivaïtes, mais les deux religions coexistaient encore pacifiquement, et Hiuan-tsang signale en même temps dans le Ko*n*kan et le Mahârâsh*t*ra environ 200 couvents bouddhiques et plusieurs centaines de temples brahmaniques.

Les progrès de l'archéologie indienne nous permettent aujourd'hui de mettre des noms sur cette énumération trop brève. Et quels noms prestigieux ! La capitale du Mahârâsh*t*ra n'était-elle pas Vâtâpî ou

Bâdâmi dont la plupart des temples, comme le Mâlegitti Çîvâlaya, datent précisément de l'époque de Hiuan-tsang (vers 625) ? Plus au nord, les premiers chefs-d'œuvre d'Ellora, comme la Caverne des Avatars, Ravâ*n*a ka Khai, Dhumar Le*n*â et le Râmeçvara, ne remontent-ils pas aussi au VIIe siècle ? Sans doute, plus encore que tout à l'heure à Mâvalipuram, s'agissait-il là d'un idéal singulièrement étranger à la pensée de Hiuan-tsang, car il n'était rien de plus opposé à l'idéalisme transcendant du Mahâyâna que ces croyances civaïtes, flot tumultueux qui roulait dans son cours toutes les monstruosités et toutes les cruautés comme toutes les douceurs de l'Etre, effort désespéré, surhumain, presque inhumain, pour atteindre, par une adhésion totale et joyeuse à la vie intégrale, la suprême mysticité.

Et pourtant, pour un œil non prévenu, y avait-il si loin de l'art bouddhique des ateliers gupta aux œuvres hindouistes du pays mahratte ? Le Çiva triomphant des cavernes d'Ellora ou d'Elephanta, n'est-ce pas encore un de ces bodhisattva que les peintres d'Aja*n*tâ, comme les sculpteurs de Bôrôbodur, nous avaient appris à connaître ? Corps aussi harmonieux, aussi purs, aussi suaves que ceux de naguère, mais libérés désormais de toute idée de renoncement, revenus de leur désenchantement pensif pour se plonger à même les choses, dans l'ivresse tour à tour mystique et sensuelle, de la Vie.

Les voyageurs, du reste, pouvaient trouver aussi en pays mahratte quelques-uns des chefs-d'œuvre de l'art bouddhique. Près de Kalyâ*n*î, une des principales villes de la région, on pouvait admirer les monuments des premières écoles çu*n*ga et andhar, comme le vihâra de Bhâjâ et le caitya de Bedsâ, qui remontent au IIe siècle avant Jésus-Christ, ou comme le grand caitya de Kârli qui date sans doute du début de notre ère. Mais surtout c'était dans les Etats du roi Pulakéçin, au cœur du Mahârâsh*t*ra, que se trouvaient les célèbres catacombes d'Aja*n*tâ, avec leurs monastères souterrains et leurs fresques immortelles. Chose curieuse, Hiuan-tsang ne nous dit rien de ces sanctuaires. Et pourtant c'est à son époque, dans la première moitié du VIIe siècle, que furent exécutées les plus belles des fresques d'Aja*n*ta, celles des grottes I et II. Qu'importe d'ailleurs son silence ? Le principal, à notre avis, c'est l'harmonie profonde qui se révèle entre l'idéalisme passionné dont son œuvre porte le témoignage, et les apparitions surnaturelles dont les murs d'Aja*n*tâ sont illuminés. La vision dont le bodhisattva Mañjuçri favorisa peu après le pèlerin, n'est-ce pas celle que procure aux visiteurs d'Aja*n*tâ ce « bodhisattva au lotus bleu » — peut-être effectivement Mañjuçri lui-même — figure d'une si ardente mysticité, dans sa pose un peu inclinée, sous sa tiare d'or pur, qu'on a pu la comparer au dessin de Léonard pour le Christ de la Cène ? Et en vérité, c'est en revoyant dans la fidèle reproduction de Victor Goloubev ces images tendres et merveilleuses, écloses au déclin du bouddhisme indien, en un site perdu du pays mahratte, qu'on évoquera le mieux l'idéal des contemporains de Hiuan-tsang, l'objet de leur ferveur et l'âme de leur rêve.

En quittant le Mahârâsh*t*ra, Hiuan-tsang, de l'autre côté de la Nerbudda, s'arrêta quelques jours sur les bords de la mer d'Oman, au port de Bharoch, la Barygaza des géographes grecs, dont il note l'importance commerciale. De fait Barygaza nous est donnée par les écrivains grecs et byzantins comme le grand entrepôt du trafic du monde indien avec la province d'Egypte.

Plus au nord Hiuan-tsang ne manqua point de visiter le Mâlva, un des pays les plus policés, les plus cultivés de l'Inde et qui tient une place d'honneur dans l'histoire de la littérature sanscrite. A ce point de vue Hiuan-tsang le compare avec raison au Magadha. Le Mâlva était notamment la patrie de Kâlidâsa, le plus grand peut-être des poètes sanscrits, l'auteur de *la Reconnaissance de Cakuntala* et de tant de drames immortels, dont la renommée devait être encore dans toute sa fraîcheur, car il avait vécu au Ve siècle, cent ans avant Hiuan-tsang.

Le Mâlva touchait à l'ouest au royaume de Valabhî, dans la presqu'île du Gujerât. Comme de nos jours encore, ce pays, ainsi que la province contiguë du Surâsh*t*ra (Surate), vivait du commerce maritime avec le golfe Persique et l'Orient méditerranéen : « On trouve dans ce royaume, écrit Houei-li, des monceaux de marchandises précieuses, venues des pays étrangers. Il y a plus de 100 familles dont la fortune s'élève à plus d'un million d'onces d'argent. » Du commencement du VIe siècle au dernier quart du VIIIe, cette riche contrée appartint à une énergique dynastie, celle des Maitreka, dont le souvenir reste perpétué parmi nous par ses belles pièces de monnaie. Entre 633 et 640, le roi de Valabhî avait dû reconnaître la suzeraineté de l'empereur nord-indien Harsha. Lors du passage de Hiuan-tsang, le prince régnant, Dhruvasena, était franchement entré dans le système politique de Harsha en devenant son gendre. Bien que la dynastie de Valabhî ait été jusque-là hindouiste,

Dhruvasena, à l'exemple de Harsha, s'était personnellement rallié à la foi bouddhique. « Chaque année, note Hiuan-tsang, il tient pendant sept jours une grande assemblée dans laquelle il distribue à la multitude des religieux des mets exquis, les Trois Vêtements, des médicaments, les Sept Choses Précieuses et des joyaux de la plus grande valeur. Il estime la vertu et vénère les sages. Les religieux des contrées lointaines reçoivent particulièrement ses respects et ses hommages. »

De cette province maritime, Hiuan-tsang put recueillir quelques renseignements sur la Perse. Et, bien qu'il ne se soit pas aventuré en Iran, ses notes sont pleines d'intérêt si nous songeons à la date où elles furent écrites : à la veille même de la chute de l'empire sassanide. Hiuan-tsang signale l'importance des canalisations pour la vie de ce haut plateau en partie désertique ; et tous ceux qui ont suivi de Téhéran à Ispahan et à Shîrâz, le long des pistes persanes, les canaux souterrains jalonnés de distance en distance par le chapelet des anciens puits royaux seront frappés de la justesse de son témoignage. D'ailleurs l'*Avesta,* le livre sacré de la Perse ancienne, ne met-il pas au nombre des œuvres pies l'entretien des canaux d'irrigation ? Hiuan-tsang mentionne aussi l'excellence des tissus iraniens : « Ils savent tisser de la soie brochée, des étoffes et diverses espèces de tapis » — et telle est bien restée, des Sassanides à nos jours, la principale industrie persane.

Au reste, si les pèlerins chinois s'arrêtaient aux frontières de l'empire perse, ils ne devaient pas être sans avoir remarqué, lors de leur passage à travers l'Asie centrale, ces riches tissus iraniens dont les vestiges, retrouvés par la mission von Le Coq, se révèlent si nettement sassanides. S'il leur avait pris fantaisie de pousser jusqu'au cœur de l'Iran, ils auraient pu y découvrir l'origine des thèmes décoratifs du pays koutchéen. Sur la robe du Khosrau équestre du Taq-i Bostân, près de Kirmânshâh, ils auraient retrouvé l'oiseau héraldique cher aux brocarts de Kutsha et de Turfân.

Au point de vue commercial, Hiuan-tsang, comme après lui tous les voyageurs, note la qualité des chevaux et des chameaux iraniens. Il mentionne, pour en avoir certainement vu, la beauté des monnaies d'argent sassanides, et il n'est pas un numismate, pas un voyageur ayant manié les admirables pièces des Khosrau et des Shâpûr, qui ne soit prêt à lui donner raison. Les mariages entre frère et sœur, recommandés par le parsisme, lui inspirent naturellement quelques réflexions sévères. Il n'est pas moins choqué par la coutume parsie d'exposer les cadavres aux vautours, sur les « tours de silence » : « Quand un homme est mort, on jette son corps à la voirie. » L'*Histoire des T'ang* notera de même : « Tout homme qui meurt est abandonné dans les montagnes », ajoutant que « les vautours de l'Iran sont si énormes qu'ils peuvent dévorer des moutons ».

Bien que le parsisme fût religion d'Etat, l'empire sassanide se montrait assez tolérant au bouddhisme, tout au moins sur les confins afghans, comme au nestorianisme dans la région mésopotamienne. Hiuan-tsang note qu'on comptait en Perse deux ou trois couvents bouddhiques, avec plusieurs centaines de religieux attachés à l'école hînayâniste des Sarvâstivâdin. Les récentes découvertes d'Afghanistan confirment cette assertion. Les fresques de Bâmiyân, relevées par M. et Mme André Godard, et qui vont du IIIe au Ve siècle, nous montrent, dans une inspiration générale bouddhique, des traits purement sassanides. Devant l'étonnante révélation d'un roi sassanide, barbu et tiaré — un véritable Shâpûr, un authentique Khosrau —, voisinant sur ces fresques avec des moines bouddhiques et avec un Bouddha gandhârien, ne devait-on point, après les écoles gréco-bouddhiques du passé, envisager ici comme une école sassano-bouddhique naissante ? De fait, M. Hackin allait retrouver un peu plus loin, à Dokhtar-i Noshirwân, d'autres fresques, purement sassanides celles-là, des fresques royales tracées par la main de quelque bouddhiste indien. Preuve irrécusable, dans ces Marches afghanes, rattachées sur le tard à la monarchie sassanide, de la bonne entente entre l'empire mazdéen et les communautés indiennes. Et d'ailleurs ne retrouverait-on pas cette même influence indienne jusqu'à l'ouest de la Perse sassanide, jusque sur les éléphants de la chasse de Khosrau II à Taq-i Bostân ?

Au point de vue politique, la Perse sassanide, à l'époque du pèlerinage de Hiuan-tsang, était le théâtre de bouleversements profonds.

Tandis qu'en Extrême-Orient la dynastie des T'ang refaisait jusqu'au T'ien-chan et au Pamir le grand empire chinois des anciens empereurs Han, la dynastie sassanide de Perse, sous Khosrau II (590-628), avait un moment failli refaire le grand empire achéménide de jadis. Les armées perses avaient, de 611 à 616, conquis la Syrie, l'Egypte, l'Asie Mineure, et étaient venues en 626 mettre le siège devant Constantinople. Mais la contre-attaque de l'empereur byzantin

Héraclius au Caucase et en Assyrie avait, en 627, brisé la puissance de Khosrau. Et voici qu'au sud-ouest de cet empire épuisé s'abattait l'invasion arabe. Une première victoire, à Qadisiyâ, en 636, avait livré aux Arabes les plaines de la Mésopotamie, y compris la capitale perse, Ctésiphon, qu'ils occupèrent l'année suivante. Une seconde victoire à Nehawend, en 642, va leur livrer le plateau même de l'Iran, du Zagros au Khorassan. Le dernier Sassanide, Yezdegerd III, réfugié aux frontières de la Transoxiane, à Merw, implorera vainement l'aide de la Chine. Il mourra en 652 sans avoir obtenu le secours qu'il espérait : la Perse était trop loin pour que les armées des T'ang y portassent leurs étendards. Du moins la cour des T'ang accueillit-elle les Sassanides exilés. Ainsi devait mélancoliquement finir dans l'hospitalité chinoise cette dynastie qui, pendant quatre siècles, avait balancé la fortune de Rome et un moment restauré la gloire des Darius et des Artaxerxès.

L'Islâm ! Sa foudroyante intervention allait changer toutes les données de la culture dans l'Asie moyenne. Félicitons-nous qu'à la veille même du grand bouleversement, un témoin de la valeur de Hiuan-tsang ait pu observer pour nous cette civilisation menacée.

CHAPITRE X

NÂLÂNDA, LA CITÉ MONASTIQUE

Hiuan-tsang poussa du côté de l'Ouest jusqu'au moyen Indus. Après avoir visité le Sindh et le Multân, il revint vers le Magadha et fit à Nâlandâ un nouveau séjour, aussi fructueux que le premier. Sa visite des Lieux Saints était terminée. Il pouvait consacrer le reste de son temps à rechercher l'enseignement des maîtres de la philosophie indienne. Ayant appris qu'à une quarantaine de kilomètres de Nâlandâ, résidait dans un autre monastère un moine savant de la secte sarvâstivâda, nommé Prajñâbhadra, le pèlerin se rendit auprès de lui et y passa deux mois. Plus célèbre encore était un ermite bouddhique nommé Jayasena, établi près de Nâlandâ, sur le mont Yashṭivana giri. C'était un des plus remarquables philosophes du Mahâyânisme. Mais, bien qu'ayant profité des enseignements de Çîlabhadra, il avait été formé par Sthiramati, chef d'une autre branche de l'école idéaliste, restée plus proche du criticisme mâdhyamika. Dans les notes de Hiuan-tsang et de son biographe, il nous apparaît comme un philosophe doué de connaissances véritablement éclectiques, comme un encyclopédiste pour lequel les *Veda*, la science indienne et les doctrines hindouistes elles-mêmes n'avaient pas de secret. Son ermitage, où se pressaient plusieurs centaines d'élèves, était une de ces « écoles de sagesse », comme l'Inde en a toujours connu. Hiuan-tsang passa de longs mois auprès de lui à approfondir les textes de l'école idéaliste. Ici se place, dans le récit que nous ont laissé les disciples de Hiuan-tsang, une curieuse « révélation ». Le Maître de la Loi fut transporté en songe au couvent de Nâlandâ. « Les cellules étaient vides et désertes, et les cours, sales et infectes, étaient remplies de buffles qu'on y avait attachés. On n'y voyait plus ni religieux ni novices... Le Maître de la

Loi, étant entré, vit, au quatrième étage d'une cour, un personnage de couleur d'or, dont le visage, grave et sévère, répandait une lumière éclatante. » Le bodhisattva Mañjucrî — car c'était lui — montra du doigt au pèlerin l'horizon, où un immense incendie dévorait villes et villages. Elevant la voix, il prédit la mort prochaine de l'empereur nord-indien Harsha, ainsi que les révolutions où cette catastrophe allait plonger le pays.

Hiuan-tsang bénéficia peu après d'une autre vision surnaturelle. Une nuit, comme il était revenu en pèlerinage à Gayâ, au pied de l'Arbre de la Bodhi, pour célébrer la fête des Reliques du Bouddha, il vit le stûpa où elles étaient exposées resplendir de lumière et, du sommet s'élever une immense flamme qui atteignait le firmament. « Le ciel et la terre étaient éclairés comme en plein jour ; l'on n'apercevait plus ni les étoiles ni la lune, et on respirait un air suave et parfumé qui inondait l'enceinte du couvent. Au bout de quelques instants cette lumière brillante diminua par degrés, puis le ciel et la terre rentrèrent dans l'obscurité et les étoiles reprirent leur premier éclat. »

C'était dans cette atmosphère de mysticité que le pèlerin continuait ses recherches métaphysiques. A une telle hauteur les discussions d'école lui paraissaient parfois un peu vaines. Deux systèmes, on le sait, se partageaient les penseurs mahâyânistes : d'une part, l'école à la fois idéaliste et mystique (*vijñanavâda* et *yogâcâra*) à laquelle appartenait Çîlabhadra et qui se réclamait des deux grands métaphysiciens du Ve siècle, As*n*ga et Vasubandhu ; d'autre part, l'école de Nâgârjuna, dite école *Mâdhyamika* ou de la voie moyenne, et qui, malgré ce nom modeste, se montrait d'un criticisme beaucoup plus radical. Sans doute ces deux systèmes partaient-ils des mêmes principes, la critique préalable des données de la raison pure et des données de l'expérience, avec, comme compensation aux négations spéculatives, une mystique affective de la plus consolante efficacité. Mais, tandis que Nâgârjuna et ses élèves, s'en tenant à cette attitude, aboutissaient à une sorte de kantisme bouddhique, les disciples d'As*n*ga et de Vasubandhu arrivaient, sous le couvert de l'idéalisme absolu, à tourner les prolégomènes du vieux maître et à réhabiliter presque intégralement la métaphysique.

Hiuan-tsang, au témoignage de son biographe, ne put rester à l'écart de ces discussions ; il dut même prendre parti. Mais il semble qu'à ce moment de sa carrière son rêve eût été de concilier les deux grands systèmes dans un éclectisme mahâyâniste plus compréhensif. Telle fut son attitude envers un saint moine nommé Si*m*harasmi qui professait les doctrines de Nâgârjuna en combattant l'idéalisme yogâcâra. Si*m*harasmi repoussait notamment la notion de Nature Absolue (ou *bhûta tathatâ*), dont nous parlerons plus loin, et qui était comme un couronnement ajouté par les idéalistes au criticisme mâdhyamika. « Le Maître de la Loi, dit le biographe, avait approfondi les traités de Nâgârjuna et, de plus, excellait dans l'intelligence du *yogâcâra*. Il pensait que les saints qui ont composé ces divers ouvrages avaient suivi chacun leurs idées particulières sans cependant être en opposition les uns avec les autres. Si on ne peut, disait-il, les mettre parfaitement d'accord, on n'a pas pour cela le droit de les considérer comme étant en contradiction. La faute en doit retomber sur ceux qui commentent ces écrits. Ces divergences d'opinions sont sans conséquence pour la foi. » Hiuan-tsang composa séance tenante un traité « de la concordance des principes » (*Houei-tsong-louen*) qui reçut l'approbation des maîtres de Nâlandâ.

Le Maître de la Loi réservait les traits de sa polémique aux bouddhistes du Petit Véhicule, de la Voie Réduite, comme les gens de la Grande Eglise désignaient les piétistes quelque peu retardataires, qui se refusant à couronner le bouddhisme d'une philosophie première, bornaient tout leur effort à l'étude de la discipline monastique. Aussi bien ceux-là ne ménageaient-ils pas leurs attaques contre les fidèles de la Grande Eglise. Les hînayânistes de l'Orissa, s'adressant au roi Harsha, accusaient tout net les moines de Nâlandâ d'être des nihilistes, des partisans du Vide universel, qui n'avaient plus de bouddhiste que le nom. Comme nous le verrons plus loin, l'effort des métaphysiciens idéalistes de l'école de Hiuan-tsang consistait précisément à laver le Mahâyâna de cette accusation en corrigeant insensiblement ce qu'il y avait de négatif dans le criticisme mâdhyamika par des données métaphysiques et mystiques propres à satisfaire l'esprit et le cœur.

Hiuan-tsang, à Nâlandâ, combattait surtout les diverses écoles brahmaniques.

Les deux principaux systèmes philosophiques hindous opposés au bouddhisme étaient à cette époque le Vaiçeshika et le Sâ*m*khya. Le Vaiçeshika était un système réaliste, d'un réalisme tout direct et immédiat reposant sur l'acceptation telle quelle des données de l'expérience et de la conscience : en somme un atomisme doublé d'une monadologie. Le

Sâ*m*khya, poème métaphysique bien autrement puissant, fondé d'ailleurs sur des données beaucoup plus élaborées, comportait lui aussi le dualisme de l'Esprit et de la Nature. De telles doctrines étaient en opposition absolue avec l'idéalisme acosmique du bouddhisme yogâcâra qui ne repoussait pas moins l'existence objective de la matière que l'entité substantielle du moi. Aussi Hiuan-tsang les combattait-il sans merci comme il combattait le système du jainisme.

En ce qui concerne les Jaina, rien n'était également plus opposé à l'idéalisme phénoméniste et moniste de Hiuan-tsang que leur monadologie athée. Mais ce qui exaspérait le plus le pèlerin, c'était l'espèce de caricature du bouddhisme que le jainisme constituait à ses yeux. De fait, depuis les jours mêmes du Bouddha, bouddhisme et jainisme étaient deux frères ennemis. « Ces sectaires, écrit quelque part Hiuan-tsang, se livrent à de dures austérités. Jour et nuit ils déploient le zèle le plus ardent sans prendre un instant de repos. La loi qu'a exposée leur fondateur (Mahâvîra) a été pillée en grande partie dans les livres du Bouddha, sur lesquels il s'est guidé pour établir ses préceptes et ses règles. Dans leurs observances et leurs exercices religieux, ils suivent presque entièrement la règle des moines bouddhiques. Seulement ils conservent un peu de cheveux sur la tête et, de plus, ils vont nus. Si, par hasard, ils portent des vêtements, ils se distinguent par la couleur blanche. La statue de leur maître ressemble, par une sorte d'usurpation, à celle du Bouddha. »

La biographie de Hiuan-tsang nous a conservé le souvenir d'une discussion où le pèlerin cherchait à détruire en bloc toutes les doctrines ennemies, tant hindouistes que jaina, en les opposant les unes aux autres. Avec sa virtuosité dialectique, il montrait notamment les divergences qui séparaient les deux grands systèmes de philosophie brahmanique alors en vigueur, le Sâ*m*khya et le Vaiçeshika. Puis il raillait les extravagances de l'ascétisme chez ces diverses sectes qui faisaient consister la religion dans des singularités de costume et de pratiques. « Certains ascètes se frottent le corps avec de la cendre, s'imaginant accomplir ainsi un acte de grand mérite. Toute leur peau est d'un blanc livide, comme celle d'un chat qui aurait couché dans la cheminée. Les Jaina croient se distinguer en laissant leur corps entièrement nu et se font une vertu d'arracher leurs cheveux. Leur peau est toute fendue, et leurs pieds sont calleux et gercés ; on dirait de ces arbres pourris qui sont près des rivières. » Voici, livrées à la risée du positivisme chinois, les singularités de l'ascétisme proprement brahmanique : « Quelques-uns portent une plume de queue de paon, d'autres se couvrent le corps avec des plaques d'herbes tressées, il y en a qui s'arrachent les cheveux et se coupent les moustaches, ou bien qui conservent des favoris touffus et nouent leurs cheveux sur le sommet de leur tête. » — Enfin les excès et les folies du Çivaïsme : « D'autres se font des chapelets avec des ossements de crânes, en ornent leur tête et les suspendent à leur cou ; ils habitent le creux des rochers, semblables aux *yaksha* qui hantent les tombeaux. Certains vont jusqu'à porter des vêtements souillés d'ordure et à se nourrir de mets pourris et de viandes corrompues. Ils sont aussi infects et aussi dégoûtants qu'un porc au milieu d'un cloaque. Et cependant, vous autres, Hindouistes, vous considérez cela comme des actes de vertu. N'est-ce pas le comble de la stupidité et de la folie ? »

Discours bien curieux car il montre en pleine lumière l'attitude de la sagesse bouddhique — si modérée, si souriante, si humaine qu'elle évoque parfois la tournure d'esprit d'un Socrate ou d'un Plutarque — en présence des folies du yogisme brahmanique. Le Bouddha lui-même, dans le Sermon de Bénarès, n'avait-il pas enveloppé dans le même blâme les macérations et les voluptés ? Et, de fait, il n'est que de songer à toutes les exagérations, à toutes les monstruosités, au déséquilibre ascétique et charnel auxquels la disparition du bouddhisme devait bientôt laisser le champ libre dans l'Inde pour comprendre tout ce que la raison indienne devait perdre en le perdant. Mais le discours prêté à Hiuan-tsang montre autre chose encore. Pour avoir entièrement adhéré à la religion de Çâkyamuni, le pèlerin n'en avait pas moins conservé les habitudes mentales de l'éducation chinoise : positivisme inné, solide bon sens, religion des convenances sociales, et c'est, à n'en pas douter, ce vieux fonds confucéen qui se révoltait en lui devant les excès de la mystique hindoue.

Un autre passage de la *Vie de Hiuan-tsang* nous montre encore mieux à quel point le Maître de la Loi conservait en plein bouddhisme indien son civisme confucianiste. Les moines de Nâlandâ le jugeaient à tel point devenu leur qu'ils voulaient le dissuader de rentrer en Chine : « L'Inde, lui disaient-ils, a vu naître le Bouddha et quoiqu'Il ait quitté la terre, Ses traces sacrées y subsistent encore. Les visiter tour à tour, les adorer et chanter Ses louanges, voilà de quoi faire le bonheur de votre vie. Pourquoi être venu ici et nous délaisser tout à coup ? Ajoutez à cela que la Chine est un pays de barbares ; on y méprise les religieux et la foi. C'est pourquoi le Bouddha n'a pas voulu y naître. Les vues des habitants sont étroites et leurs souillures profondes. Voilà pourquoi les sages et les saints (de l'Inde) n'y sont pas allés... » — La réponse de Hiuan-tsang, sous le pinceau de son biographe, est un sursaut d'orgueil national. Tout d'abord il proteste à juste titre au nom de la charité bouddhique : « Le Bouddha a fondé sa doctrine pour qu'elle se répande en tous lieux. Quel est l'homme qui voudrait s'en abreuver seul et délaisser ceux qui ne l'ont pas encore reçue ? » Puis, chez ce sujet de la grande dynastie des T'ang, une protestation de fierté impériale qui est l'*ego sum civis sinicus* d'un sujet de T'ai-tsong : « Dans notre royaume les magistrats sont graves et les lois observées avec respect. Le prince se distingue par sa haute vertu et les sujets par leur loyauté ; les pères par leur affection, les fils par leur obéissance. » C'est la pure doctrine confucéenne, la religion d'Etat de la piété filiale. Suit la louange du traditionalisme, de l'humanitarisme et de l'humanisme confucéens : « (Chez nous) on estime l'humanité et la justice et l'on place au premier rang les vieillards et les sages. Ce n'est pas tout : la science n'a pas de mystères pour eux. Leur pénétration égale celle des Esprits ; le ciel leur sert de modèle et ils savent calculer le mouvement des Cinq Clartés. Ils ont inventé toute sorte d'instruments, divisé les saisons de l'année et découvert les propriétés cachées des six tons et de la musique. C'est pour cela qu'ils ont pu expulser ou soumettre les animaux sauvages, toucher et faire descendre les démons et les Esprits, calmer les influences contraires du *Yin* et du *Yang* et procurer la paix et le bonheur à tous les êtres. »

Sans doute y a-t-il dans cette apostrophe, composée bien après coup par un panégyriste officiel, tous les traits propres à satisfaire l'orgueil chinois. Le morceau n'en est pas moins d'une splendide envolée. Avec quelle force la précision, le scientisme chinois, l'organisation chinoise y sont opposés à l'incapacité politique, à l'indifférence pragmatique de la race indienne !

Revenant ensuite sur le terrain religieux, Hiuan-tsang montre les immenses progrès accomplis par l'Eglise chinoise : « Depuis que la Loi léguée par le Bouddha a pénétré en Chine, tous estiment le Mahâyâna, et leurs lumières sont pures comme l'eau limpide ; leur vertu se répand comme un nuage de parfums ; ils se livrent avec amour à la pratique du bien et ne forment d'autre vœu que d'arriver, par des actes méritoires, aux dix degrés de perfection. Croisant les mains et absorbés dans une profonde méditation, ils aspirent à arriver aux *Trois Corps de Bouddhéité*. Si jadis le Saint est descendu sur terre, c'était uniquement pour répandre lui-même les heureuses influences de la Loi. J'ai eu le bonheur d'entendre son langage merveilleux et de voir de mes yeux son visage d'or. Comment pouvez-vous dire qu'il faut dédaigner ce pays parce que le Bouddha n'y est point allé ? »

Et le discours prêté à Hiuan-tsang se termine sur une sorte d'allégorie platonicienne : « Pourquoi le soleil parcourt-il le monde ? Pour dissiper les ténèbres. Or c'est précisément dans le même but que je veux retourner dans mon pays ! »

CHAPITRE XI

HARSHA, LE ROI POÈTE

Cependant les succès remportés par Hiuan-tsang dans ses controverses philosophiques ou religieuses avaient attiré sur lui l'attention de plusieurs potentats indiens. On sait à quel point l'Hindou, du plus fier râja au dernier des hors-caste, est friand de subtilités doctrinales et de spéculations religieuses. Le roi de Kâmarûpa — l'Assam actuel — lui demanda de venir, avant de rentrer en Chine, passer quelques semaines à sa cour.

C'était un prince fort cultivé que Bhâskara Kumâra, roi d'Assam. Bien que personnellement hindouiste, il ne se serait pas consolé d'avoir laissé repartir un docteur bouddhiste de la valeur de Hiuan-tsang sans s'être entretenu avec lui. Mieux encore : quelques années plus tard, ayant eu l'occasion de rencontrer l'ambassadeur chinois Li Yi-piao, il devait pousser la curiosité philosophique jusqu'à demander à celui-ci une traduction sanscrite du Canon taoïste. Rien ne montre mieux, avec le syncrétisme religieux de ce temps, l'ouverture philosophique de tous ces esprits indiens avant le triomphe de l'hindouisme et l'invasion de l'Islam.

Les notes que Hiuan-tsang a prises sur l'Assam sont d'une remarquable précision. Pays d'eaux et de rizières, abondamment irrigué par le Brahmaputre, dont le large couloir engouffre les vents des moussons, et qui déjà physiquement et ethnographiquement appartient moins à l'Inde qu'à l'Indochine proche. « Le terrain est bas et humide. Les villes sont entourées de rivières, de lacs et d'étangs. L'arbre à pain et le cocotier viennent admirablement. Les hommes sont de petite taille, avec une peau noire. Leur naturel est violent et sauvage. Ils adorent les esprits et ne croient pas à la loi du Bouddha. C'est pourquoi, depuis sa naissance jusqu'à ce jour, on n'a pas encore élevé dans ce royaume un seul couvent pour les religieux. S'il se rencontre par hasard quelques vrais croyants, ils se bornent à penser au Bouddha dans le secret de leur cœur. On y compte une centaine de temples brahmaniques. Le roi actuel descend du dieu Vish*n*u (Nârâya*n*a) ; il est de la caste des brahmanes ; son nom est Bhâskara varma, « Cuirasse-du-Soleil ». Il est passionné pour l'étude. Les hommes de talent des pays éloignés sont attirés par sa renommée et aiment à voyager dans ses Etats. Quoiqu'il ne croie pas à la Loi du Bouddha, il montre un grand respect pour les religieux. »

Plus à l'est, continue Hiuan-tsang, le pays n'était plus qu'une succession de montagnes et de collines sans aucune ville importante. Il touchait aux régions habitées par les aborigènes de la Chine du Sud-Ouest, Man et Lolo. Le pèlerin apprit des indigènes que les frontières de la province chinoise du Sseu-tch'ouan n'étaient qu'à deux mois de route. Peut-être songea-t-il à emprunter cette voie pour rentrer dans sa patrie, mais ce réseau alpestre, profondément entaillé du nord au sud par les vallées encaissées de la haute Salouen et des affluents du haut Yang-tseu, était d'une traversée par trop difficile. Le pays était en outre infecté par le paludisme, et, sur le versant sud-est, ravagé par des troupes d'éléphants sauvages. Hiuan-tsang ne donna donc pas suite à la tentation de regagner par cette voie dangereuse la Chine proche, et se rendit à l'appel que lui adressait du Gange l'empereur Harsha.

Harsha, surnommé Çîlâditya, ou « le Soleil de Vertu », régnait, nous l'avons vu, sur presque toute l'Inde du Nord, du Brahmaputre au Gujerate et aux monts Vindhya. Ayant transporté sa capitale de Thanesvar à Kanauj, il avait réussi par la guerre ou par le seul prestige de sa puissance, à faire reconnaître sa suzeraineté par les plus vieilles dynasties, comme celle de l'Assam, les derniers Gupta et les Maukhari du Magadha, et les Maitreka de Valabhî. En même temps, Harsha était un des plus fins lettrés de son siècle. Son nom tient une place d'honneur dans la littérature sanscrite. Il avait attiré à sa cour toute une pléiade d'écrivains, comme le poète Mayûra et le romancier Bâ*n*a. Ce dernier nous a laissé sur son maître une histoire épique et romanesque, le *Harshacarita,* resté malheureusement inachevé. Harsha lui-même était poète et on lui attribue communément plusieurs drames sanscrits, notamment *Priyadarçikâ, Ratnâvalî* et *Nâgânanda.*

Surtout Harsha est dans l'Inde le dernier des grands souverains bouddhistes. Malgré la prospérité matérielle et la floraison intellectuelle dont témoigne le récit de Hiuan-tsang, il est indéniable que le bouddhisme déclinait lentement aux Indes devant une reprise brahmanique, pacifique encore mais continue. Les empereurs bengalis de la dynastie gupta qui avaient gouverné l'Inde presque entière pendant les IVe et Ve siècles, étaient déjà plutôt hindouistes ; malgré leur tolérance ou même leurs sympathies envers le bouddhisme, la plupart d'entre eux se rattachaient de préférence aux sectes vishnouites. Ce n'étaient encore là que des tendances personnelles que neutralisaient encore le syncrétisme philosophique et la religiosité éclectique du temps. Mais l'heure des persécutions brutales allait commencer.

Déjà au nord-ouest, dans le premier quart du VIe siècle, le chef hun Mihirakula avait dirigé contre l'Eglise de Çâkyamuni une persécution terrible : les couvents du Panjâb montraient encore les traces de sa fureur. Plus récemment encore, dans les premières années du VIIe siècle, un roi de Gaur, ou du Kar*n*asuvar*n*a, au Bengale, nommé Çaçâ*n*ka, çivaïte farouche, était allé jusqu'à porter une main sacrilège sur l'Arbre de la Bodhi, à Gayâ. Sur ce site à jamais vénérable, il avait osé remplacer la statue du Bouddha par celle de Çiva et ce ne fut pas sans peine que le roi de Magadha, Pûr*n*avarman, parvint à réparer les dégâts de son impiété[1]. Devant de tels symptômes, qui n'annonçaient que trop la grande tempête sous laquelle le bouddhisme devait succomber un siècle et demi plus tard, la protection d'un vainqueur tel que Harsha était pour l'Eglise de Çâkyamuni d'un prix inestimable.

Certes Harsha, pas plus qu'aucun prince indien de son temps, ne rompit jamais avec le brahmanisme officiel, ni même avec les sectes hindouistes. Hiuan-tsang nous le montre comblant les brahmanes de cadeaux et dans ses œuvres il se proclame lui-même adorateur de Çiva ; son confident et son ami, le romancier Bâ*n*a, était d'ailleurs de caste brahmanique et de foi hindouiste. Mais les sentiments personnels du

---

1. M. T. Bloch pense que l'attentat de Çaçâ*n*ka contre l'Arbre de la Bodhi n'implique pas nécessairement une volonté de persécution, de même que Pûr*n*avarman peut fort bien avoir restauré l'Arbre sans être lui-même bouddhiste. Le pèlerinage de Gayâ constituant une source importante de revenus pour le roi du pays, le prince bengali, ennemi de Pûr*n*avarman, cherchait peut-être simplement à nuire à celui-ci en arrêtant les pèlerinages, comme Pûr*n*avarman à les rétablir en restaurant l'Arbre. Cf. Th. BLOCH, *Notes on Bodh Gayâ* ; *The Bodhi Tree*, in *Archaeological Survey of India Report* 1908-1909, pp. 140-141. Cependant il ne faut pas oublier qu'au témoignage (contemporain) de Hiuan-tsang, Çaçâ*n*ka avait cherché à remplacer la statue du Bouddha par une statue çivaïte. Le fait semble bien attester une guerre religieuse.

monarque allaient nettement au bouddhisme, et, dans le bouddhisme, au Mahâyâna. Dans le Mahâyâna même ses sympathies s'attachaient, semble-t-il, à l'idéalisme *yogâcâra*, tel qu'on l'enseignait dans les couvents de Nâlandâ, tel que le professait Hiuan-tsang. C'est dire combien il devait s'entendre avec celui-ci. De fait, pendant les quelques semaines qu'ils allaient passer ensemble, une étroite amitié devait s'établir entre le mahârâja indien et le pèlerin chinois.

A la demande de Harsha qui, déjà, s'impatientait contre les lenteurs de son vassal, le roi d'Assam accompagna Hiuan-tsang auprès de lui. Le cortège du roi d'Assam remonta le Gange avec 20 000 éléphants et 30 000 barques, jusqu'à « Kajughira » (Känkjol ?) où se trouvait le camp de Harsha. Quand l'escorte assamaise parvint à ce rendez-vous, la nuit venait de tomber, mais Harsha ne voulut pas attendre le lendemain pour présenter ses devoirs au Maître de la Loi. « Des messagers vinrent annoncer à Hiuan-tsang et au roi d'Assam, son compagnon, qu'au milieu du fleuve on apercevait des milliers de torches et qu'on entendait retentir les tambours. Sur-le-champ, le roi d'Assam ordonna de prendre les flambeaux et alla au loin à la rencontre (de Harsha) avec ses grands officiers. » C'était bien l'empereur indien qui approchait, car, nous dit Hiuan-tsang, quand il se déplaçait, il se faisait précéder de 100 tambours de métal sur lesquels on frappait un coup à chaque pas : c'était là un privilège réservé à Harsha et qu'aucun des rois vassaux n'avait le droit d'imiter.

Dès que Harsha fut arrivé il salua jusqu'à terre le Maître de la Loi et baisa ses pieds avec respect. Puis il répandit des fleurs devant lui, et, le contemplant avec une sorte d'extase, il lui adressa des louanges infinies. Comme le monarque lui demandait pourquoi il ne s'était pas rendu plus tôt à son invitation, Hiuan-tsang lui répondit, avec la noble liberté du sage, qu'il ne l'avait pu, étant alors occupé à étudier un traité de philosophie *yogâcâra*. L'historiographe met ensuite dans la bouche de Hiuan-tsang, en réponse à une question de Harsha, un vibrant éloge de l'empereur de Chine T'ai-tsong : « A son avènement le ciel et la terre étaient dans la plus grande agitation ; le peuple n'avait plus de maître, les champs étaient encombrés de cadavres, les rivières et les canaux roulaient des flots de sang ; pendant la nuit des étoiles étranges répandaient de sinistres lueurs ; pendant le jour on voyait se condenser des vapeurs meurtrières ; les rives des Trois Fleuves étaient désolées par la voracité des sangliers et les Quatre Mers (le céleste Empire) étaient infestées par des serpents venimeux. Alors le prince impérial (Li Chemin, le futur T'ai-tsong) obéit aux ordres du Ciel. Rempli d'une noble ardeur, il déploya sa force invincible et, maniant tour à tour la hache et la lance, il délivra les provinces agitées et rendit la paix au monde... »

Harsha prit avidement connaissance des traités que Hiuan-tsang venait d'écrire pour combattre les adversaires du Mahâyâna, tant Hînayânistes qu'Hindouistes. La sœur du monarque, sans doute l'ancienne reine de Kanauj, Râjyaçrî, que la trahison de Çaçâ*n*ka avait privée de son époux, n'était pas moins dévote au Mahâyâna. Cette princesse, qui partageait le pouvoir avec Harsha, au point d'être assise derrière lui lors de la seconde audience accordée à Hiuan-tsang, félicita vivement le Maître de la Loi d'avoir combattu le Petit Véhicule. Harsha décida ensuite de provoquer une grande joute philosophique au cours de laquelle Hiuan-tsang pourrait « dissiper l'aveuglement » des « hérétiques » du Hînayâna et « briser l'orgueil effréné » des brahmanes et des sectaires hindouistes.

Cette assemblée fut convoquée dans la capitale même de Harsha, à Kanauj. Harsha et Hiuan-tsang remontèrent le Gange « au milieu d'une grande forêt d'arbres en fleurs » dans les premiers jours de l'année 643.

Les deux rois ouvraient la marche. Leurs quatre corps d'armée leur formaient une escorte imposante. Les uns arrivaient par le Gange, sur des bateaux, les autres suivaient la rive, montés sur des éléphants ; tous s'avançaient au son des tambours, des conques marines, des flûtes et des guitares. Tout le pays, toutes les monarchies vassales accouraient au rendez-vous du prince suzerain. « On y vit arriver 18 rois de l'Inde centrale, 3 000 religieux versés dans le Grand et le Petit Véhicule, 2 000 brahmanes et jaina et environ 1 000 religieux du couvent de Nâlandâ. Tous ces sages, aussi renommés par leur vaste savoir que par la richesse et la facilité de leur élocution s'étaient rendus avec empressement au lieu de l'assemblée. Ils étaient tous accompagnés d'une suite nombreuse. Les uns étaient montés sur des éléphants, les autres étaient portés en palanquin, et chaque groupe était entouré de bannières et d'étendards. La foule grossissait par degrés, comme les nuages qui s'amoncellent et se déroulent dans les airs, et remplissait un espace de plusieurs lieues. Le roi avait ordonné d'avance de construire, sur la place de l'assemblée, deux vastes bâtiments couverts de chaume pour y placer la statue du Bouddha et y recevoir la multitude des religieux. »

La tente de voyage de Harsha fut dressée à cinq *li* à l'ouest de cet emplacement.

Le premier jour Harsha fit promener à travers la plaine, sur un grand éléphant recouvert d'un dais précieux, une statue d'or du Bouddha. Lui-même, tenant un chasse-mouche blanc et habillé en dieu Indra, marchait à droite de la statue, tandis que le roi d'Assam, portant un parasol d'étoffe précieuse, marchait à gauche sous le costume de Brahmâ. « Tous deux étaient coiffés de tiares divines d'où descendaient des guirlandes de fleurs et des rubans chargés de pierres précieuses. On avait équipé en outre deux grands éléphants qui suivaient le Bouddha, chargés de corbeilles de fleurs rares qu'on répandait à chaque pas. » En avant et en arrière de la statue 100 éléphants portaient des musiciens qui battaient du tambour.

Le Maître de la Loi prit place au premier rang du cortège royal. « Lui et les officiers du palais, écrit son biographe, reçurent l'invitation de monter chacun sur un grand éléphant et de se tenir en rang derrière le roi. Puis 300 grands éléphants furent donnés aux râjas, aux ministres et aux religieux des autres royaumes, qui, rangés sur les deux côtés de la route, devaient marcher en chantant des louanges. Ces préparatifs commencèrent dès l'aube du jour. Le roi (Harsha) en personne conduisit le cortège depuis sa tente de voyage jusqu'au lieu de l'assemblée. Lorsqu'on fut arrivé à la porte de l'enceinte, il ordonna à tout le monde de mettre pied à terre pour porter la statue du Bouddha dans le palais qui lui était destiné et la placer sur un trône précieux. » « Le roi Harsha, raconte lui-même Hiuan-tsang, répandait à chaque pas, en l'honneur de la Trinité Bouddhique, des perles fines, des pierres précieuses de toute sorte et des fleurs d'or et d'argent. Il monta d'abord sur l'autel fait de matières précieuses, et lava la statue avec une eau parfumée. Le roi la prit lui-même sur ses épaules et la porta en haut de la tour. » Après avoir, en compagnie de Hiuan-tsang, offert ses hommages à la statue, Harsha ordonna aux 18 râjas de faire entrer les religieux les plus illustres et les plus savants, au nombre de 1 000, les brahmanes et les docteurs « hérétiques » renommés par leurs actes, au nombre de 500, les ministres et les grands officiers des différents royaumes au nombre de 200. Quant aux religieux et aux séculiers qui n'avaient pu être admis à l'intérieur il leur ordonna de se ranger, en troupes séparées, hors de la porte de l'enceinte. Il ordonna ensuite de servir à manger à tout le monde, au-dedans comme au-dehors Il donna de riches présents à Hiuan-tsang et aux autres religieux : un bassin d'or pour le service du Bouddha, une tasse d'or, sept pots d'or, et 3 000 vêtements de coton fin.

« Après cette distribution, Harsha fit dresser à part un siège précieux et pria le Maître de la Loi de s'y asseoir pour présider la conférence solennelle, faire l'éloge du Mahâyâna et exposer le sujet de la discussion. » Un religieux de Nâlandâ fit connaître les propositions de Hiuan-tsang à la multitude. Harsha en fit écrire une copie qu'on suspendit à la porte de l'enceinte pour l'offrir à l'examen de tous les assistants. Il ajouta lui-même au bas que « si quelqu'un y trouvait un seul mot erroné et se montrait capable de le réfuter, il donnerait sa tête à couper pour lui prouver sa reconnaissance ». Est-il besoin de dire que nul ne se présenta pour réfuter un texte garanti sur la tête de l'empereur ?

Hiuan-tsang put donc argumenter en faveur du Mahâyâna sans rencontrer de contradiction sérieuse. Toutefois l'intervention royale n'était pas acceptée sans impatience par les adversaires de la Grande Eglise. La biographie de Hiuan-tsang nous apprend elle-même que le cinquième jour de l'assemblée « les hérétiques du Petit Véhicule, voyant que le Maître de la Loi avait renversé les principes de leur doctrine, en conçurent une haine profonde et formèrent un complot contre sa vie ». Triste conséquence des querelles de secte chez les disciples de la charité universelle ! Ainsi le pèlerin chinois qui avait franchi tant de lieues afin d'approfondir sa croyance dans la patrie même du Bouddha Çâkyamuni n'avait bravé tant de périls, montré tant de foi et de zèle que pour risquer de périr de la main même de ses propres coreligionnaires ! Il fallut que l'empereur Harsha fît publier une proclamation menaçante : « Si dans la multitude il se rencontre un seul homme qui attaque ou blesse le Maître de la Loi, je lui trancherai la tête, et je ferai couper la langue à quiconque se rendra coupable envers lui de calomnie ou d'injure. Tous ceux qui, se confiant en ma justice, voudront s'expliquer convenablement, jouiront au contraire d'une entière liberté. » — « Dès lors ajoute naïvement Houei-li, les tenants de l'erreur s'esquivèrent et disparurent, de sorte qu'il s'écoula dix-huit jours sans que personne osât ouvrir la bouche et discuter. »

Au témoignage du biographe, les sermons de Hiuan-tsang à l'assemblée de Kanauj auraient été suivis d'une conversion en masse d'Hînayânistes. « Ils quittèrent les sentiers de l'erreur pour entrer dans la droite voie et abandonnèrent les vues étroites du Petit Véhicule pour embrasser les sublimes principes du Grand. »

Il y a quelque mélancolie à constater la distance qui sépare toujours les idées pures de la réalité des passions humaines. Au lendemain de la mort du Bouddha, les rois de l'Inde, oubliant les leçons de paix et de mansuétude qui étaient toujours sorties de sa bouche, avaient failli en venir aux mains pour le partage de ses reliques. Et voici qu'un des plus grands métaphysiciens du bouddhisme médiéval, expliquant devant des bouddhistes les doctrines de leur foi, risquait de périr sous leurs coups, pour des discussions aussi byzantines que celle des « Trois Aliments Purs »...

Les menaces adressées à Hiuan-tsang avaient alarmé et indigné Harsha. Les ambassades qu'il échangeait régulièrement avec la cour des T'ang nous montrent à quel point le monarque indien tenait à l'amitié chinoise. En 644-645 il venait précisément de recevoir deux envoyés de T'ai-tsong, Li Yi-piao et Wang Hiuan-ts'ö qui profitèrent de leur passage pour élever une inscription commémorative au temple de la Bodhi, à Gayâ. Certes, Hiuan-tsang, lui, n'avait rien d'un ambassadeur officiel, puisqu'il était parti de Chine contre le gré de sa cour. Mais son assassinat n'eût pu que nuire aux excellents rapports établis entre Kanauj et Tch'ang-ngan. Du reste, il n'était plus besoin de telles considérations. Visiblement Harsha s'était épris de la haute intelligence du pèlerin. « Il donna au Maître de la Loi 10 000 pièces d'or, 30 000 pièces d'argent, 100 vêtements de coton fin. Il chargea un de ses officiers de faire équiper richement un grand éléphant et de le couvrir d'étoffes précieuses, puis il pria le Maître de la Loi de le monter. Enfin il ordonna aux dignitaires les plus éminents de former son cortège, de faire ainsi le tour de la multitude et d'annoncer à haute voix qu'il avait exposé les principes de la vérité et les avait fermement établis, sans être vaincu par personne. » C'était la forme traditionnelle du triomphe indien, « rendu à quiconque a remporté la victoire ». En vain Hiuan-tsang voulut-il se dérober à un tel honneur. Le désir du roi était un ordre. « Tenant le Maître de la Loi par son vêtement religieux et s'adressant à la multitude, il cria : « Le Maître chinois a établi avec éclat la doctrine du Mahâyâna et renversé toutes les erreurs des sectaires. Depuis dix-huit jours il ne s'est trouvé personne qui osât discuter avec lui. Il faut qu'un tel triomphe soit connu de tous ! » Tous les assistants comblèrent donc Hiuan-tsang de louanges, brûlèrent des parfums devant lui, répandirent des fleurs et s'éloignèrent avec respect.

Ainsi parle Houei-li dans le récit qu'il nous a laissé de la vie de son maître. Mais Hiuan-tsang lui-même nous donne, dans son *Si-yu-ki*, certains détails assez troublants sur cette assemblée. Nous y voyons que le sanctuaire aménagé par Harsha y fut l'objet d'un incendie allumé par une main criminelle et que lui-même, le roi, faillit y être victime d'une tentative d'assassinat.

Harsha, nous l'avons vu, avait fait élever à Kanauj une tour pour y déposer la statue du Bouddha. « Le dernier jour de l'assemblée, le feu prit à cette tour, et le pavillon à double étage qui s'élevait au-dessus de la porte du couvent devint la proie des flammes. » Hiuan-tsang met alors dans la bouche de son héros de mélancoliques réflexions : « J'ai épuisé en aumônes les richesses de mon royaume. A l'exemple des anciens rois j'ai construit ce couvent et j'ai voulu me distinguer par des œuvres méritoires. Mais ma faible vertu n'a point trouvé d'appui. A la vue de telles calamités et de si tristes augures, qu'ai-je besoin de vivre davantage ? » Même douleur dans son entourage : « Nous avions espéré que le monument sacré que vous veniez d'achever durerait jusqu'aux générations futures. Qui aurait pensé qu'au premier jour il serait réduit en cendres ? Ajoutez à cela que les brahmanes s'en réjouissent au fond du cœur et se félicitent les uns les autres... » L'incendie put cependant être éteint et Hiuan-tsang aperçoit ici un miracle du Bouddha. Harsha paraît d'ailleurs s'être rapidement repris : « Par ce qui vient d'arriver, on peut reconnaître la vérité des paroles du Bouddha. Les brahmanes soutiennent avec obstination que tout est éternel. Mais le Bouddha nous a enseigné l'instabilité de toutes choses. Pour moi j'ai complété mes aumônes, j'ai satisfait le vœu de mon cœur. » Mais les brahmanes — car c'étaient bien eux les auteurs du sinistre — devaient pousser plus loin l'audace. Harsha, encore tout ému de ce désastre, était monté, suivi des rois vassaux, au sommet du grand stûpa. « Arrivé en haut, il promena partout ses regards, puis descendit les degrés. Mais tout à coup un homme étrange courut à sa rencontre, un poignard à la main. Le roi, vivement pressé, fit quelques pas en arrière et remonta l'escalier. Puis, se baissant, il parvint à saisir l'homme pour le livrer à ses officiers. » La scène avait été si rapide que les gens de la suite royale n'avaient pas eu le temps de se porter au secours de leur maître.

Sans laisser percer sur ses traits la moindre colère Harsha interrogea l'assassin. Celui-ci avoua qu'il avait été soudoyé par les brahmanes. Il s'agissait bien en effet d'un complot de la caste sacerdotale, mécontente de la faveur que le roi témoignait aux religieux bouddhistes. Après avoir mis le feu à la tour, ils espéraient, dans le désordre de l'incendie, faire périr le roi. Leur coup ayant manqué, ils avaient chargé un assassin à gages de poignarder Harsha.

Le complot fut assez sévèrement réprimé. « Le roi punit les chefs, mais fit grâce à leurs partisans. Cinq cents brahmanes furent déportés hors des frontières de l'Inde. »

Cette scène n'est-elle pas étrangement symptomatique ? Harsha, le roi poète, était vraiment un attardé. Malgré ses sentiments personnels qui semblaient faire revivre les jours d'Açoka, la réaction brahmanique se faisait chaque jour plus menaçante. Le triomphe de l'hindouisme est proche. L'heure va venir où les moines d'Ajantâ, chassés de leurs cellules, seront remplacés par des sectaires çivaïtes ou vishnouites. Encore un siècle et demi et tout sera consommé...

Harsha invita encore Hiuan-tsang à une autre assemblée qui se tint dans la grande plaine de Prayâga, l'actuel Allâhâbâd, au confluent du Gange et de la Jumna. Suivant une ancienne coutume, le monarque indien y faisait une distribution générale d'aumônes. « Voici trente ans, lui fait dire non sans mélancolie la *Vie de Hiuan-tsang,* que je règne sur l'Inde. Je m'inquiétais en voyant que je ne faisais point de progrès (suffisants) dans la vertu. Désolé de l'impuissance de mes efforts pour le bien, j'ai amassé à Prayâga une immense quantité de richesses, et tous les cinq ans je les distribue... » Le temps de la « Distribution de Délivrance » de l'année 643 était justement arrivé, et Hiuan-tsang put ainsi assister à cette cérémonie si spécifiquement indienne, dont il nous a laissé un tableau plein de couleur.

« A l'ouest du confluent du Gange et de la Jumna, écrit son biographe, s'étend une vaste plaine, égale et unie comme un miroir, qui a 14 à 15 *li* de tour. Depuis les temps anciens les râjas du pays s'y rendent pour distribuer des aumônes. La tradition veut qu'il soit plus méritoire de donner une pièce de monnaie en ce lieu que 100 000 ailleurs. Le roi (Harsha) y fit disposer un espace carré garni de haies de roseaux, ayant 1 000 pieds de chaque côté, et construire au milieu plusieurs dizaines de salles recouvertes de chaumes, pour y déposer une immense quantité d'objets précieux, or, argent, perles fines, verre rouge, pierres précieuses, etc. Il fit construire en outre plusieurs centaines de baraques pour y déposer des soieries et des cotonnades. En dehors de la haie, il fit construire à part un immense réfectoire. Devant les bâtiments qui renfermaient des richesses de tout genre, il fit élever une centaine d'autres baraques, disposées en ligne droite comme chez nous les boutiques du marché de Tch'ang-ngan. Chacune était assez longue pour abriter 1 000 personnes. »

Lorsque Harsha suivi de Hiuan-tsang et des 18 râjas vassaux arriva à la Plaine-des-Aumônes, il y trouva une foule de 500 000 personnes, rassemblée par ses officiers. Il établit sa tente sur la rive nord du Gange. Un de ses vassaux du Sud mit la sienne à l'ouest du confluent des deux fleuves. Le roi d'Assam s'établit dans un bocage fleuri au sud de la Jumna. « Le lendemain matin les corps d'armée de Harsha et du roi d'Assam montés sur des vaisseaux, et celui du prince du Sud monté sur des éléphants se déployèrent dans un ordre imposant et se réunirent près de la Plaine-des-Aumônes. Les râjas des 18 Etats vassaux se joignirent à eux et se rangèrent chacun à l'endroit qui leur avait été assigné.

« Le premier jour, dans un des temples couverts de chaume, on installa la statue du Bouddha et on distribua des choses précieuses et des vêtements de la plus grande valeur ; on servit des mets exquis et on répandit des fleurs aux sons d'une musique harmonieuse, et le soir chacun se retira dans sa tente.

« Le second jour, on y plaça la statue du dieu-soleil (le dieu brahmanique Aditya, identique à Vish*n*u) et on distribua des choses précieuses et des vêtements, mais moitié moins que le premier jour.

« Le troisième jour on y plaça la statue du dieu Içvara (c'est-à-dire Çiva) et l'on fit les mêmes aumônes que pour Aditya.

« Le quatrième jour on fit des aumônes à environ 10 000 religieux qui étaient assis en rangs et formaient environ 100 lignes distinctes. Chacun d'eux reçut 100 pièces d'or, un vêtement de coton, divers breuvages et aliments, ainsi que des parfums et des fleurs.

« La cinquième fois on fit des distributions aux brahmanes ; elles durèrent vingt jours.

« La sixième fois on fit pendant dix jours des aumônes aux « hérétiques ».

« Puis on fit pendant dix autres jours des aumônes aux mendiants jaina venus des pays lointains.

« Enfin on fit des aumônes aux pauvres, aux orphelins, aux hommes sans famille. Elles durèrent un mois. Quand ce terme fut arrivé, toutes les richesses accumulées pendant cinq ans dans le trésor royal se trouvèrent complètement épuisées. Il ne resta plus au roi que les chevaux, les éléphants et les armes de guerre qui lui étaient nécessaires pour faire régner l'ordre dans l'Etat. »

Dans ce décor de féerie indienne, la fête des aumônes — la « Fête du Salut » comme l'appelaient les bouddhistes — se termina par une scène étrange. Une sorte de délire de charité saisit Harsha, le roi poète. Comme le Viçvantara de la légende bouddhique, préfiguration du Bouddha Çâkyamuni, qui avait donné en aumônes ses biens et sa famille, l'empereur de Kanauj voulut se dépouiller entièrement — : « Les vêtements qu'il portait, ses colliers, ses pendants d'oreilles, ses bracelets, la guirlande de son diadème, les perles qui ornaient son cou et l'escarboucle qui brillait sur la crête de ses cheveux, Harsha donna tout cela en aumônes, sans en rien conserver...

« Après avoir épuisé toutes ses richesses, il demanda à sa sœur un vêtement commun et usé et, après s'en être couvert adora les Bouddha des 10 contrées. » Alors, joignant les mains, il se livra aux transports de sa joie : « Jadis, s'écriait-il, en amassant toutes ces richesses, je craignais constamment de ne pouvoir les cacher dans un magasin assez solide. Mais maintenant que j'ai pu, par l'aumône, les déposer dans le champ du bonheur, je les regarde comme conservées à jamais ! Puissé-je, dans mes existences futures, pouvoir amasser ainsi d'immenses richesses pour en faire l'aumône aux hommes et obtenir par ce moyen les 10 facultés divines dans toute leur plénitude ! »

Ce fut sans doute dans un élan analogue que Harsha dut composer le poème par lequel s'ouvre son *Suprabhâtastotra* :

« Salut au Bouddha ! Salut à la Loi ! Salut à la Communauté ! Celui qui est loué par la multitude des dieux, par les Siddha, par les Gandharva, par les Yaksha, au ciel et sur la terre, par les ascètes principaux, avec des louanges nombreuses et variées, moi aussi je Le salue, m'attribuant ce pouvoir, Lui, le Noble, l'Illuminé. Mais les abeilles ne volent-elles pas au ciel traversé par Garu*d*a ? »

Et la litanie bouddhique se poursuit en images chatoyantes comme une strophe du *Lalitavistara*. Le Bouddha est proclamé « Celui en qui tout penchant pour le mal est annihilé, en qui toute faute a disparu, qui a la couleur de l'or fondu, qui a les yeux longs comme le lotus épanoui, qui a des vêtements resplendissants et l'éclat d'une sphère brillante, Celui qui est vainqueur du pouvoir de Mâra, destructeur des voies du mal, le faiseur-de-bien dans les Trois Mondes, celui qui nous dégage des entrelacements des lianes (de la tentation) et qui donne les fruits de la béatitude. » (Traduction Ettinghausen.)

L'exaltation mystique une fois tombée, il fallut bien redescendre sur terre. Le biographe de Hiuan-tsang nous dit lui-même que les 18 rois vassaux « recueillirent de nouveau des choses précieuses et de grandes sommes d'argent parmi les peuples de leurs Etats, rachetèrent le riche collier, l'escarboucle de la coiffure, les vêtements royaux donnés en aumône par le roi Harsha, les rapportèrent et les lui offrirent. ». Le même cycle se reproduisit plusieurs fois. Peut-être un tel romantisme religieux nous expliquerait-il le caractère éphémère et comme viager de l'empire de Harsha ? En tout cas le contraste est frappant entre le roi poète, l'Indien lyrique et passionné, et son contemporain chinois, tout imprégné de prudence confucéenne et de sagesse positive, le robuste T'ai-tsong...

On imagine combien Harsha eût voulu retenir un homme comme Hiuan-tsang. Il insista tellement que le pèlerin dut, pour se dégager, « lui adresser des paroles où perçait l'amertume de son cœur » : « La Chine, s'écria-t-il, est séparée de l'Inde par un intervalle immense, et ce n'est que bien tard qu'elle a entendu parler de la Loi du Bouddha. Quoiqu'elle en ait une connaissance sommaire, elle n'en peut embrasser l'ensemble. C'est pour cela que je suis venu m'instruire dans les contrées étrangères. Si je désire aujourd'hui m'en retourner, c'est que les Sages de ma patrie soupirent après moi et m'appellent de tous leurs vœux. » Et il rappela au pieux monarque les paroles de l'Ecriture : « Quiconque aura caché la Loi aux hommes, sera frappé de cécité dans toutes ses existences. » Harsha s'inclina. Il offrit à Hiuan-tsang, si celui-ci rentrait par l'Océan Indien et les mers de Chine, de le faire accompagner par des envoyés officiels. Mais le pèlerin avait décidé de rentrer par l'Asie centrale ; il y avait laissé des amitiés précieuses et ne pouvait oublier notamment la promesse faite au roi de Turfân de repasser, au retour, par son royaume : c'était là comme une dette d'honneur si on se rappelle tout ce que le roi de Turfân avait fait pour faciliter en pays tokharien et en pays turc le voyage du pèlerin.

Harsha, ayant comblé Hiuan-tsang de cadeaux, le laissa donc partir, non sans l'avoir confié à une escorte chargée de le conduire jusqu'aux frontières de l'Inde. Cette escorte devait être d'une grande utilité au pèlerin dans la traversée de la zone subhimâlayenne infestée de brigands. De plus, Harsha avait donné comme monture à Hiuan-tsang un de ses meilleurs éléphants. Enfin il avait expédié des coureurs, avec des lettres patentes « écrites sur des pièces de coton blanc et cachetées avec de la cire rouge », pour que les princes des pays traversés fissent bon accueil au voyageur. Quant aux livres et aux statues que rapportait Hiuan-tsang, ils avaient été confiés à un râja de l'Inde du Nord qui se chargeait de les faire transporter à petites journées, à dos de cheval ou sur les chars de l'armée. De son côté le roi d'Assam avait offert à Hiuan-tsang un vêtement de duvet fin, destiné à le protéger en montagne contre l'humidité et la pluie. « Les deux rois, avec une suite nombreuse, accompagnèrent le Maître de la Loi à plusieurs dizaines de *li* dans la campagne de Prayâga ; au moment de se dire adieu, chacun d'eux versa des larmes et poussa de profonds soupirs. »

Trois jours après le départ du pèlerin, Harsha et le roi d'Assam lui firent une nouvelle et touchante surprise. Ils montèrent à cheval avec quelques centaines de cavaliers, partirent au galop et le rattrapèrent pour le revoir une dernière fois et lui faire escorte pendant quelques lieues encore avant la séparation définitive. A travers les notes de la vie de Hiuan-tsang on sent toute son émotion en prenant — cette fois pour toujours — congé des deux rois.

Et nous aussi ce n'est pas sans regret que nous nous séparons du monarque indien. Nous sommes en avril 643. Quatre ans plus tard, Harsha disparaîtra, remplacé par un usurpateur qui commettra de tels brigandages que l'armée sino-népalaise de Wang Hiuan-ts'ö devra venir le capturer. Désormais, dans l'Inde du Nord, ce sera le chaos. La féodalité râjput s'emparera des trônes du Mâlva et du Gange sans pouvoir refaire l'empire unitaire dont Harsha avait été le dernier défenseur. Avec elle triompheront toutes les réactions de l'élément anaryen, toutes les revanches çivaïtes et tantriques. Puis viendra l'avalanche musulmane, descendue de la passe de Khaiber, avec ses escadrons de mamelûks iconoclastes.

Avec la mort de Harsha, c'est décidément la plus belle, la plus glorieuse période de l'histoire indienne qui prend fin. Ce dernier prince de la maison de Thanesvar auquel on ne connaît point de successeur est vraiment le dernier des Arya, des hommes de notre race en un monde redevenu étranger.

Par Kauçâmbî (Kosam) sur la Jumna, Hiuan-tsang gagna la région de Bilsar (Etah) au nord de Kanauj, où il passa deux mois de la saison des pluies de 643. Il traversa le Panjâb par Jâlandhara et Taxila, refaisant en sens inverse la route qu'il avait parcourue dix ans auparavant. Ces défilés du haut Panjâb étaient infestés de brigands. On en avait prévenu Hiuan-tsang. Mais il trouva dans son âme de saint les mots qu'il fallait pour les désarmer. Il envoya en éclaireur un de ses moines chargé de dire aux brigands : « Nous sommes des religieux venus de très loin pour nous instruire dans la Loi. Ce que nous emportons n'est autre chose que des livres saints, des reliques et des statues. Nous vous demandons, hommes généreux, secours et protection. » Le Maître de la Loi suivait de loin avec ses disciples et ses compagnons de voyage. Son appel au cœur des brigands fut entendu. Il rencontra souvent leurs bandes qui ne lui firent aucun mal.

Au commencement de 644, Hiuan-tsang traversa l'Indus. Traversée pleine de péripéties : « Les livres, les statuettes et les voyageurs furent embarqués sur un grand bateau et le Maître de la Loi traversa le fleuve monté sur un éléphant. Il avait chargé l'un des siens de surveiller sur le bateau les livres et les graines des fleurs rares de l'Inde. Mais au moment d'arriver au milieu du courant, il s'éleva un remous et le bateau, violemment secoué, fut sur le point d'être englouti. Le gardien des livres fut rempli d'effroi et tomba au milieu des flots ; il en fut retiré par ses compagnons, mais il perdit 50 manuscrits, les graines de fleurs, et on eut bien de la peine à sauver tout le reste. »

Ce fut sans doute là un des plus gros chagrins de Hiuan-tsang au cours de son voyage. Fort heureusement le roi de Kapiça, dans les Etats duquel il entrait et qui était venu l'attendre jusqu'à Udabhâ*n*da (Und) sur l'Indus, envoya copier pour lui jusque dans l'U*dd*iyana les livres perdus. Le roi de Kâçmîr, ayant appris que l'itinéraire de retour du pèlerin ne comportait pas la traversée du Kâçmîr, vint aussi lui faire ses adieux dans la région d'Udabhâ*n*da.

Hiuan-tsang partit ensuite pour Nagarahâra et le Lampaka, escorté par le roi de Kapiça qui apparaît nettement ici comme le suzerain de toutes ces petites principautés gandhâriennes. Les habitants venaient attendre la caravane en procession, avec des bannières et des étendards. A Nagarahâra, l'actuelle Jalâlâbâd, le roi du pays fit en son honneur une distribution d'aumônes. Hiuan-tsang fut hébergé à Nagarahâra dans un couvent du Grand Véhicule, sans doute près d'un des stûpa récemment fouillés par M. et Mme André Godard et par M. Barthoux. Le roi de Kapiça, qui l'accompagnait depuis l'Inde, lui réserva aussi dans ses Etats propres, à sa capitale de Kâpiçî (Begram), un accueil particulièrement amical, avec, ici encore, le spectacle d'une distribution d'aumônes.

L'intérêt que portaient au grand Chinois les petits princes de la région gandhârienne ne s'explique pas seulement par la religion, mais aussi par la politique. Il suffit pour s'en convaincre de consulter les diplômes de la chancellerie T'ang. Ces rois de Kâçmîr et de Kapiça cherchaient l'aide de la cour chinoise contre les menaces venues de toutes les barbaries voisines, de toutes les hordes de l'Asie centrale. Pouvaient-ils se douter qu'un péril bien autrement redoutable les menaçait du fond de l'Arabie ? Car les invasions turco-mongoles ne s'attaquaient qu'à leur vie matérielle, et du reste les hordes turques, à cette époque, finissaient toujours par se convertir à la Loi du Bouddha. L'Islam, au contraire, allait changer jusqu'à l'âme du pays, détruire sur ce sol pétri d'histoire jusqu'au souvenir de la civilisation gréco-bouddhique...

CHAPITRE XII

DU PAMIR À TOUEN-HOUANG

Hiuan-tsang ayant pris congé du roi de Kapiça, suivit la piste de caravanes qui, à travers l'Hindu-Kush et le Pamir, gagnait Kâshghar.

La traversée de l'Hindu-Kush avait été préparée avec soin par le roi de Kapiça. Celui-ci avait envoyé un de ses officiers avec une centaine d'hommes pour accompagner le Maître de la Loi pendant qu'il franchirait les montagnes, et transporter pour lui des fourrages, des vivres et des provisions de voyage. La traversée — qui dut commencer en juillet 644 — fut cependant pénible. « Après sept jours de marche ils arrivèrent au haut d'une grande montagne qui offrait un amas de sommets dangereux et de pics effrayants, s'élevant pêle-mêle sous les formes les plus étranges et les plus variées. Tantôt on apercevait un plateau, tantôt une flèche élancée ; la scène changeait à chaque pas. Il serait difficile de raconter les fatigues et les périls auxquels ils furent en butte en traversant ces hauteurs. Dès ce moment, ne pouvant plus aller à cheval, le Maître de la Loi ouvrit la marche en s'appuyant sur un bâton.

« Au bout de sept jours encore, ils arrivèrent à un passage de montagne au bas duquel se trouvait un village composé d'une centaine de familles qui élevaient des moutons grands comme des ânes. Le premier jour il coucha dans ce village et partit au milieu de la nuit après avoir chargé un des habitants de prendre un chameau de montagne et de lui servir de guide. Dans ce pays, on rencontre une multitude de ruisseaux couverts de neige et de rivières glacées, où l'on pourrait tomber et périr si l'on n'était conduit pas à pas par des indigènes. On marcha, depuis le matin jusqu'au soir, pour traverser tous ces précipices couverts de glace. Dans ce moment il ne restait plus que 7 religieux, 20 domestiques, 1 éléphant, 10 ânes et 4 chevaux. Le lendemain matin, ils arrivèrent au bas du passage de montagne. Ensuite, après avoir suivi des sentiers tortueux, ils purent gravir un sommet qui, de loin, avait l'aspect de la neige ; une fois arrivés près de la cime, ils reconnurent qu'il ne se composait que de pierres blanches.

« Ce pic était tellement élevé que les nuages congelés et la neige qu'emporte le vent n'arrivaient point jusqu'à l'extrémité de sa crête. Le jour commençait à s'obscurcir lorsque les voyageurs parvinrent au sommet ; mais ils étaient pénétrés par un vent glacial qui ne leur laissait pas la force de se tenir debout.

« Cette montagne n'offrait aucune trace de végétation ; on ne voyait partout que des pierres entassées en désordre et des groupes de pics arides se dressant à perte de vue, comme une forêt d'arbres dépouillés de feuillage. Elle était si élevée et le vent si impétueux, que les oiseaux mêmes ne pouvaient la traverser en volant ; ce n'était qu'à plusieurs centaines de pas au sud et au nord, en dehors de ce sommet, qu'ils pouvaient prendre leur essor. Le Maître de la Loi, après avoir fait plusieurs kilomètres en descendant au nord-ouest, trouva un petit terrain où il posa sa tente et passa la nuit. Le lendemain il se remit en route. »

Au nord de l'Hindu-Kush, Hiuan-tsang, prenant par Andarâb et Qunduz — Ngan-ta-lo-po et Houo en chinois, — se dirigea vers le nord-est, à travers le Tokharestân et le Badakhshân (T'ou-houo-lo et Pa-t'o-chan). Ces provinces, on se le rappelle, formaient le fief d'un *yabgu* ou prince turc de la famille du khan des Turcs occidentaux. Hiuan-tsang resta un mois au campement de ce chef qui lui donna une escorte pour la traversée du Pamir. Le pèlerin ainsi protégé, remonta la vallée du Penj, qui n'est autre que le cours supérieur de l'Oxus, sur une piste toute bordée de précipices entre le massif du Shugnân au nord et celui du Wakhân au sud — (le « Che-k'i-ni » et le « Hou-mi » des géographes chinois). « Ces sombres vallées et ces crêtes dangereuses, écrit Hiuan-tsang, sont couvertes de neiges et de glaces éternelles, et un vent froid y souffle avec violence[1] » A ces hauteurs, la végétation

1. On trouve dans les mémoires d'un autre pèlerin chinois, Wou-k'ong (751-790), le romantique récit d'une tempête dans ces régions. L'action se passe dans le district du Kou-tou, l'actuel Khottal. Wou-k'ong retournait de l'Inde en Chine, rapportant avec lui des livres saints et une dent du Bouddha que lui avait donnée le supérieur d'un couvent du Gandhâra. « Comme il longeait un lac profond, le nâga ou dragon des eaux sut qu'il transportait une relique. La terre trembla, des nuages noirs

s'appauvrissait : « Les arbres des forêts sont très clairsemés, les fleurs et les fruits sont rares. » En revanche le sol produisait une grande quantité d'oignons d'où le nom chinois du Pamir, Ts'ong-ling, « Monts des Oignons ». Description corroborée par ce que Song Yun nous dit du Wakhân : « Le pays est si froid que les naturels habitent dans des cavernes. Pour se défendre contre le vent et la neige, bêtes et gens vivent là, pressés les uns contre les autres. L'horizon est barré par de grandes montagnes neigeuses ; la neige fond le matin et se congèle vers le soir ; de loin ces montagnes apparaissent comme des pics de jade... Quant à la citadelle du roi elle a pour remparts les montagnes mêmes... »

Hiuan-tsang note au passage que dans certaines de ces vallées pamiriennes, les habitants ont les yeux d'un bleu vert : faut-il voir là quelque tribu de ces « Yoaghnobî », proches parents des anciens Soghdiens, dont Gauthiot était allé en 1913 étudier la langue sur place ? Au Shugnân, Hiuan-tsang eut la joie de trouver une statue miraculeuse du Bouddha.

Plus à l'est commençait la vallée du Pamir proprement dite — le Po-mi-lo de notre voyageur — qui est la vallée du haut Penj jusqu'à sa source. « Cette vallée, lit-on dans Houei-li, est située entre deux montagnes neigeuses et forme le centre des Monts du Pamir (Monts Ts'ong-ling). On y est tourmenté par des rafales de vent et les tourbillons de neige ne cessent pas, même au printemps et en été. Comme le sol y est presque constamment gelé, on n'y voit que des plantes maigres et rares ; tout ce paysage n'offre qu'une solitude où on ne trouve nuls vestiges humains. » Hiuan-tsang lui-même note presque dans les mêmes termes mais, comme toujours, avec plus de précision : « La vallée du Pamir a environ 1 000 *li* de l'est à l'ouest, et 100 *li* du sud au nord. Dans les parties les plus étroites elle n'a pas plus de 10 *li* de large. Elle est située entre deux montagnes neigeuses. Il y règne un

---

s'amassèrent, la foudre éclata en tonnerres et en éclairs, la grêle et la pluie tombèrent avec violence. Un grand arbre était non loin du bord du lac. Wou-k'ong se réfugia sous cet arbre avec toute la caravane. Les branches et les feuilles tombèrent. Du cœur de l'arbre le feu jaillit. Alors le chef de la caravane dit à ses compagnons : Il faut que l'un de vous possède une relique, sinon pourquoi le dragon des eaux se fâcherait-il pour l'obtenir ? Que celui qui la détient la jette dans le lac pour sauver tous les nôtres ! Mais Wou-k'ong se mit en prière et parvint à toucher le cœur du génie des eaux. La tempête s'apaisa, les reliques furent sauvées... » (Sylvain LÉVI et CHAVANNES, *l'Itinéraire d'Ou-k'ong*, *Journal asiatique*, 1895, t. II, p. 361.)

froid glacial et un vent violent. La neige y tombe même au printemps et en été ; jour et nuit le vent y tourbillonne avec fureur. Le sol est imprégné de sel et couvert d'une multitude de petites pierres. Les grains et les fruits ne peuvent y réussir, les plantes et les arbres sont rares et clairsemés. On arrive bientôt dans des déserts incultes, sans aucune trace d'habitants. »

Rappelons en effet que le massif de Wakhan, où serpente la vallée du Pamir, est à une altitude moyenne de 4 000 - 4 265 mètres. « Au milieu de la vallée, nous dit Hiuan-tsang, se trouve un grand lac — (le lac Sar-i kol ou lac Victoria) — situé au centre du monde (littéralement du « Jambudvîpa »), sur un plateau d'une hauteur prodigieuse » ; n'est-il pas curieux de trouver ainsi, sous le pinceau du voyageur chinois, l'équivalent de notre expression de « Toit du Monde » ?

« Le bassin de ce lac, situé au milieu des monts du Pamir, poursuit Hiuan-tsang, est excessivement élevé. Ses eaux sont pures et claires comme un miroir, personne n'en a pu sonder la profondeur. Elles ont une couleur noir-bleu et une saveur douce et agréable. Dans leurs abîmes habitent des squales, des dragons et des tortues. A leur surface se promènent des canards, des oies sauvages, des grues, etc. On trouve des œufs de grande dimension dans les plaines sauvages de la région, quelquefois aussi dans des champs marécageux et sur des îles sablonneuses. » Hiuan-tsang a fort bien noté que le lac Sar-i Kol sert de ligne de partage des eaux entre la Kashgharie et la Transoxiane, les eaux qui s'en écoulent vers l'ouest allant former les rivières du haut Oxus, et celles qui s'écoulent vers l'est descendant vers le Yârkand-Daryâ et le Tarim.

Il n'est pas sans intérêt de rapprocher du récit de Hiuan-tsang la description d'un autre pèlerin chinois, Song Yun, qui avait traversé le Pamir cent vingt ans plus tôt (522), mais en l'abordant du côté de l'est. « A partir du moment où on est entré dans les monts du Pamir, on s'élève à chaque pas, graduellement. Au bout de quatre jours on atteint le sommet. Il semble que, par rapport à la plaine, on soit vraiment là à mi-chemin du ciel. D'un côté les rivières coulent toutes vers l'est, de l'autre toutes vers l'ouest. On dit communément que c'est le centre du ciel et de la terre. Il ne pousse là ni herbes ni arbres. Au huitième mois la température était déjà devenue froide, le vent du nord chassait les oies sauvages, et il y avait de la neige volante sur une étendue de 1 000 *li*. »

Plus à l'est, après avoir escaladé des cimes pleines de précipices et suivi des pistes couvertes de glace et de neige, Hiuan-tsang trouva des vallées mieux exposées, certaines assez ensoleillées, avec, déjà, malgré l'altitude, un peu de blé, quelques arbres fruitiers. Il nomme ces districts de l'est pamirien le « Kie-p'an-t'ö » et le « Woucha ». Il s'agit vraisemblablement, comme l'a proposé Watters, de la région de l'Istigh, du Bozai et du Wakhjir. Bientôt d'ailleurs, les solitudes recommençaient. « A flanc de montagne comme dans les vallées on voit encore au printemps et en été d'énormes amas de neige et il y règne des tourbillons de vent et un froid glacial. Les champs sont imprégnés de sel, les grains ne réussissent pas. Les arbres manquent complètement et on ne voit que quelques herbes chétives. Même en plein été il y a beaucoup de vent et de neige. A peine les voyageurs sont-ils entrés dans ces cantons qu'ils se trouvent enveloppés de brume et de nuages. » On raconta à Hiuan-tsang l'histoire d'une caravane de plusieurs milliers de marchands et de chameaux qui avait péri corps et biens sous des tempêtes de neige.

Des apparitions étranges hantaient ces hautes solitudes. En passant devant un rocher, droit comme un mur, qui surplombait la piste, les conducteurs de caravanes racontaient aux voyageurs que là-haut, dans deux chambres taillées dans le roc, vivaient depuis sept cents ans deux *arhats* ou saints bouddhiques. « Ayant éteint toute pensée concrète, parvenus à la complète extase, ils sont là, assis dans une posture droite, sans faire aucun mouvement. On les prendrait pour des hommes exténués par le jeûne, mais, quoiqu'ils soient là depuis sept cents ans, leur peau et leurs os ne donnent aucun signe de décomposition. »

Un peu plus loin, une légende analogue faisait frissonner les profanes et rêver les mystiques. « A 200 *li* à l'ouest de Kie-p'an-t'ö on arrive à une montagne couverte de vapeurs et de nuages. Les bords en sont extrêmement hauts. Ils paraissent sur le point de s'effondrer et restent comme suspendus. Il y a plusieurs années le tonnerre gronda et fit écrouler un pan de la montagne. Dans les grottes ainsi mises au jour se trouvait un religieux assis, les yeux fermés. Il avait une taille gigantesque, son corps était desséché, sa barbe et ses cheveux flottants descendaient sur ses épaules et ombrageaient sa figure. » Des chasseurs ou des bûcherons, l'ayant vu, coururent en informer le roi. Celui-ci s'empressa de venir ; puis, comme la nouvelle s'était répandue, toute la population accourut aussi. Un moine expliqua ce qu'il convenait de faire : « Celui qui est entré dans l'extase peut y rester pendant un temps indéterminé. Il soutient son corps par la puissance mystique et échappe à la destruction et à la mort. Après avoir été exténué par un si long jeûne, s'il sortait subitement de l'extase il périrait à l'instant même et son corps risquerait de tomber en poussière. Il faut auparavant humecter ses membres avec du beurre et de l'huile pour les assouplir, puis frapper du gong pour le réveiller. » Ainsi fut fait. A l'appel du gong le saint ouvrit enfin les yeux et regarda autour de lui. Puis — après une longue pause — il demanda aux assistants : « Vous autres dont la taille est si petite, qui êtes-vous ? » Sur la réponse d'un des moines présents, il demanda des nouvelles de son maître, le Bouddha Kâçyapa, le précurseur de Çâkyamuni, trépassé depuis des centaines de mille ans. « Il y a bien longtemps, répondirent les moines, qu'il est entré dans le grand nirvâ*n*a. » « En entendant ces mots, poursuit Hiuan-tsang, le saint ferma les yeux comme un homme désespéré ; puis tout à coup il demanda de nouveau : « Et Çâkyamuni, a-t-il paru dans le monde ? » « Il s'est incarné, répondirent les assistants, il a dirigé le siècle, et il est entré à son tour dans le nirvâ*n*a. » « A ces mots, le saint baissa encore la tête. Puis il souleva de sa main sa longue chevelure et s'éleva majestueusement dans les airs. Par un prodige divin, il se changea alors en un globe de feu qui consuma son corps, et laissa tomber sur la terre ses ossements calcinés. » Le roi du pays lui fit élever un stûpa au milieu des montagnes.

Ces récits merveilleux alternent dans le voyage du pèlerin avec de dramatiques alertes. Dans une gorge glacée entre le Pamir et le Mustagh, sa caravane rencontra une troupe de brigands. Les marchands qui l'accompagnaient prirent la fuite en escaladant les montagnes. Plusieurs éléphants de la caravane, poursuivis par les brigands, tombèrent au fond des ravins et se tuèrent. Une fois l'alerte passée, Hiuan-tsang et ses compagnons redescendirent de la montagne par un autre côté et reprirent péniblement leur marche.

Hiuan-tsang suivait en ce moment une piste en direction nord-ouest. Il est vraisemblable que cette piste passait par le poste de Tâsh-kurghân (celui des sites de ce nom qui est aujourd'hui en territoire chinois), puis longeait les pentes occidentales du massif du Mustagh. Il dut parvenir ainsi près du « petit Qarâ-Kol » à la rivière du Gez, affluent du Qizil-daryâ ou rivière de Kâshghar. En suivant ensuite le cours du Gez dans la direction du nord-est, il parvint enfin à Kâshghar, le « Chou-lö » de l'*Histoire des T'ang,* qu'il appelle K'ia-cha, d'après le nom sanscrit que les Indiens donnaient à la ville (Kasha).

Au témoignage de Hiuan-tsang, la majeure partie de la Kashgharie propre n'était déjà à cette époque qu'un désert de sables et de pierres. Mais grâce à la douceur du climat et à la régularité des pluies, ce qui restait de cultures — l'oasis elle-même — produisait encore une grande abondance de grains et une quantité prodigieuse de fleurs et de fruits. « On tire de ce pays du feutre et du drap d'excellente qualité, ainsi que de belles étoffes de laine. De plus, les habitants sont habiles à tisser diverses sortes de tapis fins et moelleux. » Hiuan-tsang note, comme d'ailleurs aussi l'*Histoire des T'ang,* que les gens de Kâshghar ont les prunelles vertes, — précieux témoignage, semble-t-il, sur les origines saces ou soghdiennes, c'est-à-dire « est-iraniennes » d'une partie de la population. Il mentionne aussi l'origine indienne de l'écriture locale (sans doute un dérivé de la kharoshṭî). Au point de vue religieux tout le pays professait le bouddhisme, mais, au grand regret de Hiuan-tsang, c'était le bouddhisme du Hînayâna ; et si la contrée renfermait une centaine de couvents abritant près de 10 000 religieux, la doctrine professée par ces moines était celle de l'école réaliste des Sarvâstivâdin. Aussi s'attirent-ils ce bref jugement d'adieu du pèlerin. « Ils lisent les textes sans en approfondir les principes ! » Ajoutons qu'en même temps que le bouddhisme du Petit Véhicule, le mazdéisme iranien devait avoir de nombreux adeptes à Kâshghar puisque l'*Histoire des T'ang* nous affirme qu'on y honorait le « dieu céleste », c'est-à-dire l'Ormuzd zoroastrien.

En quittant Kâshghar, Hiuan-tsang passa le Qizil-daryâ et ses affluents méridionaux, et arriva au royaume de Yârkand. La capitale du pays n'était pas l'oasis même qui porte actuellement ce nom, mais la ville un peu plus méridionale de Tcho-kiu-kia, que l'*Histoire des T'ang* appelle So-kiu, l'actuel Karghalik. C'était, nous dit-on, une oasis protégée par un amphithéâtre de chaînes de montagnes et à laquelle sa rivière, affluent du Yârkand-daryâ, assurait une remarquable prospérité agricole : pays de grains, de raisins et d'arbres fruitiers. Au contraire de ceux de Kâshghar les habitants appartenaient au bouddhisme du Mahâyâna. Hiuan-tsang nous les peint — assez drôlement — « violents, emportés, enclins à la ruse, à la fraude, se livrant ouvertement au brigandage », au demeurant « ayant une foi sincère à la religion et aimant pratiquer les bonnes œuvres ».

Du reste le pays était sanctifié par la présence d'êtres surnaturels. « Sur les frontières méridionales du pays (c'est-à-dire au pied des monts Tchong-Kyr qui prolongent le K'ouen-louen), il y a un massif qui offre des passages fort élevés et des pics entassés les uns sur les autres. Les plantes et les arbres y sont resserrés par le froid. Depuis le printemps jusqu'en automne, les torrents des vallées et les sources des hauteurs se répandent de tous côtés. On voit des niches dans les flancs de la montagne et des cellules dans les rochers. Elles sont disposées d'une manière régulière, parmi les grottes et les bois. Beaucoup de saints personnages de l'Inde, ayant obtenu la dignité d'*arhat,* s'élancent dans les airs et se transportent en cet endroit au moyen de leurs pouvoirs surnaturels, pour y fixer leur séjour. Aussi en compte-t-on un grand nombre qui sont entrés là dans le silence et l'extinction. En ce moment il y a encore trois *arhats* (saints bouddhiques) qui se sont fixés dans ces grottes escarpées, et qui, après avoir éteint le principe de la pensée, sont entrés dans l'extase complète. Comme leurs cheveux et leur barbe croissent peu à peu, les religieux du pays vont de temps en temps les couper. » On voit apparaître ici le type des ascètes sans âge et sans mémoire, perdus depuis des années et peut-être des siècles au flanc des Himalayas, type que multipliera le bouddhisme tibétain et dont un Milarepa reste pour nous, dans les belles traductions de M. Bacot et de M. Laufer, le plus saisissant exemple.

Hiuan-tsang, suivant en cela les relais habituels de la route des caravanes dans la zone méridionale du Turkestan chinois, passa ensuite par Khotan qu'il appelle correctement Kiu-sa-tan-na, du nom sanscrit Kustana. Le site qu'il désigne ainsi correspond au bourg actuel de Yotkân, en chinois de T'ang Yu-t'ien, à quelques kilomètres au nord-ouest du Khotan actuel.

Le « royaume de Khotan » était, lui aussi, une fertile oasis au milieu d'un désert de sables et de pierres. Une des richesses du pays était constituée par des plantations de mûriers dont le *T'ang-chou* nous raconte l'origine. C'était l'époque où la Chine gardait jalousement le secret de la soie. Mais le roi de Khotan ayant obtenu la main d'une infante chinoise, celle-ci apporta, cachées dans l'ouate de sa coiffure, des graines de mûriers et des vers à soie. On montra à Hiuan-tsang quelques troncs vénérables, témoins de cette première plantation de mûriers. Depuis lors, l'élevage des vers à soie était devenu à Khotan une industrie nationale. C'est de Khotan que vers 552, cette industrie fut apportée à Byzance. Khotan s'enrichissait en outre par la fabrication des tapis de laine, des feutres fins et des taffetas, et par l'extraction du jade blanc et noir. L'*Histoire des T'ang* cite à ce propos la légende qui veut que le jade de Khotan soit du clair de lune cristallisé : « Les habitants observent pendant la nuit les endroits où le reflet de la lune est intense et c'est là qu'ils trouvent le plus beau jade. » Ajoutons que toutes ces haltes de caravanes à l'est des Pamirs étaient célèbres par leur luxe et leurs plaisirs. Le *T'ang-chou* cite les courtisanes de Khotan au même titre que celles de Kutskâ. On vantait de même la musique et les danses khotanaises.

La population khotanaise, ou tout au moins un des éléments de cette population, appartenait, on l'a vu, au groupe oriental des nations iraniennes. En même temps le pays tout entier était profondément bouddhiste et le sanscrit y jouait le rôle de langue religieuse et littéraire. On comptait une centaine de couvents, renfermant environ 5 000 religieux, adonnés en général au Mahâyâna. Les Khotanais rapportaient leur conversion au bodhisattva mahâyânique Vairocana, venu exprès du Kâçmîr. La dynastie khotanaise elle-même se piquait de descendre du Roi Céleste Vaiçrava*n*a, le génie bouddhique de la région du Nord. Toutefois, au témoignage du *T'ang-chou* on professait aussi le mazdéisme à Khotan. Tant il est vrai que toutes ces oasis de l'Asie centrale participaient à une civilisation mixte, indo-iranienne. Parmi tous les peuples qu'il visita, Hiuan-tsang fait une place à part à la culture khotanaise. Il s'agissait visiblement ici d'un vieux pays policé, digne de l'admiration des lettrés confucéens. « Les habitants, lit-on dans sa biographie, observent la justice et les rites ; ils estiment l'étude et aiment la musique. Leurs mœurs respirent la droiture et l'honnêteté, et sous ce rapport ils diffèrent beaucoup des autres barbares. Bien que leur langue soit fort différente, les caractères de leur écriture, à quelques changements près, sont les mêmes que ceux de l'Inde. »

L'*Histoire des T'ang* vante, comme le récit du pèlerin, l'urbanité des Khotanais. Elle rappelle aussi l'importance que, depuis les Han, les rois de Khotan attachèrent toujours à la traditionnelle amitié chinoise. Cependant, à l'avènement des T'ang, la famille régnante dans l'oasis — en transcription chinoise la dynastie Wei-tch'e — n'était pas sans inquiétude. Comme toutes les oasis de la Kâshgharie, Khotan avait dû accepter la suzeraineté du puissant khanat des Turcs occidentaux. En

632, toutefois, le roi de Khotan, voyant la puissance de l'empereur T'ai-tsong s'établir en Chine, avait envoyé une ambassade et des cadeaux à la cour de Tch'ang-ngan. Trois ans plus tard il envoya son propre fils qui entra dans la garde impériale. Mais T'ai-tsong se contenterait-il longtemps de ces protestations de vasselage ? A mesure que les Turcs étaient battus et dissociés, la main du grand empereur se faisait plus lourde sur les oasis indo-européennes qui avaient jadis accepté leur alliance. L'orage devait éclater en 648. Le général impérial A-che-na Chö-cul venait d'écraser l'autre grande principauté du Gobi, Kutshâ, et son lieutenant Sie Wan-pei lui disait : « Après ce coup, les contrées de l'Occident sont toutes frappées de terreur. Prenons de la cavalerie légère et allons passer le licou au roi de Khotan pour l'offrir, au retour, à l'empereur dans la capitale ! » Aussitôt dit, aussitôt exécuté. Sie Wan-pei tomba à l'improviste sur Khotan. Le roi Fou-tou Sin tremblait. Le capitaine chinois, nous dit l'*Histoire des T'ang,* « lui exposa le prestige et la puissance surnaturelle des T'ang et l'exhorta à venir se présenter au Fils du Ciel ». Fou-tou Sin s'exécuta. Il ne devait d'ailleurs rien y perdre puisque, après un séjour de plusieurs mois, la Cour chinoise lui permit de rentrer chez lui, non sans l'avoir gratifié d'une robe d'honneur et de 5 000 pièces de soie.

Lorsque Hiuan-tsang arriva à Khotan, vers septembre 644, ce coup de force n'avait pas encore eu lieu, mais, comme on le redoutait déjà, on était plein d'attentions et de prévenances pour les Chinois de passage. Aussi l'accueil fait au pèlerin par le roi et la population fut si chaleureux que Hiuan-tsang passa sept à huit mois dans la ville, en attendant d'avoir remplacé en pays tokharien les manuscrits perdus au cours de son voyage, en attendant aussi que le gouvernement chinois lui permît de rentrer dans sa patrie. Ce temps fut employé par lui à expliquer au roi et aux religieux du pays les textes de l'Ecole idéaliste, les leçons d'Asa*n*ga et de Vasubandhu.

Hiuan-tsang reprit ensuite le chemin de la Chine en suivant la chaîne d'oasis qui s'étend en demi-cercle entre la bordure septentrionale du K'ouen-louen et de l'Akkar Tchekyl tagh et la bordure méridionale du désert de Takla makan. Parmi les renseignements qu'il nous a laissés sur cette région, nous retiendrons le grand nombre de grottes, d'ermitages et de statues bouddhiques qu'il vit ou qu'on lui signala.

Rappelons que l'*Histoire des T'ang* nous apprend, de son côté, que le roi de Khotan habitait « une maison tout ornée de peintures ».

De fait cette région, aujourd'hui si appauvrie, était jadis un foyer artistique considérable. Ce n'est pas sans raison que dans la nomenclature des premiers peintres chinois nous relevons plusieurs noms d'artistes khotanais. Les peintures à la fresque, sur soie ou sur bois, découvertes par sir Aurel Stein à Dandân Uilik, à l'est de Khotan, confirment ces inductions ; peintures datant les unes du VIIe siècle, les autres du VIIIe, par conséquent contemporaines, dans l'ensemble, de Hiuan-tsang. Plusieurs des personnages qui y sont représentés pourraient d'ailleurs illustrer le récit du pèlerin. Au cours de ses chevauchées sur les pistes de l'Asie centrale, celui-ci eut certainement pour compagnons de voyage quelques-uns de ces curieux seigneurs au type à demi turc, à demi iranien, montés sur de robustes chevaux kirghizes, ou sur de hauts chameaux bactriens. Par ailleurs, ce que Hiuan-tsang nous a dit de l'existence de quelques communautés bouddhiques dans l'empire perse se trouve curieusement corroboré par la découverte, sur ce même site de Dandân Uilik, d'un authentique bodhisattva (en l'espèce Vajrapâ*n*i), représenté sous les espèces d'un roi sassanide au nez aquilin, à la barbe noire, coiffé d'une tiare, vêtu d'un pardessus vert, chaussé de lourdes bottes de cuir : tout à fait un Khosrau bouddhique. Aucune apparition ne pouvait nous rappeler plus opportunément qu'au point de vue de la culture matérielle et sans doute aussi de la race, la région khotanaise, jusqu'à la conquête turque, faisait partie de l'Iran extérieur. Et, comme, au point de vue religieux, Khotan était aussi partie intégrante de l'Inde extérieure, voici, sur ces mêmes œuvres, l'influence indienne qui se révèle avec une Nâgî nue, émergeant d'un bassin de lotus, charmante Aphrodite khotanaise sœur des figures les plus suaves d'Aja*n*tâ.

Un peu plus loin à l'est, à Niya, puis à Miran, les contemporains de Hiuan-tsang pouvaient peut-être encore admirer les œuvres d'une inspiration toute différente, purement gréco-romaine, celle-là. A Miran, sur des fresques étonnamment conservées et qui datent du IVe siècle au plus tard, voici apparaître un Bouddha suivi de ses moines et entouré de génies ailés, qui pourraient aussi bien provenir de Pompéi. Peut-être même ces peintures « romaines » oubliées au fond du Gobi, dans la région aujourd'hui morte du Lop-nor, sont-elles dues à des artistes méditerranéens : sir Aurel Stein n'a-t-il pas relevé à Miran la signature d'un « Tita » qui pourrait bien être Titus ?

D'autre part, en arrivant au voisinage du Lop-nor, dans les dépendances de ce qu'on appelait alors le royaume de Chan-chan, l'ancien Leou-lan, peut-être le pèlerin put-il rencontrer un autre grand voyageur, un coureur de désert comme lui. Nous voulons parler du Sogdien que nous ne connaissons que par son nom chinois de K'ang Yen-tien, dont M. Pelliot a restitué l'histoire, et qui, pendant la période 627-649, vint de la lointaine Samarqand fonder une colonie commerçante à ce carrefour de caravanes.

Mais le pays à l'est de Khotan, si prospère jadis, comme l'attestent tous ces vestiges archéologiques, était en train de retourner au désert. A 100 *li* au sud-est de Khotan, Hiuan-tsang signale l'existence d'un grand fleuve qui, jadis, coulait vers le nord-ouest et dont le cours s'était un jour arrêté. L'histoire d'ailleurs finit en conte de fées, les eaux ayant reparu par suite du mariage de la *nâgî* du fleuve avec un seigneur khotanais, mais ces histoires d'oued asséchés devaient être fréquentes dans la région. Déjà depuis la fin de notre antiquité classique — les découvertes de sir Aurel Stein le prouvent — plusieurs sites jadis fertiles avaient dû être abandonnés. Hiuan-tsang mentionne ainsi une ancienne cité khotanaise qu'il appelle en chinois Ho-lao-lo-kia et qui avait été complètement recouverte par les sables. Plus à l'est, dans la vallée longitudinale de Niya où les fouilles de sir Aurel Stein nous ont révélé pour l'Antiquité une si remarquable série d'œuvres bouddhiques gréco-romaines, les eaux du Niya-daryâ étaient en train de tourner au marécage, en attendant la dessiccation prochaine. Par suite de l'épuisement de la rivière, la cité antique de Niya, si intéressante pour nous en raison de ses intailles et de ses cachets hellénistiques, avait dû être abandonnée dès la fin du IIe siècle de notre ère, parce que, située sur le cours inférieur les eaux avaient cessé de lui parvenir. La ville médiévale, bâtie à trois jours de marche au sud, sur le cours supérieur et plus près des montagnes, était à son tour menacée d'un sort pareil.

La ville de Ni-jang, écrit à ce sujet le pèlerin, est située au centre d'un grand marais. Le terrain de ce marais est chaud et humide, couvert de roseaux et d'herbes sauvages, sans chemins ni sentiers. Il n'y a qu'une route conduisant à la ville, qui soit à peu près praticable.

Plus à l'est encore, le Gobi avait tué toutes les eaux, toute la végétation. « Au sortir de Ni-jang, disent à la fois Hiuan-tsang et

Houei-li, on entre dans un immense désert de sables mouvants. Les sables s'amassent et se dispersent au gré du vent qui les fait voler en tourbillons. Ce désert s'étend de tous côtés à perte de vue et nul ne sait comment se diriger. Les voyageurs n'ont pour se guider d'autres indices que les ossements d'hommes ou d'animaux abandonnés par les caravanes précédentes. Nulle part de point d'eau ni de pâturage. Souvent les vents du désert soufflent une chaleur brûlante. Alors hommes et animaux tombent étourdis sur le sol. On entend tantôt comme des chants et des sifflements, tantôt comme des cris douloureux. Après avoir regardé et prêté l'oreille on reste tout troublé et incapable de se diriger. Souvent les voyageurs y perdent la vie. »

La caravane de Hiuan-tsang atteignit cependant sans encombre Tchö-mo-t'o-na, qui est l'actuel Tchertchen. Puis, par Tcharkhlik et les sables du Qum-tagh, entre la dépression du Lop et la chaîne de l'Altin-tagh, elle arriva à Touen-houang ou Cha-tcheou, le premier poste chinois du côté de l'Occident.

Hiuan-tsang se reposa quelque temps à Touen-houang en attendant que la supplique qu'il adressait à l'empereur T'ai-tsong ait reçu une réponse favorable. Cette ville était un centre important où les voyageurs venus du Grand-Ouest pouvaient se refaire de leurs souffrances. C'était aussi un centre bouddhique de premier ordre, comme le prouvent les séries de fresques et de peintures sur bannières de soie rapportées au musée Guimet par M. Pelliot et au British Museum par sir Aurel Stein et qui proviennent des Grottes des Mille Bouddhas ou T'sien-Fo-tong, situées à une douzaine de kilomètres au sud-est de la ville. Il n'est que de contempler ces œuvres vénérables, datées pour la plupart de la dynastie T'ang ou de la période immédiatement suivante pour discerner l'intérêt que présente dans l'histoire de la civilisation le voyage d'un Hiuan-tsang. A cette époque décisive dans l'histoire de la pensée et de la culture chinoises, dans ce poste avancé par où passaient toutes les caravanes venues de l'Inde ou de l'Iran, nous saisissons sur le vif la manière dont la Chine des T'ang a reçu, interprété, adapté les influences étrangères. A côté d'un bodhisattva au torse nu, aux transparentes écharpes indiennes, en voici un autre déjà sinisé de type et de costume. L'intérêt esthétique de ces bannières n'est souvent pas moindre. Quelle débauche d'imagination dans la représentation de l'Assaut de Mâra, avec son armée de démons multicolores, sa fantaisie digne de nos enfers médiévaux, son enluminure d'un préraphaélisme naïf ! Quelle majesté, d'autre part, dans ces grands paradis mahâyânistes, où, parmi la vibration des ors passés, des bleus assourdis et des rouges de flamme, le bodhisattva étend sur nous son geste de miséricorde comme il l'étendait sur les orants de l'An Mille ! Et l'on se prend à évoquer devant ces œuvres les pages où Hiuan-tsang nous décrit les processions organisées pour son retour, avec leurs icônes et leur envol de bannières. De quelle clarté s'illumine aujourd'hui le vieux texte depuis que ces bannières elles-mêmes déploient sur nos murs le flamboiement de leur imagerie...

Le lien intellectuel que Hiuan-tsang était allé établir entre la terre mystique du Magadha et la grande Chine des empereurs T'ang, les artistes et les artisans de Touen-houang l'assuraient définitivement dans leur domaine.

Par l'art comme par la pensée, l'Extrême-Orient était rattaché à la culture indienne.

En arrivant à Touen-houang, Hiuan-tsang devait éprouver quelque inquiétude. Quel accueil lui réservait le gouvernement impérial dont il avait, en quittant son pays, formellement transgressé les ordres ? Mais l'empereur T'ai-tsong était un esprit trop large pour lui tenir rigueur de cette infraction. Dix ans, d'ailleurs, étaient passés depuis qu'un moine obscur avait franchi nuitamment les frontières chinoises. La mauvaise humeur de la Cour avait eu le temps de s'éteindre, et voici que revenait, après un voyage prodigieux, un pèlerin couvert de gloire, reçu en ami par les plus grands souverains étrangers, et dont la renommée rejaillissait sur son pays.

La nouvelle de l'arrivée de Hiuan-tsang s'était répandue dans tout l'empire. Son extraordinaire odyssée y excitait une curiosité et une admiration générales. L'intrépide pèlerin qui avait traversé le Gobi, les T'ien-chan, l'Hindu-Kush, l'Indus, le Gange, les Pamirs, devenait, dans cette Chine des T'ang si expansionniste et si réceptrice, le héros de l'heure. Lorsque, par un jour de printemps de l'année 645, il approcha de Tch'ang-ngan, la capitale impériale, la moderne Si-ngan-fou, « le bruit de son arrivée se propagea avec la vitesse de l'éclair et les rues se remplirent d'une multitude immense, avide de le contempler. Quand il fut débarqué, il essaya en vain de percer la foule et se décida à passer la nuit sur le canal ».

Sur l'ordre de la cour momentanément absente de la capitale, les magistrats de Tch'ang-ngan avaient préparé au pèlerin une réception digne de ses travaux. Sur l'initiative du gouverneur, les religieux de la ville furent invités à se réunir dans la rue de l'Oiseau-Rouge, pour transporter solennellement au couvent du Grand-Bonheur (Hong-fo-sseu) les reliques, les statues et les manuscrits rapportés par le pèlerin.

« Tous, redoublant d'ardeur et de zèle, firent des préparatifs magnifiques. Ils sortirent de chaque couvent avec des bannières, des tapis, des dais, des tables précieuses et de riches palanquins qu'ils disposèrent dans un ordre régulier. Les religieux et les religieuses marchaient en habit de cérémonie. En tête du cortège on faisait entendre des chants religieux. Des porteurs de cassolettes remplies de parfums fermaient la marche. Bientôt la procession arriva dans la rue de l'Oiseau Rouge. Les livres et les statues étaient répartis çà et là au milieu du cortège qui s'avançait d'un pas calme et majestueux. On entendait résonner les ceintures chargées de pierres précieuses et l'on voyait une quantité de fleurs d'or qui répandaient un éclat éblouissant. Les religieux qui marchaient en tête ou formaient l'escorte célébraient par des chants cet événement extraordinaire et une foule de laïcs partageaient leur joie et leur admiration.

« La procession, commençant à la rue de l'Oiseau-Rouge, ne finissait qu'à la porte du couvent du Grand Bonheur, sur un espace de plusieurs lieues. Les habitants de la capitale, les lettrés, les magistrats, étaient rangés sur les deux côtés de la route, debout, dans une attitude qui respirait à la fois l'amour et l'admiration. Les hommes et les chevaux formaient une masse compacte d'une étendue immense. Les magistrats préposés à la cérémonie, craignant qu'un grand nombre de personnes ne fussent écrasées dans la foule, ordonnèrent à tout le monde de rester en place, de brûler des parfums et de répandre des fleurs. Sur la ligne du cortège on voyait flotter un nuage odorant et l'on entendait d'un bout à l'autre les sons cadencés des chants religieux. Ce jour-là, toute la multitude vit, en même temps, des nuages de cinq couleurs qui brillaient au soleil et se déroulaient en nappes étincelantes sur une étendue de plusieurs *li* au-dessus des livres et des statues, et semblaient tantôt les précéder, tantôt les accompagner. »

Quelques jours après cette cérémonie, le Maître de la Loi fut admis à présenter ses hommages à l'empereur. Cette réception eut lieu au palais du Phénix, à Lo-yang — aujourd'hui Ho-nan-fou, — la seconde capitale impériale, où résidait pour lors la Cour.

T'ai-tsong demanda à Hiuan-tsang pourquoi il était jadis sorti de Chine sans l'avoir averti — euphémisme pour désigner la défense transgressée. C'était la question délicate. Hiuan-tsang s'en tira en bon lettré chinois, en faisant valoir qu'il avait adressé plusieurs placets à la cour, mais qu'à cause de l'obscurité de son nom on avait négligé de les soumettre au Fils du Ciel. Avec sa franchise habituelle aussi, il ajouta qu'il n'avait pu contenir l'élan de son zèle passionné pour le bouddhisme.

Cette sincérité plut à l'homme supérieur qu'était T'ai-tsong. Loin de lui adresser des reproches, l'empereur le félicita d'avoir exposé sa vie pour le salut et le bonheur de tous les hommes, « et il lui témoigna son étonnement de ce que, malgré les obstacles que lui opposaient les montagnes et les rivières, la distance des lieux et la différence des mœurs, il ait pu parvenir heureusement au but de son voyage. »

De fait la randonnée accomplie par le pèlerin ne pouvait qu'exciter l'intérêt du conquérant chinois. Elle pouvait être d'une singulière utilité — utilité d'information et de précédent — pour les visées du protectorat chinois sur les confins indo-iraniens. Et ici un retour sur les derniers changements de l'histoire chinoise est indispensable.

CHAPITRE XIII

LA GLOIRE DES T'ANG

Au retour de Hiuan-tsang nous sommes en 645. De graves événements se sont produits depuis le départ du pèlerin. L'Extrême-Orient qu'il retrouve n'est plus celui qu'il a quitté. L'autorité des T'ang, toute récente et encore assez précaire à son départ, s'est définitivement affermie à l'intérieur. Et au-dehors leur prestige a acquis un accroissement prodigieux. Tandis que le Maître de la Loi recueillait aux lieux saints bouddhiques l'héritage de la Sagesse, T'ai-tsong le Grand avait conquis l'Asie centrale. L'histoire de cette épopée est trop intimement liée à celle du bouddhisme pour que nous n'en rappelions pas brièvement ici les principales phases.

Dès 630, on s'en souvient, les légions chinoises avaient relancé les redoutables Turcs du Nord dans la prairie mongole, sur l'Onon et le Kérulèn, et, en deux rencontres, détruit leur empire. Cent mille Turcs massacrés. Les troupeaux qui faisaient la richesse des hordes, dispersés ou capturés. Ç'avait été la fin d'un monde.

Les villes indo-européennes du Gobi avaient cédé à leur tour, de bonne grâce ou par la force. Kâshghar s'était reconnu tributaire en 632, Yârkand en 635. Ce fut ensuite le tour du roi de Turfân, K'iu Wen-t'ai, le même qui avait hébergé Hiuan-tsang. Longtemps vassal fidèle de la Chine, ce prince, en 640, commit la folie de s'allier aux bandes turques pour couper la route des caravanes entre la Chine, l'Inde et l'Iran. Il comptait pour le protéger sur les sables du Gobi. Mais le général impérial Heou Kiun-tsi franchit le désert avec sa cavalerie et apparut à l'improviste devant Turfân. K'iu Wen-t'ai, à la première nouvelle de ce raid, était mort de saisissement. Après une sanglante bataille les Chinois mirent le siège devant Turfân. « Heou Kiun-tsi fit avancer les machines de guerre, et les pierres volantes tombèrent comme une pluie. » Le nouveau roi, un tout jeune homme, vint se présenter au camp chinois, demandant à traiter. « Avant que ses explications fussent devenues d'une humilité complète », un des généraux chinois se leva et dit : « Il faut d'abord prendre la ville ; qu'est-il besoin de discuter avec cet enfant ? Qu'on donne le signal et qu'on marche à l'assaut ! » Le jeune roi, « trempé de sueur », se prosterna à terre et accepta tout. Les généraux chinois le firent prisonnier et vinrent « l'offrir » à T'ai-tsong dans la salle Kouon-ti. « On célébra le rite des libations de retour et pendant trois jours on fit des distributions de vin. » L'épée, ornée de joyaux, du roi de Turfân, fut donnée par l'empereur au condottiere turc A-che-na Chö-eul.

Seuls, au pays tokharien, dans le nord-ouest du Gobi, le roi de Qarashahr et celui de Kutshâ résistaient encore. Nous avons vu par le récit de Hiuan-tsang la haute culture et la fierté de ces deux oasis indo-européennes qui depuis tant de siècles, défiaient la force chinoise et la menace turque.

Les gens de Qarashahr avaient pourtant aidé la Chine à écraser Turfân, leur ennemi. Turfân annexé, ils prirent peur. On voit, au lendemain de la catastrophe, le roi de Qarashahr, Tou-k'i-tche, donner sa fille à un chef turc et conclure une alliance étroite avec les hordes de l'ouest. L'affaire était grave. T'ai-tsong envoya dans le Gobi une nouvelle armée, commandée par le général Kouo Hiao-k'o, guerrier plein de ressources. « Le site de Qarashahr, dit l'*Histoire des T'ang*, avait un pourtour de 30 *li*. Des quatre côtés se trouvaient de grandes montagnes et l'eau du lac (Bagrach) qui l'entouraient exactement. C'est pourquoi les habitants étaient convaincus qu'ils ne pourraient être surpris. Mais Kouo Hiao-k'o, s'avançant à marches forcées, franchit la rivière, et, de nuit, arriva au pied des remparts. Il attendit le point du jour pour donner l'assaut au milieu des cris de la multitude. Les tambours et les cornes sonnèrent à grand bruit et les soldats des T'ang se donnèrent libre carrière. Les indigènes furent saisis de panique. On coupa 1 000 têtes. » De sa capitale, T'ai-tsong avait tout dirigé. « Un jour l'empereur dit aux ministres qui étaient à ses côtés : « Kouo Hiao-k'o est parti pour Qarashahr le onzième jour du huitième mois ; il a pu arriver la seconde décade et doit avoir détruit ce royaume le vingt-deuxième jour ; ses envoyés vont arriver. » Soudain on vit apparaître le courrier qui annonçait la victoire » (644).

Cependant, quand l'armée impériale se fut retirée, le parti anti-chinois l'emporta de nouveau, et son candidat, Sie-p'o A-na-tche, s'empara du pouvoir en détrônant le prince investi par les T'ang.

T'ai-tsong résolut d'en finir avec l'indépendance des cités tokhariennes. Car, en même temps qu'à Qarashahr, il y avait un châtiment à infliger à Kutshâ. Le vieux roi de Kutshâ, Swarnatep, qui avait jadis accueilli Hiuan-tsang, s'était montré d'abord un vassal correct. C'est ainsi qu'on l'avait vu en 630 offrir à la cour un lot de ces chevaux koutchéens si appréciés en Extrême-Orient ; mais par la suite, effrayé de la puissance des T'ang, il s'était soumis aux Turcs occidentaux. En 644 il avait refusé le tribut et aidé les gens de Qarashahr dans leur révolte contre l'Empire.

Dès ce moment, T'ai-tsong avait préparé le châtiment. Swarnatep mourut sur ces entrefaites (646), remplacé par son jeune frère Ho-li Pou-che-pi — en sanscrit Haripushpa « Fleur divine ». Le nouveau roi, sentant venir l'orage, se hâta d'envoyer à la Cour des protestations de dévouement (647). Trop tard. Le condottiere turc au service de la Chine, A-che-na Chö-eul, partait pour l'ouest avec une armée de réguliers chinois et de mercenaires tartares.

Les habitants des deux cités tokhariennes attendaient l'attaque du côté du sud-est, à la sortie du Gobi. Elle vint par le nord-ouest. A-che-na Chö-eul commença en effet par aller écraser dans leurs prairies et leurs montagnes deux tribus turques alliées aux révoltés, et qui nomadisaient, l'une près de Guchen, l'autre sur le Manas, près de l'actuel Urumtsi. Descendant ensuite par la piste qui mène d'Urumtsi au petit Yulduz, il tomba à l'improviste sur Qarashahr et Kutshâ. A Qarashahr, A-na-tche, qui fortifiait en hâte le pays, essaya de résister. Mais A-che-na Chö-eul s'empara de lui, et « pour faire un exemple », le décapita (648). Puis il se jeta sur Kutshâ.

A la place de leurs alliés Qarashahris ou des renforts turcs qu'ils attendaient, les Koutchéens terrifiés virent les escadrons chinois se déployer dans le désert pierreux qui s'étend au nord de la ville. Une ruse de guerre acheva leur défaite. Le roi Ho-li Pou-che-pi étant sorti des murailles au-devant des envahisseurs, les Chinois, suivant la vieille tactique des guerres mongoles, feignirent de céder, attirèrent la chevalerie koutchéenne dans le désert et l'y détruisirent. Ce fut le Crécy et l'Azincourt des beaux seigneurs des fresques de Qizil. A-che-na Chö-eul, le sabreur turc à la solde de l'Empire, entra en vainqueur à Kutshâ, et, comme le roi « Fleur divine », avec les débris de son armée, s'était réfugié au bourg de Yaqa-ariq, il l'y relança et, après quarante jours de siège, emporta la place. Cependant un des généraux koutchéens, ayant rassemblé un gros de fuyards, tenta un retour offensif sur Kutshâ. Un général chinois fut même tué dans cette alerte. Cette fois la répression fut impitoyable. A-che-na Chö-eul coupa 11 000 têtes. « Il détruisit 5 grandes villes avec plusieurs myriades d'hommes et de femmes. Les contrées d'Occident furent saisies de terreur... »

Ce fut la fin du pays tokharien, la fin d'un monde charmant et raffiné, survivant attardé des races d'autrefois. La brillante civilisation de Qizil ne se relèvera pas de cette catastrophe. Après un siècle de domination chinoise directe, quand la Chine, dans la seconde moitié du VIIIe siècle, se désintéressera de nouveau de Kutshâ, ce n'est pas l'aristocratie tokharienne de jadis qui reprendra le pouvoir ; ce seront, comme à Turfân, les Turcs Ouigur. L'ancienne Tokharie sera devenue un Turkestan oriental.

Après le nord de la Kashgharie, ce fut le tour du Gobi méridional. Comme on l'a vu plus haut, un détachement de l'armée chinoise d'A-che-na Chö-eul se rabattit de Kutshâ sur Khotan et obligea le roi du pays à venir faire à la Cour de Tch'ang-ngan une visite de vassalite, suivie d'un séjour forcé de plusieurs mois (648).

Avant même d'en avoir fini avec les cités tokhariennes, T'ai-tsong avait réglé leur compte aux Turcs occidentaux. On se rappelle la puissance de ces maîtres de la steppe, l'impression profonde que Hiuan-tsang avait rapportée de son séjour parmi leurs tribus. T'ai-tsong les avait longtemps ménagés tant qu'il avait eu à combattre les Turcs de Mongolie, selon la sage maxime « qu'il faut s'allier à ceux qui sont loin pour dominer ceux qui sont proches », et, devant ses avances, le khan des hordes de l'Ouest avait pu se croire l'égal du Fils du Ciel. Les Turcs de Mongolie une fois hors de combat, la force chinoise s'abattit sur ceux de l'Ouest. En 641 ceux-là furent écrasés par l'armée des T'ang dans une grande bataille à Khatun Bogdo-Ola, dans la région actuelle d'Urumtsi. La politique impériale, achevant ce que les armes avaient commencé, provoqua la division de l'empire turc de l'Ouest en plusieurs hordes rivales, dont elle jouait à sa guise. Ce fut avec l'appui de la Chine qu'une de ces hordes, celle des Ouigur du Barköl, commença alors à jouer dans le Gobi un rôle de premier plan. Pendant deux siècles, les Ouigur, le plus policé des peuples turcs, se montreront les auxiliaires dévoués de la politique impériale. En récompense, la

Chine, au milieu du VIIIe siècle, favorisera ou tolérera leur établissement dans l'oasis de Turfân où leur domination sera marquée par une renaissance des anciennes écoles de peinture tokhariennes.

Le roi de Tibet, l'entreprenant Srong-bcan-sgampo, était lui-même rentré dans l'orbite de l'Empire. En 641 il avait obtenu de T'ai-tsong la main d'une infante impériale, la princesse de Wen-tch'eng que nous verrons, dans les pages suivantes, favoriser si heureusement les voyages des pèlerins bouddhistes. Il n'est pas jusqu'aux Etats des confins indo-iraniens qui n'aient subi l'ascendant du grand empereur. Les princes turco-iraniens de Bukhârâ, de Samarqand et du Kapiça envoient désormais leur tribut à la cour de Tch'ang-ngan.

On comprend, par ce rapide tableau, l'importance que le voyage de Hiuan-tsang prenait aux yeux de l'empereur T'ai-tsong. Des missions religieuses comme celle du Maître de la Loi prolongeaient, là où les armes ne pouvaient atteindre, la zone de l'influence chinoise. T'ai-tsong interrogea longuement le pèlerin sur les observations qu'il avait recueillies, les climats, les productions, les mœurs des contrées au sud de Pamir. L'homme d'Etat fut si satisfait des renseignements fournis par le missionnaire qu'il voulut sur-le-champ lui confier les fonctions de ministre. Nous ne nous étonnerons point d'une telle proposition si nous songeons que, vers cette époque, T'ai-tsong, dont l'empire touchait désormais au Pamir, voulait sans doute attirer l'Inde du Nord dans sa sphère politique. En 643, on l'a vu, il avait déjà envoyé auprès du roi indien Harsha une première ambassade composée de Li Yi-piao et de Wang Hiuan-ts'ö. Au lendemain du retour de Hiuan-tsang, il allait, en 647, renvoyer de nouveau Wang Hiuan-ts'ö dans l'Inde.

A l'offre impériale de devenir ministre, le Maître de la Loi avait d'ailleurs opposé un refus. « Entré dès l'enfance par la Porte Noire (d'un couvent), et ayant embrassé avec ardeur la Loi de Bouddha, il n'avait jamais entendu parler de la doctrine de Confucius qui est l'âme de l'administration. S'il abandonnait les principes du Bouddha pour suivre le siècle, il ressemblerait à un navire marchant à pleines voiles qui quitterait la mer pour voguer sur la terre ferme : non seulement il n'y réussirait pas, mais il ne pourrait manquer de se briser et de périr... »

D'autre part, ce n'était pas par simple flatterie de courtisan qu'aux félicitations de T'ai-tsong, Hiuan-tsang répondit que les victoires impériales avaient facilité son voyage : « Depuis que Votre Majesté occupe le trône, Elle a pacifié les Quatre Mers, et sa puissance a ému jusqu'aux régions situées au-delà du Pamir. C'est pourquoi lorsque les princes et les chefs de tribus barbares aperçoivent un oiseau qui arrive de l'Orient, porté sur les ailes des nuages, ils s'imaginent qu'il est parti de votre empire et le saluent avec respect. Hiuan-tsang, que protégeait la Puissance Céleste (Votre Majesté), pouvait de même aller et venir sans difficulté. » De fait, il est incontestable que, dans des pays comme Samarqand, c'était bien sa qualité de sujet chinois qui avait valu au pèlerin la protection des princes locaux. Et les relations d'ambassades que l'empereur nord-indien Harsha échangeait avec le conquérant chinois ne durent pas non plus être étrangères à l'accueil particulièrement empressé que le pèlerin trouva dans l'Inde.

La tâche à laquelle allait désormais se consacrer le Maître de la Loi était la traduction des 600 ouvrages sanscrits qu'il avait rapportés de l'Inde. Il eût désiré pour cela se retirer au couvent du Petit Bois, le Chao-lin-sseu, situé à la campagne sur le versant sud des monts Songchan, « couvent éloigné du bruit des marchés et des villages, où, parmi les cyprès, les sapins et les saules, on trouvait des grottes silencieuses et des fontaines limpides ». Mais T'ai-tsong, qui l'avait pris en amitié et désirait jouir souvent de sa présence, préféra le voir s'établir plus près de sa personne, dans le Couvent de la Grande Bienfaisance qu'on achevait de construire à Tch'ang-ngan, la capitale.

Dans cette résidence, Hiuan-tsang constitua une véritable équipe de traducteurs, tous versés dans la connaissance du sanscrit. Pendant plusieurs mois ce groupe laborieux travailla en silence à créer des équivalents corrects pour la délicate terminologie de la métaphysique indienne. Le premier recueil fut terminé, à l'automne de 648, et présenté aussitôt à l'empereur T'ai-tsong. Celuici, « abaissant son pinceau divin, écrivit une préface dont les idées sublimes brilleront comme le soleil et la lune, dont l'écriture, précieuse comme l'argent et le jade, durera autant que le ciel et la terre ». En même temps, Hiuan-tsang remit à T'ai-tsong le récit de voyage que celui-ci lui avait enjoint d'écrire.

T'ai-tsong avait pris en telle amitié Hiuan-tsang que, sur la demande du Maître de la Loi, il autorisa de nouvelles ordinations monastiques (les ordinations étaient toujours réglementées par l'Etat). Pendant la journée, l'empereur le mandait fréquemment auprès de lui. Le soir, le religieux retournait à son monastère pour y traduire une nouvelle collection de textes philosophiques de l'école Yogâcâra. Comme on l'a vu, un nouveau couvent, le « Couvent de la Grande Bienfaisance » (*Ta-ts'eu-ngen-sseu)* venait d'être achevé pour Hiuan-tsang et ses compagnons. Leur installation y fut l'occasion d'une grande solennité à laquelle participa l'empereur :

« A la douzième lune, au jour *Meou-chin,* l'empereur ordonna de réunir les différents corps de musiciens, de préparer des bannières et des tapis, et de se trouver le lendemain à la porte Ngan-fo-men, la porte du Bonheur paisible, pour aller au-devant du religieux. Le cortège se déploya dans les rues de la ville ; on comptait 1 500 chars ornés de dais de brocart et de bannières où étaient peints des poissons et des dragons et 300 parasols d'étoffes précieuses. On avait sorti 200 images du Bouddha brodées ou peintes sur soie, 2 statues d'or et d'argent, et 500 bannières tissées de soie et de fil d'or. Les livres sacrés, les statues et les reliques que le Maître de la Loi avait rapportés de l'Inde avaient également été sortis. On les avait placés sur des piédestaux que supportaient de nombreux chars marchant au milieu du cortège. Des deux côtés de la statue on voyait s'avancer deux grands chars sur chacun desquels on avait dressé un mât surmonté d'une riche bannière. Derrière les bannières flottait l'image du « Lion des Çâkya » qui ouvrait la marche de la procession. En outre on avait orné d'une manière magnifique 50 chars où étaient assis 50 personnages d'une vertu éminente. Ensuite venaient tous les moines de la capitale, portant des fleurs et chantant des hymnes religieux. Après eux marchaient tous les magistrats civils et militaires rangés en bon ordre. Et les neuf corps de la musique impériale, se tenant des deux côtés, fermaient la marche. On entendait le son des clochettes et des tambours et l'on voyait de riches étendards qui se déployaient dans les airs. Tous les habitants de Tch'ang-ngan étaient accourus. Mille gardes du corps du palais faisaient une escorte imposante. L'empereur, avec le prince royal et toutes les femmes du harem, était monté en haut d'un pavillon qui dominait la porte Ngan-fo-men et tenait une cassolette de parfum, suivant d'un œil ravi le déploiement de l'immense cortège.

« Enfin les statues arrivèrent à la porte du couvent. On les y déposa au milieu d'un nuage de parfum, au son d'une musique harmonieuse. Après quoi toute la multitude se retira en silence. »

Pendant les mois qui suivirent, l'amitié de l'empereur T'ai-tsong pour Hiuan-tsang ne cessa de croître. Partis de points si opposés, l'un à travers la vie des camps, l'autre venu du monde de la prière, l'un ayant soumis la moitié de l'Asie, l'autre ayant accompli le voyage fabuleux des « pays d'Occident », tous deux ayant en somme réalisé le rêve de leur jeunesse, ils se retrouvaient maintenant au soir de leur carrière. T'ai-tsong prenait plaisir à entendre le religieux lui parler de la doctrine bouddhique, du monde de l'au-delà, et, surtout, de la terre indienne, de ses aspects et de ses monuments.

Cependant après vingt années d'un règne tout occupé à dompter les barbares et à restaurer l'empire, T'ai-tsong mourut dans son palais de Tch'ang-ngan, le 10 juillet 649. Il fut enterré à Li-ts'iuan hien, au Chen-si. Détail qui peint bien le conquérant. Il fit « garder sa tombe » par les statues de 14 rois vassaux, depuis les khans du Turkestan jusqu'au roi du Champa, en Indochine. Tel était le dévouement de ses vétérans que l'un d'eux, le vieux chef turc A-che-na Chö-eul, voulut se tuer sur sa dépouille à la vieille mode scytho-tartare, « pour garder la couche funèbre de l'empereur ! »

Après la mort de son protecteur, et malgré l'affection que lui témoignait le nouvel empereur, Kao-tsong, Hiuan-tsang s'enferma définitivement au couvent de la Grande Bienfaisance pour s'appliquer uniquement à la traduction des livres sacrés. « Chaque matin il se donnait une nouvelle tâche, et si, dans la journée, quelque affaire l'avait empêché de l'achever, il ne manquait jamais de la continuer la nuit. S'il rencontrait quelque difficulté, il déposait le livre, puis, après avoir adoré le Bouddha et accompli ses devoirs religieux jusqu'à la troisième veille, il se relevait, lisait à haute voix le texte indien et notait successivement à l'encre rouge les morceaux qu'il devait lire au lever du soleil. Chaque jour, au crépuscule du matin, après avoir pris un repas maigre, il expliquait pendant quatre heures un nouveau livre sacré. Ses disciples qui venaient lui demander ses instructions, remplissaient les galeries et les salles voisines. Malgré la multitude de ses occupations, son âme conservait constamment la même énergie et rien ne pouvait le troubler ni l'arrêter. Il discourait souvent aussi avec les religieux sur les sages et les saints de l'Inde, sur les systèmes des diverses écoles et sur les lointains voyages de sa jeunesse. »

La vie du Maître de la Loi s'écoulait ainsi, incroyablement laborieuse, parmi ses traductions et ses commentaires, coupée seulement de quelques courts séjours au palais, auprès de l'empereur Kao-tsong. Mais il se sentait vieillir et la maladie qu'il avait contractée en traversant le Pamir se réveillait. Il voulut revoir son village natal, son ancienne maison familiale. « Il s'informa de ses parents et de ses vieux amis qui étaient sur le point de s'éteindre, car il ne lui restait plus qu'une sœur. Il alla au-devant d'elle et la revit avec un sentiment de tristesse et de joie. Il demanda à sa sœur où étaient les tombeaux de son père et de sa mère. Il y alla lui-même avec elle et arracha de ses mains les herbes incultes qui y poussaient depuis de longues années. Enfin il choisit un lieu plus heureusement situé et prépara un cercueil double pour leur dernier séjour. »

En 664, comme il venait d'achever la traduction du livre sanscrit de la *Prajña Pâramitâ* (« la Perfection de Sapience »), il sentit ses forces décliner et comprit que sa fin approchait : « Je sens que ma vie touche à son terme. Lorsque je serai mort, vous me conduirez à ma dernière demeure. Il faut que ce soit d'une manière simple et modeste. Vous envelopperez mon corps dans une natte et vous le déposerez au sein d'une vallée, dans un lieu calme et solitaire. » Il voulut accomplir un dernier pèlerinage dans la vallée de Lan-tchi, pour offrir ses hommages aux statues du Bouddha et des Bodhisattva. Rentré au couvent, il cessa de traduire et ne s'occupa plus que de ses devoirs religieux.

Quelques heures avant sa mort, il s'écria, comme sortant d'un songe : « Devant mes yeux je vois une immense fleur de lotus d'une fraîcheur et d'une pureté charmantes. » Il vit encore en songe des hommes d'une stature élevée et vêtus de brocart, qui, portant des tentures de soie brodée de fleurs d'une beauté merveilleuse et des joyaux du plus grand prix, sortaient de la chambre du Maître de la Loi et allaient en parer, au-dedans et au-dehors, la salle consacrée à la traduction des livres. Il invita ensuite ses disciples « à dire joyeusement adieu à ce corps impur et méprisable de Hiuan-tsang qui, ayant fini son rôle, ne méritait plus de subsister longtemps. Je désire, ajouta-t-il, voir reverser sur les autres hommes les mérites que j'ai acquis par mes bonnes œuvres ; naître avec eux dans le ciel des Dieux Bienheureux (Tushita), être admis dans la famille de Maitreya et y servir ce Bouddha plein de tendresse et d'affection. Quand je reviendrai sur la terre pour parcourir d'autres existences, je désire, à chaque naissance nouvelle, remplir avec un zèle sans bornes mes devoirs envers le Bouddha et arriver à l'intelligence transcendante. » Après avoir fait ses adieux, il se tut et entra en méditation. Il fit encore cette oraison dernière qu'il fit répéter aux personnes présentes : « Adoration à Vous, ô Maitreya Tathâgata, doué d'une intelligence sublime, je désire avec tous les hommes voir votre visage affectueux. Adoration à vous, ô Maitreya Tathâgata ! Je désire, après avoir quitté la vie, rentrer dans la multitude qui vous entoure. » Peu après son âme s'évanouit. Son visage gardait une teinte rose et tous ses traits exprimaient au plus haut degré la joie et le bonheur... »

L'empereur Kao-tsong le pleura et le fit enterrer avec des honneurs exceptionnels dans le Couvent de la Grande Bienfaisance.

CHAPITRE XIV

PÈLERINS DES MERS DU SUD

Le pèlerinage de Hiuan-tsang fut loin d'être un événement isolé. Un de ses contemporains, un moine comme lui, Yi-tsing (634-713), nous a laissé le récit des voyages accomplis à son époque par les autres « religieux éminents qui allèrent chercher la Loi dans les pays d'Occident », c'est-à-dire aux Indes.

Mélancolique énumération. « Il y en eut qui franchirent à l'ouest la Barrière-couleur-de-pourpre (la Grande Muraille) et marchèrent solitaires ; d'autres traversèrent la vaste mer et voyagèrent sans compagnon. Il n'était aucun d'eux qui n'appliquât toute sa pensée aux Vestiges Sacrés et qui ne se prosternât de tout son corps en rendant les honneurs rituels ; tous comptaient revenir et reconnaître les Quatre Bienfaits en répandant l'espérance.

« Cependant la voie triomphante était semée de difficultés ; les Lieux Saints étaient éloignés et vastes. Pour des dizaines qui verdirent et fleurirent et pour plusieurs qui entreprirent, il y en eut à peine un qui noua ses fruits et donna des résultats véritables, et il y en eut peu qui achevèrent leur œuvre.

« La cause en fut l'immensité des déserts pierreux du Pays de l'Eléphant (l'Inde), les grands fleuves et l'éclat du soleil qui crache son ardeur, ou les masses des vagues soulevées par le poisson gigantesque, les gouffres et les flots qui s'élèvent et s'enflent jusqu'au ciel. En marchant solitaire au-delà des Portes de Fer (entre Samarqand et Bactres), on circulait parmi les 10 000 montagnes et on tombait au fond des précipices ; en naviguant seul au-delà des Colonnes de Cuivre (au sud du Tonkin), on traversait les 1 000 deltas et on perdait la vie...

C'est pourquoi ceux qui partirent furent au nombre de plus de 50, ceux qui subsistèrent furent à peine quelques hommes[1] »

Un des premiers en date de ces pèlerins, émules et successeur de Hiuan-tsang, fut le moine Hiuan-chao. Originaire de la province actuelle du Chen-si, il appartenait, comme Hiuan-tsang, à une vieille famille de mandarins. Comme lui il entra tout jeune au couvent. « A l'âge où on noue les cheveux des enfants, il enleva l'épingle de tête et sortit du monde. » Dès qu'il fut devenu homme, il voulut adorer les Vestiges Sacrés de Bouddha. Après être venu à Tch'ang-ngan se perfectionner dans l'étude des textes sanscrits, « il prit le bâton orné d'étain et se mit en marche vers l'Ouest ». On était aux environs de l'an 651. Comme vingt ans plus tôt Hiuan-tsang, il s'enfonça dans les « Sables Mouvants » — le Gobi — passa par le défilé des Portes de Fer, au Turkestan, entre Samarqand et Balkh, et gravit les Montagnes Neigeuses — l'Hindu Kush. Il semble ensuite s'être égaré ou être revenu sur ses pas, car Yi-tsing le fait passer par le Tokharestân, puis arriver jusqu'aux frontières du Tibet. Fort heureusement ce dernier pays était alors gouverné par une régente chinoise, veuve du roi Srong-bcan-sgam-po, la princesse de Wen-tch'eng. C'était une bouddhiste fort pieuse qui remit le pèlerin sur la bonne voie et le fit conduire vers les confins du Panjâb.

Comme il approchait de Jâlandhara (Chö-lan-t'o-lo), à la descente des montagnes, sa caravane fut arrêtée par des brigands. On se trouvait au milieu d'une vallée encaissée qui ne permettait aucun espoir de secours. « Lui cependant invoqua l'aide divine ; il écrivit un vœu et, prosterné devant les saints, il dévoila son cœur. En songe il eut un pressentiment ; il s'éveilla et vit que tous les brigands dormaient. Conduit secrètement, il sortit de leur cercle et put s'échapper. »

Hiuan-tchao passa quatre ans à Jâlandhara où il se perfectionna dans la connaissance du sanscrit. Il se rendit ensuite aux Lieux Saints du Magadha et y passa quatre ans, à Gayâ, près du temple de la Bodhi, puis trois ans à Nâlandâ. Tandis que Hiuan-tsang s'était plutôt consacré

---

1. Pour ce chapitre et le suivant, j'utilise, dans les citations, la traduction de Yi-tsing, par Chavannes, *Mémoire sur les religieux éminents qui allèrent chercher la loi dans les pays d'Occident.*

à l'étude de l'idéalisme *yogâcâra,* Hiuan-tchao, à Nâlandâ, étudia d'abord le criticisme radical des *Mâdhyamika sous* la direction du maître Jinaprabha, puis l'union mystique et l'extase du *yoga* et du *dhyâna* avec le maître Ratnasi*m*ha.

Au point de vue politique, la situation était bien changée depuis quatre-vingts ans dans l'Inde du Nord. Harsha était mort vers 647. A sa place s'était élevé un usurpateur qui avait commis la folie d'attaquer l'ambassade chinoise envoyée au défunt par l'empereur T'ai-tsong. L'ambassadeur Wang Hiuan-ts'ö, ne voulant pas laisser cette offense impunie, était allé demander main-forte au roi de Népâl et au roi de Tibet, clients tous deux de la dynastie des T'ang. Avec les renforts qu'il en reçut, il redescendit dans le bassin du Gange, battit l'usurpateur, le fit prisonnier et le ramena chargé de chaînes à la cour de Tch'ang-ngan. Ce fut ce même Wang Hiuan-ts'ö qui donna à Hiuan-tchao, son pèlerinage accompli, les moyens de rentrer en Chine. Le voyage de retour se fit par le Népâl où le roi prêta au pèlerin une escorte qui l'accompagna jusqu'au Tibet. Au Tibet la bonne princesse de Wen-tch'eng, toujours régente, combla Hiuan-tchao de cadeaux et lui confia une escorte pour rentrer en Chine.

Hiuan-tchao comptait se consacrer, comme jadis Hiuan-tsang, à la traduction des textes sanscrits. A Lo-yang, où il venait de s'installer (vers 664), toute une équipe d'élèves se pressait déjà autour de lui, lorsqu'un décret impérial lui ordonna de retourner dans l'Inde avec mission d'y chercher pour la cour un guérisseur fameux et des drogues médicinales. Il dut laisser là ses livres sanscrits et repartir. « Il franchit de nouveau les Sables Mouvants, il parcourut derechef le Désert Pierreux. Dans les montagnes escarpées il marcha sur le bord des passerelles de bois ; ne projetant qu'une ombre de profil il passa en se mettant de biais. Il fut balancé sous les ponts de corde ; en effaçant son corps il parvint à traverser de côté. Il rencontra des voleurs tibétains qui le dépouillèrent de tout, même de sa coiffure, mais lui laissèrent la vie... » Parvenu aux frontières de l'Inde, il y rencontra le guérisseur dont la réputation avait mis en émoi la cour chinoise. Celui-ci se rendait en Chine, mais chargea Hiuan-tchao d'aller dans l'Inde récolter pour ses augustes clients de nouvelles plantes médicinales. Le pèlerin en profita pour visiter de nouveau les reliques de Balkh et du Kapiça. Il accomplit ensuite sa mission en parcourant le Dékhan à la recherche des drogues demandées par la cour. Avant de reprendre le chemin de la

Chine il alla se reposer quelque temps au monastère de Nâlandâ. Mais la voie du retour était maintenant fermée à la fois par les Tibétains, depuis peu révoltés contre l'Empire, qui coupaient le chemin du Népâl, et par les Arabes dont les avant-coureurs s'étaient avancés depuis 664 jusqu'au Kapiça. Le voyageur dut attendre au Magadha des temps plus propices. « Il reposa sa volonté près du Pic du Vautour, il enfonça ses sentiments dans le Jardin des Bambous. Toutefois il avait sans cesse l'espoir d'aller répandre les lumières de la religion. » Espérance vaine. Il tomba malade et mourut sur les bords du Gange, âgé de plus de soixante ans.

Mais les Chinois n'étaient plus seuls à faire le pèlerinage des Lieux Saints. Un peu auparavant, sous le règne de T'ai-tsong, plusieurs moines coréens s'étaient rendus dans l'Inde, la plupart à travers l'Asie centrale, quelques-uns par la route maritime, en passant par l'Etat indo-malais de Çrîvijaya, l'actuel Palembang, à Sumatra. Les notices que leur a consacrées Yi-tsing se terminent presque toujours par la même mention : « Ils moururent dans l'Inde et ne revirent pas leur pays »

De fait, comme le prouve l'exemple de Hiuan-tchao, le voyage « de Chine en Inde » devenait maintenant plus difficile. La force chinoise, si formidable sous T'ai-tsong, subissait sous son successeur une singulière période d'effacement. En tout cas elle ne pouvait plus faire respecter les routes de l'Asie centrale. Sans parler des Arabes installés depuis 642 en Perse et qui poussent leurs raids jusqu'au Kâbul, un fait nouveau est intervenu : la révolte des Tibétains contre la suzeraineté chinoise. Depuis 660 les Tibétains (les « T'ou-fan », comme les appellent les Chinois), encore dans toute la fougue du tempérament barbare et que leur trop récente conversion au bouddhisme n'a guère assagis, sont en pleine effervescence et disputent à la Chine l'hégémonie de l'Asie centrale. Vers 670 ils enlèveront même à l'Empire les oasis de Khotan, Yârland, Kâshghar et Kutshâ, qui ne pourront être reconquises que vers 692.

Aux portes mêmes de la Chine, les Marches frontières du-Chen-si et du Sseu-tch'ouan étaient transformées en champ de bataille. « Prince, s'écriera bientôt le poète Tou Fou s'adressant à l'empereur Ming Houang, avez-vous vu les bords du Köke-nor où les os des soldats blanchissent sans sépulture, où les esprits des hommes récemment tués importunent de leur plainte ceux dont les corps ont depuis longtemps péri ? Le ciel est sombre, la pluie est froide sur cette lugubre plage, et des voix gémissantes s'y élèvent de tous côtés. » C'était le commencement des terribles guerres tibétaines où devait s'épuiser la force des T'ang...

Les pistes de l'Asie centrale, infestées par les Tibétains du côté de la Kashgharie, par les Arabes du côté de la Bactriane, devenaient presque impraticables. Les pèlerins bouddhistes, abandonnant la route traditionnelle jadis suivie par Hiuan-tsang, empruntèrent désormais de préférence la voie de mer.

La route maritime, d'ailleurs, n'était pas non plus sans péril, comme le montre la dramatique histoire de Tch'ang-min. Ce religieux, qui appartenait à l'école du dhyâna, s'était embarqué pour l'Inde. Il fit escale à Jafa (Holing) et à Sumatra (au Malayu). De ce dernier pays il fit voile vers la côte du Dékhan. « Or le bateau marchand sur lequel il monta avait une cargaison fort lourde. Il n'était pas loin du point de départ lorsque, soudain, des vagues énormes s'élevèrent et en moins d'une demi-journée le bateau sombra. Au moment où il périssait, les marchands se précipitèrent pour entrer dans la barque de sauvetage, et ils se disputaient entre eux. Cependant le patron du bateau était un croyant. Il cria : « Maître, montez donc dans le canot ! » Tch'ang-min répondit : « Faites-y monter d'autres personnes ! » « Alors, joignant les paumes de ses mains vers l'ouest, il invoqua Amida Bouddha : pendant qu'il psalmodiait, le bateau s'enfonça et disparut. Quand le son s'éteignit, il était mort. » La raison de sa conduite, ajoute son biographe, Yi-tsing, était « qu'en méprisant sa vie pour le bien des autres êtres, on montre un cœur obéissant à la Bodhi, qu'en s'oubliant soi-même pour sauver les hommes on agit comme le Bouddha. »

D'autres étaient plus heureux. Aussi bien les voyages dans les mers du Sud, malgré les risques qu'ils comportaient, étaient relativement fréquents à cette époque. Les côtes de l'Indochine et de l'Insulinde étaient depuis longtemps civilisées. Le pays annamite — Tonkin et Annam septentrional actuels — formait une province chinoise régulièrement administrée. Dans notre Annam central et méridional, l'antique royaume de Champa, malayo-polynésien de race, indien de culture et de religions, restait la piraterie invétérée des habitants comme une dépendance de l'Inde. La capitale du pays, Indrapura, l'actuel Trakiêu près de Tourane, et les sanctuaires çivaïstes voisins de Mi-so'n voyaient s'élever, par la combinaison de l'influence indienne et de l'originalité chame, une architecture et une sculpture d'un singulier accent, dont le VIIe siècle marque précisément l'essor. C'est de cette époque que datent en effet les puissantes et saisissantes statues du musée de Tourane, témoignage immortel du génie des vieux Chams.

Plus loin, le Cambodge se trouvait le siège d'un autre royaume profondément indianisé, le « Tchen-la », comme les Chinois l'appelaient, qui avait depuis peu remplacé l'ancien Fou-nan et qui est le prototype du grand empire khmèr du IXe siècle. La partie maritime du Tchen-la, le « Tchen-la d'eau », dont la capitale était Vyâdhapura ou Angkor-Borei, à la frontière de l'actuelle Cochinchine, se trouvait, comme le Champa, sur la route maritime de Chine en Inde. C'était en outre l'époque où se développait au Cambodge la robuste sculpture « préangkoréenne » qui, sous une forme déjà originale, était en train d'enrichir d'un art nouveau le trésor de l'esthétique indienne.

Enfin, plus au sud, un troisième Etat indianisé s'était fondé à Sumatra, celui de Crîvijaya, l'actuel Palembang, qui, en 670, s'était substitué au royaume jumeau de Malâyu. Cet Etat indo-malais, gouverné par la grande dynastie des Çailendra, devait établir un moment son hégémonie sur toutes les mers du Sud, de Java au golfe de Siam. En même temps qu'ils s'adjugeaient une véritable thalassocratie en ces régions, les Çailendra allaient y faire rayonner la culture indienne, et cela avec un éclat incomparable puisque c'est eux qui, vers la fin du VIIIe siècle, feront sculpter à Java les reliefs bouddhiques de Bôrôbudur. Il est même curieux de constater que c'est dans cette province dernière de l'Inde extérieure que l'art indien a produit ses chefs-d'œuvre les plus purs et réalisé pleinement son canon. En empruntant la voie maritime, les pèlerins chinois voyaient l'Inde venir au-devant d'eux. Pour qui voulait étudier les écritures sanscrites, point n'était besoin de pousser jusqu'à Nâlandâ : il suffisait de s'arrêter dans les couvents sumatranais, à Çrîvijaya. Qui désirait avoir la révélation du bouddhisme indien pouvait se dispenser à la rigueur de visiter les Bouddhas de Mathurâ et de Sârnâth ou les fresques d'Aja*n*tâ ; il n'avait qu'à contempler à Java les reliefs et les statues de Bôrôbudur. Toute l'harmonie apaisée, toute la spiritualité bouddhiques y étaient déjà contenues.

Il ne faut donc pas s'étonner de voir ces vieilles routes maritimes parcourues par nos pèlerins. Malgré leurs dangers, elles devenaient maintenant plus sûres que les pistes de l'Asie centrale, coupées par les maraudeurs tibétains. Du reste la domination exercée sur les mers de la Sonde par les empereurs sumatranais de Çrîvijaya assurait alors à ces parages une sécurité qu'ils ne devaient plus retrouver par la suite.

Un des premiers pèlerins qui aient emprunté cette voie est le Maître de la Loi Ming-yuan. Il s'était rendu par terre de la Chine du Sud au Tonkin où il s'embarqua. Son navire résista à un typhon et, après une escale à Java, il aborda à Ceylan, où il reçut un accueil amical du roi et de la cour. Il y répondit d'ailleurs assez mal, car il s'introduisit secrètement pour la dérober dans le stûpa où était gardée la relique des reliques, la dent du Bouddha. « Les gens de Ceylan, écrit Yi-tsing, gardent cette dent du Bouddha avec des précautions extraordinaires. Ils l'ont placée sur une haute tour ; ils ferment avec des serrures compliquées des portes multiples. Sur la serrure on fait un sceau et cinq fonctionnaires y apposent leurs cachets. Si on ouvre une porte un bruit retentissant avertit la ville. Chaque jour on vient faire des offrandes à cette relique. Des fleurs odorantes la couvrent de tous côtés. Si on l'implore avec une grande foi, la dent apparaît au-dessus des fleurs, ou bien un éclat surnaturel se produit. D'après une tradition, si Ceylan perdait la Dent, l'île serait avalée et dévorée par les démons. C'est pour prévenir un tel malheur qu'on la garde de manière si exceptionnelle. » Mais d'après une autre tradition la Dent devait finir par aller en Chine. « Cela sera un effet lointain de la puissance sainte, écrit mystérieusement Yi-tsing ; si on a la foi, cela arrivera. »

Le moine Ming-yuan se crut sans doute l'instrument désigné pour cet événement, car il déroba la relique dans l'espoir de la ramener en Chine. Mais il fut aperçu, on s'ameuta, on lui reprit la Dent et peu s'en fallut qu'on ne lui fît un mauvais parti. « L'affaire, dit pudiquement Yi-tsing, n'alla pas au gré de son désir, et il se vit couvert d'opprobre et de honte. »

Peu après cette fâcheuse aventure, le moine sseutch'ouanais Yi-lang s'embarqua avec son frère près de Canton, doubla le Cambodge ou, comme on disait alors le « Founan », et atteignit Ceylan, puis le Dékhan où il disparut. Un autre Sseutch'ouanais, Houei-ning, se rendit vers le même temps à Java où il étudia les Ecritures sanscrites pendant trois ans, sous la direction du moine indien Jñânabhadra ; puis il s'embarqua pour l'Inde où les pèlerins suivants ne retrouvèrent pas sa trace. Il avait dû périr en mer au cours de cette traversée. Comme lui, le Tonkinois

Yun-k'i alla à Java étudier sous les ordres de Jñânabhadra. Il est intéressant de noter, avec son biographe, qu'il parlait également le sanscrit et le malais (ou, comme disaient les Chinois, le *fan* et le *kouen-louen*), si bien qu'il finit par se fixer à Çrîvijava (ou Palembang, à Sumatra).

Parfois se produisait quelque dramatique découverte, comme celle que fit le pèlerin Ta-tch'eng-teng. Ce moine dhyâniste avait beaucoup voyagé. Encore enfant, il s'était embarqué à la suite de ses parents pour le Dvâravati, c'est-à-dire pour le pays, alors habité par des Môn indianisés, qui est aujourd'hui le Siam méridional. Etant revenu en Chine où il entra dans les ordres, il voulut connaître l'Inde, prit la mer pour Ceylan, traversa le Dékhan du sud au nord. Au port de Tâmralipti (Tamluk) au Bengale, des corsaires pillèrent son bateau et ne lui laissèrent que la vie sauve. Après être demeuré douze ans dans ce pays, il alla visiter les Lieux Saints, Gayâ et Nâlandâ, Vaiçâlî, Kuçinagara. Ce fut au cours de ces voyages qu'il passa par l'ermitage où avait vécu un autre pèlerin chinois, son ancien condisciple, Tao-hi. Mais Tao-hi était mort depuis peu. « Ses volumes chinois étaient dans le même état que de son vivant. Ses tablettes sanscrites étaient encore en ordre. En les voyant Ta-tch'eng-teng ne put retenir ses larmes : Autrefois, à Tch'ang-ngan, nous allions ensemble nous asseoir sur les nattes de la salle où on enseignait la Loi ; aujourd'hui, sur une terre étrangère, je ne trouve plus que sa demeure vide. »

Tel était encore le sort qui attendait un autre religieux célèbre, Tao-lin. Parti par la voie de mer, il passa par Java, longea « le pays des hommes nus », c'est-à-dire les îles Nicobar, et aborda au port de Tamluk, au Bengale. Il parcourut ensuite l'Inde en tous sens, depuis Nâlandâ où il passa plusieurs années, jusqu'à Dékhan et, de là, au Kâçmîr et au Kapiça. Puis on perd sa trace. Son biographe pense qu'il voulut pénétrer en Iran et fut surpris par des brigands — peut-être des coureurs arabes.

Que d'autres noms encore, que de figures indécises, entrevues dans le mémoire de Yi-tsing. Le récit mélancolique de leurs voyages et de leur mort mystérieuse, quelque part dans les jungles du Béhar ou les forêts du Sud, est presque toujours le même. Nous discernons mal la personnalité de ces chercheurs de vérité qui abandonnaient en foule leur patrie pour courir les routes incertaines de l'Inde. Et pourtant combien le seul énoncé de ces itinéraires nous fait encore rêver ! Quelle facilité de déplacements à cette lointaine époque ! Et comme on comprend mieux devant de tels périples les rapprochements que nous suggèrent les pièces de nos musées ! De l'Inde et de Ceylan à Java, au Cambodge, au Champa et aux ports de la région cantonaise, c'était un perpétuel échange d'idées, de textes et d'œuvres d'art. Les mers de la Sonde jouaient à ce point de vue le même rôle que jadis la chaîne d'oasis du Gobi, et un centre comme Çrîvijaya, à Sumatra, ne pouvait se comparer, comme foyer d'indianisme, qu'à ce qu'avait été autrefois Kutshâ en Asie centrale.

Une place à part, parmi ces pèlerins, doit être faite à Tche-hong et à Wou-hing dont la physionomie se détache avec plus de relief et dont le voyage paraît avoir été plus fertile en résultats.

Tche-hong se trouvait être le neveu de l'ambassadeur Wang Hiuan-ts'ö dont nous avons cité les missions diplomatiques et militaires dans l'Inde. Sans doute la culture confucéenne de Tche-hong et ses appuis dans l'administration lui eussent valu une carrière rapide. Mais, nature méditative et grave, le jeune homme manifestait de tout autres inclinations. Du reste le spectacle de la cour de l'impératrice Wou Tsö-t'ien, avec ses désordres et ses crimes, était bien propre à choquer les âmes délicates. « Il comprit que la cour et la ville n'étaient que clameurs et tumulte. » « Tenant à honneur la pureté et le calme de la sagesse bouddhique », il se retira dans les montagnes du Kouang-si et y passa plusieurs années dans la méditation. « Il contemplait les beautés pittoresques des montagnes et des torrents, il se promenait dans la calme solitude des forêts et des clairières. Il prenait son pinceau et écrivait ses sentiments, son désir de partir pour le lointain voyage. » Ce fut alors qu'il fit la connaissance d'un religieux animé des mêmes sentiments, Wou-hing.

Comme lui, Wou-hing s'était retiré dans les montagnes de la Chine méridionale, et là, errant parmi les sommets, au bord des torrents, dans ces paysages de lointains, de buées et de pics que les ateliers Song devaient plus tard populariser, il s'absorbait dans l'extase synthétique prêchée par l'école du *Dhyâna,* et communiait longuement avec l'essence des choses. Lui aussi rêvait au voyage de la terre sainte. Dans les montagnes où il s'était retiré, il venait d'achever la lecture du *Lotus de la Bonne Loi.* « Il dit alors en soupirant : Si quelqu'un recherche une nasse, c'est qu'il a l'intention de prendre du poisson ; si quelqu'un s'enquiert des paroles, c'est qu'il désire porter son attention sur la Doctrine. Il serait bon que je pusse interroger un maître, voir en lui comme en un miroir mon cœur et mon âme, m'ouvrir la porte du calme, couper court aux troubles et aux doutes. » La rencontre de Tche-hong le décida : les deux amis partirent pour le pèlerinage de l'Inde.

Ils s'embarquèrent à l'actuel Lei-tcheou, dans la presqu'île du Kouang-tong. Après un mois de navigation, ils arrivèrent à Çrîvijaya, dans l'île de Sumatra. Le Çailendra régnant les combla de faveurs, comme bouddhistes d'abord, comme sujets des T'ang ensuite. Ce fut sur un navire royal de Çrivijaya qu'ils firent voile vers l'Inde. Détail intéressant : ils firent d'abord seulement escale dans l'Inde propre, à Négapatam, et repartirent de là pour l'île de Ceylan. Cet itinéraire prouve l'importance que le bouddhisme cinghalais avait prise dans les préoccupations des religieux chinois, et à quel point la querelle des deux Eglises bouddhiques, Hînayâna et Mahâyâna, entravait peu les rapports personnels. L'abîme qui sépare aujourd'hui le « Petit Véhicule » cinghalo-siamois du Mahâyâna sino-japonais n'existait pas encore. Tous les pèlerins chinois se rendaient en premier lieu à Ceylan pour visiter la Dent du Bouddha, et ce n'était que par suite de révolutions locales passagères que Hiuan-tsang lui-même n'avait pu pénétrer dans l'île.

De Ceylan, Tche-hong et Wou-hing s'embarquèrent pour les côtes de l'Orissa et du Bengale. Après un séjour d'un an dans ce pays, ils se fixèrent au monastère de Nâlandâ ou le roi de Magadha leur donna le titre de supérieur de couvent (*vihârasvâmin*). Ce fut là qu'ils virent arriver leur historiographe à tous le plus illustre pèlerin après Hiuan-tsang le religieux Yi-tsing.

CHAPITRE XV

LES NAVIGATIONS DE YI-TSING

Yi-tsing, qui devait se faire l'historien des autres pèlerins bouddhistes, nous a lui-même renseignés sur les péripéties de son propre voyage. Il était né au Tche-li en 634. Dès l'âge de sept ans, il fut admis au couvent. Il n'avait que douze ans lorsque mourut son maître, le moine Chan-yu. « Cet événement, dit Chavannes, fit sur lui une impression profonde. Quand, vingt-cinq années plus tard, il résolut de partir pour l'Inde, c'est auprès de la tombe de son maître qu'il alla chercher un encouragement suprême ; par une grise journée d'automne il vint visiter le tertre funéraire ; les arbustes plantés lors de l'enterrement étaient devenus de jeunes arbres, et leur croissance témoignait de l'ancienneté du deuil toujours présent au cœur du disciple ; le brouillard tombait sur la terre que recouvrait une herbe jaunie ; il y avait dans la mélancolie calme de cette scène quelque chose de mystérieux, comme si l'âme du mort se fût éveillée pour donner sa bénédiction au pèlerin. Yi-tsing lui annonça son voyage et lui demanda sa protection. »

A l'automne de 671, Yi-tsing s'embarqua à Yang-tcheou, dans la province de Kiang-sou, sur un bateau persan. La saison était favorable. C'était le commencement de la mousson du nord-est. « En ce temps-là, le vent commençant à souffler dans le vaste espace, nous nous tournâmes du côté du sud, et les cordages de 1 000 pieds de long furent suspendus deux par deux. C'était le commencement de l'époque marquée par les constellations ; nous nous éloignâmes du nord, et la girouette de plumes flotta isolée. Longtemps nous fûmes retenus sur l'immense abîme ; de grosses vagues, hautes comme des montagnes, barraient la mer ; elles traversaient tout le vaste gouffre ; les flots, comme des nuages, montaient jusqu'au ciel. »

Vingt jours plus tard, le navire de Yi-tsing fut en vue de Sumatra. Yi-tsing y resta huit mois, dont six à Çrîvijaya (Palembang) et deux à Malâyu. Un navire sumatranais l'emporta ensuite à travers le golfe du Bengale. Il vit au passage « le pays des hommes nus », sans doute les îles Nicobar. « Si on regarde le rivage, on ne voit que végétation luxuriante, cocotiers et forêts d'aréquiers. Dès que les indigènes voient venir un bateau, ils montent à l'envi sur de petites embarcations qui arrivent au nombre de plus de 100. Ils apportent tous des noix de coco, des bananes et des objets en rotin ou en bambou qu'ils demandent à échanger contre du fer. Pour un morceau de fer, grand comme deux doigts, on reçoit de cinq à dix noix de coco. Les hommes sont tous entièrement nus les femmes cachent leur sexe avec des feuilles. Si les marchands leur offrent, par plaisanterie, des vêtements ils font signe de la main qu'ils ne s'en servent pas. Ces indigènes se nourrissent uniquement de cocos et de racines d'ignames. Si on refuse de faire des échanges avec eux, ils lancent aussitôt des flèches empoisonnées. »

Des îles Nicobar aux côtes du Bengale, Yi-tsing mit encore une quinzaine de jours. A la deuxième lune de l'an 673, il aborda au port de Tâmralipti, la moderne Tamluk, où il resta un an pour se perfectionner dans le sanscrit avant de pénétrer à l'intérieur. Il fit ensuite le pèlerinage de la terre sainte par excellence, le Magadha « A une distance de dix jours du temple de Bodh-Gayâ on s'engage dans un pays de montagnes et d'étangs. Les dangers de la route sont difficiles à franchir. Il faut être à plusieurs pour se porter secours mutuellement et on doit se garder de s'avancer seul. En ce temps-là je fus atteint d'une maladie passagère. Mon corps était brisé et à bout de forces. Je cherchai à profiter de l'occasion que me procurait une caravane de marchands, mais au bout de peu de temps ma fatigue me rendit incapable de les suivre. Quoique je fisse tous mes efforts et que je voulusse avancer, je dus m'arrêter cent fois sur un parcours de cinq *li*. Il y avait alors plus de vingt religieux du temple de Nâlandâ qui étaient tous partis en avant. Je restai seul en arrière dans les défilés pierreux. Vers le soir, entre trois et cinq heures, des brigands de la montagne accoururent, l'arc tendu et poussant de grands cris. Ils vinrent me regarder, se moquant de moi entre eux. Ils commencèrent par me dépouiller de mes habits. Tout ce que j'avais sur moi de courroies et de ceintures, ils l'arrachèrent aussi. A ce moment, je pensai que j'allais dire adieu pour longtemps aux générations humaines, que je ne satisferais pas mon désir de pèlerinage, et que mes membres seraient dispersés sur la pointe des lances. » Se rappelant sans doute la tragique aventure qui avait failli arriver à Hiuan-tsang, Yi-tsing pensait que ces sauvages allaient l'égorger à cause de la couleur pâle de sa peau, pour l'offrir à quelque idole çivaïte : « J'entrai alors dans une fondrière et je m'enduisis complètement de boue ; je me couvris ensuite le corps de feuilles, puis, m'appuyant sur un bâton, je m'avançai lentement. Au moment du coucher du soleil, le lieu de la halte était encore fort éloigné. A la deuxième veille de la nuit (entre neuf heures et onze heures du soir), j'eus le bonheur de rejoindre mes compagnons. J'entendis le vénérable Tatch'eng-teng qui me jetait de longs appels en dehors du village ; dès que nous nous fûmes retrouvés, il s'occupa de me donner un habit et de laver mon corps dans un étang. »

Parvenu enfin à Nâlandâ et à Gayâ, Yi-tsing vénéra les Lieux Saints pour lui-même et aussi pour ses amis restés en Chine, qui lui avaient demandé une prière devant l'Arbre de la Bodhi. « Je me prosternai de tout mon corps sur le sol. Je n'eus plus qu'une seule pensée, celle d'une respectueuse sincérité. Je demandai pour la Chine les Quatre Bienfaits ; puis, pour tout le monde bouddhique, la connaissance de la Tradition sainte, la réunion générale sous l'Arbre aux fleurs de dragon, la rencontre avec la personne vénérable du Compatissant (Maitreya, le Bouddha futur), l'obtention de la Connaissance parfaite. Ensuite j'accomplis toute la série des adorations devant les saintes reliques. »

Yi-tsing visita de même la terre sacrée de Kuçinagara où le Bouddha était entré dans le nirvâ*n*a, le Parc des Antilopes, à Bénarès, témoin de la première prédication, tous les lieux célébrés par les Ecritures. Il resta dix ans à Nâlandâ, écoutant les enseignements des docteurs de la Loi et recueillant les livres saints.

Cependant l'heure de son retour était arrivée. Il désirait emprunter de nouveau la route maritime pour préparer ses textes sanscrits dans le docte milieu de Çrîvijaya. Son compatriote Wou-hing, qu'il avait retrouvé à Nâlandâ, voulait, lui aussi, rentrer en Chine, mais en passant par la région gandhârienne. Les adieux des deux amis furent mélancoliques. « Nous nous accompagnâmes à partir de Nâlandâ sur une distance de six *yojana.* Chacun de nous pensait au chagrin de nous séparer vivants l'un de l'autre. Tous deux nous entretenions l'espérance d'une nouvelle réunion. En songeant à l'immensité de la tâche qui nous restait à accomplir, nous essuyions nos pleurs sur nos manches. » Ils allèrent faire une dernière promenade au nord-est de l'ancienne Râjag*r*iha, sur le Pic du Vautour. « Lorsque nous eûmes fini nos adorations et nos offrandes, nous regardâmes au loin la campagne et les défilés des montagnes et nous ne pûmes maîtriser une grande tristesse. » Et le pèlerin composa alors ce mélancolique poème :

« J'ai été contempler la transformation des choses au sommet du Jetavana, j'ai promené mes regards sur l'ancienne ville royale. L'étang qui compte 10 000 années est encore en bon état. Le parc, vieux de mille ans, est encore frais. Mais, indistinct et incertain, le chemin établi par le roi Bimisâra est détruit au flanc de la montagne. La terrasse sainte des Sept Joyaux a perdu ses anciens vestiges. Les fleurs célestes de quatre couleurs ont cessé de pleuvoir avec des accords harmonieux ; accords et fleurs sont passés depuis longtemps. »

Puis ces strophes d'une si touchante piété : « Que je regrette d'être né si tard ! Dans le monde actuel je ne discerne pas la Porte. Pour arriver au Nirvâ*n*a, je ne vois pas le Chemin. Je suis monté à pied sur la hauteur qui domine la ville et j'ai regardé au loin. Mon cœur s'est promené au-dessus des Sept-Mers. Les trois mondes, en proie au trouble, étaient comme enlisés, les 10 000 classes d'êtres ne contenaient pas un cœur sincère. Seul le Compatissant a eu l'intelligence complète, il a dissipé la poussière, il a calmé les flots, il a ouvert la Voie profonde. Quand il rencontra une tigresse affamée, il lui livra le rempart de son corps ; il fit tomber sa pitié sur les êtres en détresse. Dans le fleuve dont l'onde est calmée il a lavé ses anciennes attaches. Avec l'épée de la Connaissance, gelée comme du givre, il a fendu les brouillards nouveaux. Les grands kalpas illimités, il n'en est aucun où il n'ait pratiqué la vertu. Pendant les six divisions du jour il prend en pitié les vivants. Il a franchi le courant de l'existence et la gloire du Nirvâ*n*a lui est acquise... »

Yi-tsing évoque ensuite les travaux qui attendaient encore les deux pèlerins sur les routes hasardeuses du retour : « Dans le fleuve de sable et les montagnes neigeuses, au matin, on ne distingue pas la route. Sur la vaste mer et près des rivages abrupts on se perd durant les traversées nocturnes. On s'expose à 10 000 morts pour sauver une seule vie... Mais nous avons renoncé au plaisir pour notre personne actuelle, nous ne demandons pas au ciel la gloire auprès de la postérité. Nous avons fait le serment de sacrifier ce corps exposé aux dangers afin de rechercher la Doctrine victorieuse. Nous espérons tous satisfaire notre passion de répandre la Lumière. »

Puis encore ce dernier adieu à la terre indienne, aux collines, aux forêts et aux villages du Béhar, aux paysages qui avaient servi de cadre à la vie du Bienheureux : « Ce chant de tristesse, je ne le prononcerai pas de nouveau. Je regarde au loin les lieux que j'ai parcourus le matin. A l'est, j'ai contemplé les deux Empreintes qui sont restées sur la colline ; à l'ouest, j'ai galopé jusqu'au Jardin des Antilopes, d'où sont parties les trois révolutions de la Loi. Au nord, j'ai vu les étangs encore intacts de Kuçâgârapura ; au sud vu la caverne de la montagne vénérée qui est toujours là. Les cinq pics sont toujours beaux, les 100 étangs sont bien distincts. Très pures les fleurs fraîches éclairent les quatre côtés ; très brillant l'Arbre de la Sagesse illumine les trois mois de printemps. Montant avec le bâton du pèlerin, je me suis rendu sur le bord escarpé de la montagne. Appuyant mes pas, j'ai gravi le mont du Jetavana, et j'ai vu la pierre où le Bienheureux a autrefois plié ses vêtements... Par la vue et la méditation je suis comme si je me réunissais à la divinité. »

Enfin cette note plus humaine et toute personnelle : « Je suis triste, la Chine est loin d'ici... Tandis que je me plaisais à écouter, dans ma jeunesse, les jours s'ajoutaient aux jours, et, sans m'en apercevoir, je suis arrivé à mon déclin, les automnes s'étant ajoutés aux automnes. J'ai déjà réalisé mon projet primitif de me rendre à cette montagne (à la Terre Sainte). Puissé-je prendre avec moi les livres sacrés et me remettre en marche pour retourner en Chine ! »

S'étant séparé de son compagnon qu'il ne devait plus revoir, Yi-tsing revint s'embarquer à Tâmralipti. Il emportait avec lui plus de 10 000 rouleaux de textes sanscrits (685). Comme il le désirait, il s'arrêta à Çrîvijaya, dans l'île de Sumatra, et y resta quatre ans pour traduire dans un milieu sanscritiste une partie de cet énorme butin. Mais l'œuvre excédait les forces d'un seul homme. En 689 il se rendit donc en Chine pour y chercher des auxiliaires. Il ne fit que débarquer à Canton et, au bout de quatre mois, ayant recruté des disciples, il repartit avec eux pour le pays sumatranais.

Yi-tsing resta plus de cinq ans encore à Çrîvijaya, rédigeant ses notes personnelles et traduisant ses textes sanscrits. Enfin, en 695, il rentra définitivement dans sa patrie, et, au milieu de l'été, fit son entrée à Lo-yang, la seconde capitale impériale. Comme autrefois Hiuan-tsang, il vit la cour s'intéresser à ses voyages et lui faire un accueil officiel. Mais cette fois, le maître de l'empire était une femme — une des plus curieuses figures de l'histoire chinoise — l'impératrice Wou-Tsö-t'ien. Le règne de l'Agrippine chinoise intéresse trop l'historien du bouddhisme pour qu'on n'essaie pas ici de faire revivre son inquiétante personnalité. En effet, par un paradoxe étrange, cette femme effrénée se trouva être une des protectrices les plus zélées de la foi de Çâkyamuni.

Wou Tsö-t'ien était une ancienne favorite de l'empereur T'ai-tsong. Rentrée au harem en 637, à quatorze ans, elle y avait brillé autant par son esprit que par sa beauté. Lorsque l'empereur Kao-tsong n'était encore que prince héritier, il l'avait aperçue dans le troupeau de femmes de son père. Depuis ce jour il l'avait aimée en silence. Après la mort de T'ai-tsong, toutes les dames du harem avaient dû couper leur chevelure et entrer au monastère de Kan-ye sseu. Dès que le deuil officiel fut terminé, Kao-tsong, devenu Fils du Ciel, fit sortir la jeune femme de sa retraite et lui rendit sa place à la cour.

Mais un rôle subalterne ne convenait pas à l'ambitieuse concubine. Selon l'image du poète Lo Pin-wang, son ennemi, « ses sourcils arqués comme des antennes de papillon ne consentaient pas à céder aux autres femmes. Se cachant derrière sa manche, elle s'appliquait à calomnier. Son charme de renard avait le pouvoir particulier d'ensorceler le maître ». Pour parvenir à ses fins, elle n'hésita pas à commettre le crime le plus monstrueux, elle étrangla de ses propres mains l'enfant qu'elle venait d'avoir de l'empereur et fit accuser de ce forfait l'impératrice légitime.

Les historiens chinois nous ont raconté ce drame qui rappelle Tacite, avec, en plus, toute une mise en scène d'hypocrisie et de politesse spécifiquement chinoise. A la naissance de l'enfant — une fille — l'impératrice était venue rendre visite à Wou Tsö-t'ien. Elle caressa l'enfant, le prit dans ses bras et félicita la jeune mère. Dès qu'elle fut partie, Wou Tsö-t'ien étouffa le nouveau-né, puis le replaça dans son berceau. On annonçait l'arrivée de l'empereur. Wou Tsö-t'ien le reçut avec un visage rayonnant de joie et découvrit le berceau pour lui montrer leur fille. Horreur, ce n'était qu'un petit cadavre ! Eclatant en sanglots, elle se garda bien d'accuser directement celle qu'elle voulait perdre. A la fin, pressée de questions, elle se contenta d'incriminer ses suivantes. Naturellement, celles-ci, pour se disculper, rappelèrent la visite faite quelques instants auparavant par l'impératrice. La scène avait été si habilement machinée que Kao-tsong fut convaincu de la culpabilité de cette dernière. Il la dégrada et éleva Wou Tsö-t'ien (655). Malgré l'opposition des vieux compagnons d'armes de son père, il tomba bientôt sous le joug de sa nouvelle épouse. Pareille à l'Agrippine antique, celle-ci assistait derrière un rideau aux délibérations du Conseil. Comme Kao-tsong continuait à visiter en secret l'impératrice répudiée, Wou Tsö-t'ien fit couper à la malheureuse les mains et les pieds.

A partir de 660 ce fut Wou Tsö-t'ien qui dirigea au nom de Kao-tsong toutes les affaires de l'Etat. Grâce au système de délation qu'elle avait établi, elle put, au gré de ses jalousies et de ses vengeances, terroriser impunément la cour et décimer jusqu'à la famille impériale des T'ang. Après avoir fait périr les mandarins qui lui résistaient, elle obligeait leurs filles et leurs veuves à lui servir d'esclaves. Le timide empereur connaissait l'innocence de ses victimes, mais n'osait réagir. Seulement le remords rongeait sa santé. Il mourut de chagrin en 683, après avoir vu son fils préféré empoisonné par Wou Tsö-t'ien. Sous le nom de son propre fils, celle-ci allait pendant plus de vingt ans rester maîtresse absolue de l'empire.

Femme supérieure, d'ailleurs, autrement entendue que son ancien époux à la pratique des affaires. Sous son énergique impulsion, la machine administrative de T'ai-tsong continua à fonctionner et, malgré les tragédies du sérail, les vétérans du grand empereur continrent partout les Barbares. Ce fut même sous le gouvernement personnel de Wou Tsö-t'ien que la Chine recouvra sur les Tibétains ce qu'on appelait les « Quatre Garnisons », c'est-à-dire la Kashgharie avec Kutsha, Qarashahr, Kâshghar et Khotan (692).

Tout pliait devant cette femme indomptable. Son audace alla jusqu'à déposer son propre fils, le jeune Tchong-tsong (684), et, finalement, jusqu'à se faire nommer elle-même « empereur » (690). En vain les princes du sang, honteux de se voir gouvernés par une ancienne concubine, s'étaient révoltés à l'appel du vieux général légitimiste Siu King-ye et du poète Lo Pin-wang. Ils avaient été écrasés et leurs têtes apportées à l'impératrice. Maîtresse du pouvoir elle y satisfaisait tous ses caprices. N'avait-elle pas pris pour favori un jeune bonze, le nommant supérieur d'un des couvents de Lo-yang « et lui donnant licence officielle d'entrer au palais et d'en sortir à toute heure du jour et de la nuit ? »

Car chez cette femme extraordinaire, la religiosité voisinait avec tous les sursauts de la cruauté et de la luxure. Bien incapable, certes, de comprendre l'immense mansuétude du bouddhisme, elle n'en manifestait pas moins la plus sincère dévotion. C'est ainsi qu'on la voit, de 672 à 675, faire sculpter aux grottes de Long-men le célèbre Grand Bouddha rupestre, avec son entourage de bodhisattvas, de moines et de lokapâlas. Et sans doute de telles œuvres, justement parce qu'elles ont remplacé le mysticisme et l'idéalisme de jadis par une violence réaliste quelque peu choquante, nous éclairent peut-être sur le genre de bouddhisme que pouvait goûter Wou Tsö-t'ien. Elles n'en témoignent pas moins de l'éclatante protection que la souveraine accordait à la foi[1].

A l'arrivée de Yi-tsing elle manifesta les mêmes sentiments. Elle vint en personne le recevoir à la porte orientale de Lo-yang, à la tête d'un immense cortège.

Yi-tsing, cependant, ne pouvait guère entretenir avec l'impératrice les rapports d'amitié confiante qui, à la fin, avaient uni Hiuan-tsang et

---

1. Même cas chez une autre impératrice chinoise célèbre, la douairière Hou, de la dynastie Wei, ancienne concubine devenue maîtresse de la Chine du Nord (516-528). « On citait d'elle des traits qui la faisaient craindre et admirer. Un jour elle invita les courtisans à tirer de l'arc. La plupart d'entre eux s'étant montrés incapables, elle les destitua sur-le-champ. Elle-même prit l'arc en main et atteignit de sa flèche le trou d'une aiguille. Mais cette femme énergique mettait dans ses passions la même ardeur que dans ses travaux. Ses amants se succédaient les uns après les autres et devenaient tout-puissants en un moment. Le peuple et les fonctionnaires se lassèrent de ces débauches qui bouleversaient la cour. A mesure que son fils avancait en âge, l'impératrice craignait qu'il ne lui devînt hostile. Enfin quand il eut dix-huit ans et manifesta quelques velléités d'indépendance, il mourut subitement. L'opinion accusa sa mère de l'avoir empoisonné. Pour calmer les fureurs qu'elle sentait s'accumuler contre elle, elle prétendit mettre sur le trône un petit prince de trois ans, cousin du défunt. Mais la mesure était comble. Soutenu par tous les mécontents, un général se révolta à la tête de l'armée. En vain l'impératrice affolée voulut-elle sauver sa vie en faisant raser sa chevelure et en se réfugiant comme religieuse dans un temple ; les insurgés triomphants la noyèrent dans le Houang-ho. » Cependant cette même impératrice fut, elle aussi, une bouddhiste fort pieuse, qui envoya les pèlerins Song Yun et Houei-cheng recueillir des textes mahâyâniques dans la région gandhârienne (518-522). La piété de ces impératrices chinoises rappelle celle des Brunehaut, des Frédégonde et des Irène...

l'empereur T'ai-tsong. Peu désireux sans doute de fréquenter une cour corrompue, le saint moine se consacra tout entier à ses traductions. On lui adjoignit dans cette tâche plusieurs mandarins et lettrés chinois, et aussi quelques Indiens établis en Chine. Pendant quelque temps il eut pour collaborateur principal un moine de Khotan nommé Çîkshânanda. Avec ces divers auxiliaires il ne traduisit pas moins de 56 ouvrages, sans parler de ses productions originales.

Tandis qu'il était tout à son œuvre, une révolution de palais abattit enfin sa redoutable protectrice. Devant le mécontentement de l'opinion publique, celle-ci s'était décidée à restaurer, nominalement tout au moins, le jeune empereur Tchong-tsong. En réalité elle continuait à gouverner seule avec ses nouveaux favoris, les frères Tchang. Mais un complot se tramait contre elle. Une nuit de l'an 705, les conjurés envahirent en armes le palais. Ils rencontrèrent le timide Tchong-tsong, l'empereur sans pouvoir, l'acclamèrent, l'entraînèrent de force et firent irruption dans les appartements de Wou Tsö-t'ien. La vieille impératrice, réveillée dans son sommeil, seule et sans défense, ses favoris égorgés à ses pieds, tint encore tête à la révolte. Elle essaya une dernière fois d'intimider Tchong-tsong et peut-être y serait-elle parvenue si les conjurés lui en avaient laissé le temps. Mais ils lui mirent le poignard sur la gorge et la forcèrent d'abdiquer. Quelques mois plus tard elle mourut de dépit, âgée de quatre-vingt-un ans.

Tchong-tsong, replacé au pouvoir, se montra pour Yi-tsing un protecteur non moins zélé et sans doute plus conforme aux goûts du pèlerin que la défunte souveraine. Il prenait un intérêt particulier à ses travaux et on le vit un jour se rendre en personne à la porte occidentale de Lo-yang pour informer tous les fonctionnaires que les livres saints venaient d'être nouvellement traduits.

Tchong-tsong se rappelait d'ailleurs que jadis, lorsqu'il était persécuté et banni de la cour par Wou Tsö t'ien, il avait longuement invoqué le bodhisattva Bhaishajyaguru, le bon médecin des corps et des âmes, et que sa prière avait été exaucée. Replacé sur le trône par les événements de 705, il ne voulut pas se montrer ingrat envers ses célestes protecteurs. Aussi mandait-il fréquemment au palais les plus saints religieux de la capitale, notamment Yi-tsing qui passa auprès de lui l'été de 707. L'empereur se rendait même souvent auprès du pèlerin, s'asseyait sur sa natte et participait de sa propre main à la traduction des Ecritures.

Mais l'affectueuse collaboration du saint moine et du doux empereur allait être bientôt interrompue par un nouveau drame du palais. La femme de Tchong-tsong, la jeune impératrice Wei, était déplorablement légère. Elle avait pris pour amant un des neveux de la défunte impératrice Wou Tsö-t'ien, le beau Wou San-sseu. Tchong-tsong abusé ne s'apercevait de rien. En vain un des princes du sang, exaspéré de ces turpitudes, poignarda Wou San-sseu (707). L'empereur désavoua le justicier. Finalement, la Messaline chinoise, que ce fantôme d'époux gênait encore, l'empoisonna pour régner seule. Mais elle n'avait pas la terrible autorité de Wou Tsö-t'ien. Son crime, aussitôt que connu, provoqua la révolte des membres de la famille impériale, conduits par le jeune prince Li Long-ki. En 710, les conjurés, renouvelant le drame de 705, envahirent nuitamment le palais et abattirent l'usurpatrice à coups de flèches. Sa tête fut plantée sur une pique et montrée à la foule. Li Long-ki fit alors nommer empereur son propre père, Jouei-tsong (711), en attendant de devenir lui-même sous les noms de Hiuan-tsong et de Ming-houang le plus grand souverain de la dynastie T'ang après T'ai-tsong (712-755).

Quant à Yi-tsing il achevait à l'écart de ces drames, dans une studieuse retraite, la grande œuvre de ses traductions et aussi sa laborieuse existence. Un fils du roi de Kâçmîr, venu de l'Inde apporter à la cour impériale l'hommage de son pays, le seconda un moment de ses connaissances. Il mourut pieusement en 713, âgé de soixante-dix-neuf ans.

Sans avoir eu la puissante personnalité de Hiuan-tsang, sa silhouette plus pâle et plus grise ne méritait pas moins de nous retenir. Une certaine tournure mélancolique dans la pensée, la nostalgie qu'il apporte jusque dans ses descriptions de paysages indiens donnent à sa physionomie un charme particulier. Il n'est pas jusqu'aux poésies spécifiquement chinoises dont il entrecoupe son récit qui ne créent à son livre une atmosphère de douceur et de tendresse. La rhétorique confucéenne qui perçe çà et là n'est pas pour nous déplaire, car elle achève de nous familiariser avec le personnage de ce moine pieux, de ce lettré appliqué qui accomplit les plus merveilleux voyages sans avoir l'air de se rendre compte lui-même de son importance historique.

Ainsi les pèlerins chinois de la grande dynastie des T'ang, par leurs voyages comme par leurs traductions, reliaient chaque jour davantage l'Extrême-Orient à l'Inde. Moment unique dans l'histoire de l'Asie. Grâce à la paix des T'ang le continent s'ouvrait aux missionnaires comme aux caravanes commerciales et aux ambassades. Bien plus : voici que le Japon, nouvellement né à la culture sino-bouddhique, entrait à son tour par elle dans ce grand courant mondial. Un des principaux disciples de Hiuan-tsang était précisément un Japonais, le moine Dôshô, venu en Chine avec une ambassade, en 653, et qui, à son retour, propagea dans son pays la doctrine du Maître, l'idéalisme *yogâcâra* appelé ici la doctrine *Hossô*. Presque en même temps un second Japonais, Chitsû, s'était rendu dans l'empire des T'ang pour approfondir, lui aussi, la philosophie bouddhique (658).

Un charmant poème d'époque T'ang par Ts'ieu K'i, sur *le Bonze japonais qui rentre dans son pays*, évoque devant nous ces pèlerinages nippons du haut Moyen Age, suite et complément des pèlerinages chinois :

Par vocation il vint dans l'Empire supérieur.
Son voyage ressemble à un rêve.
Arrivant de l'océan lointain, a-t-il navigué dans les cieux ?
Léger est son bateau de retour, mais chargé de doctrine.
L'immensité de la mer et la limpidité de la lune évoquent la vertu du Bouddha.
Les poissons et les dragons sortiront de l'eau pour écouter les prières indiennes.
N'est-elle pas douce la lumière de cette lampe qui éclaire les yeux du monde ?

(Traduction Mien Tcheng.)

C'était en effet l'époque mémorable entre toutes où, sous l'influence des missionnaires chinois, le Japon entrait résolument dans la voie du bouddhisme, et, par le bouddhisme, dans la société des vieilles civilisations. Ce fut avant tout l'œuvre de deux politiques de génie qui se révélèrent aussi comme deux grands esprits, le régent Shôtoku Taishi et le prince Nakanôe, qui gouvernèrent le Japon, le premier de 592 à 621, le second de 645 à 671. La base du Japon historique fut la Constitution de 604 dont le second article disait : « Les *Trois Joyaux* (le Bouddha, la Loi, la Communauté) sont le suprême refuge de tous les êtres et la fin dernière de toutes les existences... Il y a peu d'hommes foncièrement vicieux. Chacun est capable de réaliser la vérité si elle lui est enseignée. » Appliquant le premier ces maximes, Shôtoku Taishi éleva sur les bords de la Mer Intérieure des collèges monastiques où on apprenait les Ecritures sino-sanscrites, et des hôpitaux pour les vieillards et les malades.

Le temple de Hôryûji, fondé par Shôtoku Taishi à Nara en 607, reste le témoin vénérable de cette transformation. Tandis que tout a changé en Asie, que l'Inde a oublié jusqu'au nom du Bouddha et que la Chine elle-même ne se souvient guère de l'immense effort intellectuel de l'époque T'ang, c'est là qu'est conservée encore dans toute sa pureté la doctrine de l'idéalisme mystique, telle que Hiuan-tsang et Yi-tsing étaient allés l'étudier dans l'Inde voici treize cents ans.

CHAPITRE XVI

DANS LA PAIX DES PAGODES

Il nous plairait de connaître les méditations de ces grands voyageurs une fois rentrés dans leur patrie. Sans doute quelques-uns d'entre eux, un Hiuan-tsang, un Yi-tsing, nous ont-ils laissé le récit pragmatique de leurs voyages, leurs traductions, leurs traités religieux ou métaphysiques inspirés par les enseignements des maîtres indiens. Mais ce que nous aimerions à imaginer chez ces sages d'Extrême-Asie, lettrés subtils et délicats poètes, c'est leur rêve intérieur. Dans le silence retrouvé de leur monastère, après tant de visions et d'espace, ils devaient évoquer parfois les grands pays muets qui, du haut des Pamirs, s'étaient étendus à leurs pieds. Les soirs de Bénarès devaient revivre en eux. Ou bien ils devaient entendre chanter au fond de leur mémoire les mers du Sud qui, de la baie d'Along aux ports sumatranais, les avaient conduits vers l'île paradisiaque de Ceylan. Une fois refermée sur eux la porte de leur monastère, les pèlerins de la sagesse y enclosaient avec eux le rêve d'un monde.

Et c'est cette nostalgique rêverie qui devait faire le charme des couvents bouddhiques T'ang, asiles d'érudition, de recueillement, de souvenir et de silence. L'impression qui s'en dégageait était si profonde que toute la poésie chinoise de l'époque en est comme pénétrée. Toute une série de poèmes T'ang a pour sujet *la Visite au monastère* :

Je me dirigeai vers la demeure sainte
Où j'eus le bonheur qu'un bonze vénérable me fit un accueil bienveillant.
Je suis entré profondément dans les principes de la raison sublime

Et j'ai brisé les préoccupations terrestres.
Le religieux et moi nous nous sommes unis dans une même pensée.
Nous avions épuisé ce que la parole peut rendre et nous demeurions silencieux.
Je regardais les fleurs, immobiles comme nous.
J'écoutais les oiseaux suspendus dans l'espace et je comprenais la Grande Vérité.

Ainsi chantait Song Tche-wen, poète favori du pieux empereur Tchong-tsong, et ce sont les mêmes sentiments que nous retrouverons chez Li Chang-yin, dans ce tableau d'ermitage qui est aussi un paysage spirituel, le paysage même de l'âme bouddhique :

Le soleil couchant descend derrière les collines de l'Ouest
Je viens rendre visite au bonze solitaire dans son ermitage.
Les feuilles mortes voltigent dans son domaine, mais où est le propriétaire ?
Les sentiers sont envahis par les nuages froids.
Seul il sonnera sa cloche à la première heure de la nuit.
En rêvant il s'appuiera, comme chaque soir, sur sa glycine unique.
Dans ce monde, aussi petit qu'un grain de poussière,
A quoi bon aimer et haïr ?

(Traduction Mien Tchen.)

C'est tout le détachement, c'est toute la grande paix bouddhique qui descendent dans ces vers. Et c'est tout le rêve mystique du Mahâyâna qui se devine dans ce poème du VIIIe siècle, dû au pinceau de T'ao Han :

Les pins et les cyprès cachent la gorge de la montagne,
Mais à l'Occident je découvre un étroit sentier.
Le ciel s'ouvre, un pic se montre,
Et, comme s'il était né dans le vide, un couvent surgit à mes yeux.
L'édifice semble assis sur une terrasse de nuées.
Il lance ses pavillons dans l'air au milieu des rochers escarpés.
La nuit vient ; les singes et les oiseaux se taisent.
Le son des cloches et le chant des bonzes pénètrent au-delà des nuages

Je contemple les pics bleus et la lune qui se mire dans les eaux du lac.
J'écoute le bruit des sources et le vent qui tourmente les feuilles sur les bords du torrent.
Mon âme s'est élancée au-delà des choses visibles,
Errante et captive à la fois...

L'envol de la poésie atteint ici les sereines régions de la métaphysique. Les pèlerins et les poètes nous ont conduits au seuil de la pensée bouddhique où il nous reste maintenant à pénétrer.

CHAPITRE XVII

L'ENVOL MÉTAPHYSIQUE DU MAHÂYÂNA

Nous avons suivi les pèlerins bouddhistes dans leurs longues traversées, depuis la Marche de Touen-houang et les sables du Gobi jusqu'à la terre sainte du Gange, depuis les mers de la Sonde jusqu'aux côtes de Ceylan. Ne sommes-nous pas en droit de nous demander maintenant quelle force les faisait de toutes parts surgir et leur faisait braver tous les périls pour entreprendre l'immense pèlerinage ? Vénérer les lieux saints du bouddhisme, certes ! Hiuan-tsang, comme Yi-tsing, nous parle sans cesse, avec quelle émotion ! de la place sacrée où, dans la jungle népalaise, est né le Bienheureux, de la clairière du Béhar où, sous l'Arbre sacré, il a atteint la suprême sagesse, des parcs monastiques où il prêcha, du bosquet d'arbres çâla sous lequel il attendit la mort.

Cependant il y aurait quelque erreur à se représenter la plupart de ces voyageurs comme des pèlerins naïfs que guidait seulement une piété sentimentale. La plupart étaient, au contraire, des philosophes d'une prodigieuse érudition, de puissants métaphysiciens, pieux, sans doute, mais d'un génie bien supérieur à celui de dévots ordinaires. Ce qu'ils venaient chercher, ce n'était pas seulement la contemplation des sites et des reliques, c'était la Doctrine. Or à cette époque la Doctrine ne se composait pas seulement des antiques *sûtra*, de la poésie des *Vies Antérieures* et du miel des paraboles, de cette légende dorée qui, jadis, à elle seule, convertissait les foules.

Sous cette religiosité traditionnelle, une métaphysique constructive s'était à la longue édifiée, et les pèlerins de Chine en Inde ne venaient chercher rien de moins que la vérité tout entière. Du reste, à chaque instant, Hiuan-tsang et Yi-tsing nous parlent du but de leurs travaux, et il s'agit toujours de traductions de textes philosophiques. On ne s'étonnera donc point de nous voir compléter ce tableau du bouddhisme indien et chinois sous les T'ang par quelques pages sur la philosophie religieuse de cette grande époque. Etudier l'activité des hommes sans essayer de comprendre les raisons spirituelles de leurs actes serait nous condamner à ne connaître d'eux que l'apparence.

La première doctrine mahâyâniste que Hiuan-tsang et les autres pèlerins chinois rencontrèrent dans l'Inde, était celle du *Mâdhyamika* ou de la « Voie Moyenne », fondée au Dékhan septentrional, vers le premier siècle de notre ère, par le philosophe Nâgârjuna. Théorie d'une incontestable puissance, système d'une dialectique particulièrement subtile et d'une singulière hardiesse, mais qui n'a guère été compris en Europe, sinon par des contre-sens, tant il est difficile de rendre les conceptions indiennes par des équivalents occidentaux. C'est ainsi qu'on a qualifié la théorie nâgârjunienne de doctrine nihiliste, de théorie du « Vide » et du « Néant ». Et, de fait, la notion de *çûnyatâ* à laquelle le sage indien ramène tout correspond bien à l'idée de vacuité. Est-ce à dire qu'une telle conception soit purement négative ? Il faudrait pour cela admettre que la mystique la plus fervente, l'héroïsme individuel le plus intransigeant aient pu se greffer sur une théorie du Néant. A notre sens la doctrine de Nâgârjuna, telle que la ressuscitent ses commentateurs japonais actuels, est tout autre chose, mais pour la comprendre il faut suivre les cheminements intellectuels qui y ont abouti.

Il faut tout d'abord se mettre dans la mentalité du bouddhiste, et plus généralement de l'Indien pour lequel la pensée philosophique a comme but le salut à obtenir par la purification totale de l'esprit et du cœur. Depuis sa fondation, au VIe siècle avant notre ère, le bouddhisme enseignait à purifier le cœur en le libérant de tout attachement aux choses : c'est même là toute la morale bouddhique, telle qu'on la voit développée dans des milliers de textes. Mais pour que cette délivrance fût complète, il fallait qu'elle s'étendît aux choses intellectuelles, car qu'est-ce que le détachement du cœur sans le détachement de l'esprit ? Après avoir coupé les liens de la sensibilité avec le monde et avec le moi, il fallait détacher la pensée de la croyance au moi et aux choses. Et ce fut ainsi que fut créée par l'école *mâdhyamika* ce qu'on a appelé la métaphysique bouddhique et qui ne fut d'abord — dix-sept siècles avant Kant — qu'une sorte de critique de la raison pure.

Démontant le mécanisme des catégories de l'entendement, Nâgârjuna dans une discussion d'une subtilité non dénuée de vigueur, encore que parfois peut-être un peu déconcertante, démontre que l'esprit n'atteint jamais ni en lui ni dans les objets la substance réelle, le « soi » divin, cher aux brahmanistes, ou, pour parler comme les Indiens, l'*âtman*. Après quoi il n'aura aucune peine à accuser, comme en se jouant, le caractère irréel, et même quelque peu contradictoire, d'un monde phénoménal réduit à lui-même, farandole d'apparences sans plancher ni plafond. Du reste, le philosophe indien paraît avoir apporté un soin particulier à empêcher le pur phénoménisme ainsi établi de tourner à une sorte de positivisme dans lequel le monde eût recouvré, dans le domaine des faits, une certaine solidité. Avec non moins de soin, les maîtres de la doctrine cherchent à éviter qu'elle n'aboutisse à un idéalisme absolu qui (ce sera le cas de Hiuan-tsang) reconstituerait le monde à l'intérieur de l'esprit, restaurant, par ce tour de passe-passe, toute la métaphysique. Après avoir combattu l'idée de substance, Nâgârjuna s'attacha donc à combattre également la thèse contraire, de crainte, semble-t-il, que par la disparition complète de la notion de substance, les phénomènes eux-mêmes ne reçussent un caractère positif qui leur conférerait une inconsciente substantialité.

Le cœur délivré de tout attachement aux choses et à lui-même, l'esprit purifié, libéré de la croyance aux choses et à lui-même, que reste-t-il ? Il reste cette conception négative de la *çûnyatâ*, mot à mot la « vacuité ».., notion qu'on a peut-être tort de vouloir représenter comme un concept métaphysique et qui pourrait bien n'être avant tout qu'une disposition d'esprit, un état d'âme. La *çûnyatâ*, c'est — dans la théorie d'un monde comme volonté et représentation qui est celle de tout le bouddhisme — l'état d'esprit libéré à la fois de la représentation et de la volonté.

Et c'est ici qu'apparaît toute la différence qui sépare l'esprit indien de l'esprit occidental. Cette simplification absolue allant jusqu'à la vacuité risquerait, dans la logique occidentale, d'aboutir effectivement au nihilisme. L'Indien, au contraire, se voyant libéré intellectuellement comme moralement de toute attache, purifié de son esprit comme de ces sens, trouve dans cet affranchissement des données de ce que nous appelons le réel, dans cette toute-délivrance, la source d'une immense joie mystique, la cause d'un élan vital insoupçonné. Le sage est descendu au fond de son cœur. Il y a vu, devançant en cela nos critiques de la raison pure, le monde extérieur dans le phénomène de représentation, s'y former et s'y évanouir. Il a vu tout ce qu'on appelle le moi s'y dissoudre, l'âme substantielle parce que le bouddhisme la nie, le moi phénoménal parce que sa chute est entraînée par celle du monde extérieur. A la place de ce monde de douleur morale et d'obstacles matériels, d'égoïsme interne et d'adversités objectives, un gouffre sans fond apparent se creuse dans le cœur. Gouffre lumineux et comme sous-marin, insondable, plein d'ineffables beautés, de profondeurs fuyantes et de transparences infinies. A la surface de cette vacuité où l'œil plonge ébloui, le mirage des choses se joue dans ses couleurs changeantes, mais ces choses, on le sait, « ne sont plus qu'en tant que telles » — *tathatâ* — et donc sont comme si elles n'étaient point.

Et ce mirage une fois dissipé, voici — dans l'intime contemplation de cette profondeur sans fond et sans paroi, dans cette pureté sans égale de l'absolue vacuité — voici que toutes les virtualités s'élèvent, que toutes les puissances surgissent. Qu'est-ce qui pourrait désormais arrêter le cœur ? Il a rompu ses liens et dissipé le monde. Qu'est-ce qui arrêterait l'esprit ? Il s'est affranchi non seulement du monde mais de lui-même. En détruisant son propre mensonge, il s'est surmonté lui-même. Du gouffre insondable il remonte maintenant victorieux...

Doctrine incontestablement originale, à bien des égards obscure, mais qu'il faudrait se garder de négliger, car, quelles que soient les applications que les écoles suivantes vont tirer du *Mâdhyamika*, c'est de sa vision intérieure que dériveront tous leurs enseignements.

C'est ainsi par exemple que la doctrine dite de *la Guirlande de Fleurs (Avatamsaka sûtra)* — texte composé dans l'Inde vers le IIe ou le IIIe siècle de notre ère — développe la mystique contenue en puissance dans la philosophie nâgârjunienne. Se plaçant sous l'invocation du bodhisattva Manjuçrî, elle plonge dans le jeu des choses au sein de la vacuité — série de vagues en succession éternelle sur l'océan sans fond — et y découvre les raisons profondes et de l'idéalisme absolu et du positivisme radical. A défaut de la substance, — cette vieille notion brahmanique que le bouddhisme se jugeait par définition obligé de combattre — les fidèles de *la Guirlande de Fleurs* pouvaient du moins saisir la « Nature Essentielle » des choses, en sanscrit la *Tathatâ*. Cette

Nature Essentielle constituera une sorte de Divin apparu au sein même de la vacuité nâgârjunienne. Elle se présentera sentimentalement, sinon au point de vue métaphysique, comme un équivalent de l'absolu, ou, si l'on préfère, comme un absolu non plus supérieur aux phénomènes, mais entièrement inhérent à eux, l'absolu en tant que processus même des choses. A la surface et dans le sein de l'insondable vacuité, de l'océan sans fond entrevu par Nâgârjuna, les phénomènes, c'est l'océan en tant que vagues ; la Nature Essentielle, ce sont les vagues en tant qu'océan.

Toute la mystique se trouvera ainsi non pas restaurée (elle n'avait jamais été absente du *Mahâyâna*), mais définitivement confirmée. Car cette intuition de la Nature Essentielle des choses va désormais, sous le nom de *Prajnâ Pâramitâ* ou Perfection de Sapience, devenir une sorte de révélation de vérité ou, si on préfère, de Sainte Sagesse bouddhique, véritable hypostase qu'on priera, qu'on invoquera et qui se communiquera à l'esprit dans une ineffable communion.

D'autres écoles bouddhiques chinoises, dont la formation est précisément contemporaine de Hiuan-tsang et de Yi-tsing, développèrent les mêmes principes et fondèrent deux sectes puissantes. L'une, l'école du *Dhyâna* ou de la méditation (*Tch'en-na* en chinois, *Zen* en japonais), aura pour objectif la communion mystique de l'esprit avec la Suprême Sagesse conçue comme adéquate à la Nature Essentielle. Et cette communion, par laquelle l'esprit adhère à l'essence unique des choses, le rendra, dans cette sublime essence et par elle, maître des choses comme de lui-même. Maître des choses : le dhyâniste chinois s'affirmera comme un surhomme qui disposera des forces naturelles. Maître absolu de lui-même : le zéniste japonais, appliquant cette doctrine radicale à l'éducation des *samuraï*, en tirera des leçons d'héroïsme insoupçonnées. Ayant, par la méthode intuitive, atteint en son cœur la pureté absolue de la pensée, — transposition japonaise de la *çûnyatâ* indienne, — le zéniste saura désormais affronter en toute sérénité, en toute impassibilité, comme par jeu, les vicissitudes innombrables du *samsâra*.

Et — tels sont les cheminements secrets de la pensée bouddhique — ces doctrines de vie intense et d'action démesurée se trouvaient en puissance dans la vacuité nâgârjunienne. Une fois délivré par celle-ci des chaînes du moi et du monde, il n'était d'extase ni d'héroïsme auxquels le zéniste ne pût atteindre.

Ce sont les mêmes cheminements, aboutissant cette fois à une sorte de monisme mystique, qui se décèlent dans la doctrine sino-bouddhique du T'ien-t'ai.

Le T'ien-t'ai fut fondé, peu avant la vocation de Hiuan-tsang, par le moine chinois Tche-yi (531-597). Après avoir suivi les enseignements du *dhyâna*, Tche-yi, sous l'influence du *Lotus de la Bonne Loi,* ce « Quatrième Evangile du Bouddhisme », fonda vers 575, dans le site si pittoresque du mont T'ien-t'ai, au Tchö-kiang, un monastère célèbre et une nouvelle secte. Cette secte, poussant à l'extrême les tendances de la *Guirlande de Fleurs*, concevait plus ou moins franchement la Nature Essentielle des choses, la *Tathatâ* des premiers docteurs, comme une sorte d'équivalent bouddhique du *brahman* hindou, tout au moins d'un *brahman* inhérent aux phénomènes, ce qui aboutissait d'ailleurs à l'opinion que le *nirvâna* est infus dans le *samsâra*, que le salut est immédiatement réalisable.

Le T'ien-t'ai, transporté au Japon en 805 par le saint Dengyô Daishi († 822), y reçut un développement nouveau. Le *Tendai* japonais et la secte voisine du *Shingon,* fondée par un autre saint japonais, Kôbô Daishi († 835), renchérissaient sur les tendances panthéistiques des sectes antérieures.

Mais à l'époque des pèlerins chinois, l'école de beaucoup la plus importante du bouddhisme indien, celle d'ailleurs dont Hiuan-tsang contribua plus que tout autre à répandre la doctrine, était l'école idéaliste ou mystique (*vijñânavâda* ou *yogâcâra*) — les deux termes s'emploient indifféremment — dont nous croyons utile de donner un aperçu plus détaillé.

L'école idéaliste, dont on a voulu situer les débuts au Ier siècle de notre ère, dans les ouvrages philosophiques placés sous le nom d'Açvaghosha, reçut sa forme définitive au Ve siècle, des mains de deux auteurs dont l'éloge est revenu souvent dans le récit de Hiuan-tsang, deux frères originaires de la région de Peshawar et qui passèrent une partie de leur vie dans l'Oude : Asa*n*ga et Vasubandhu. De ces deux penseurs, qui donnèrent enfin au bouddhisme une métaphysique véritable, dérivent tous les maîtres qui illustrèrent pendant deux siècles les couvents de l'Inde du Nord. Vasubandhu, notamment, eut pour disciples Dignaga, métaphysicien et logicien qui vécut également au Ve siècle, et Sthiramati[1], chef d'une autre branche que plusieurs sanscritistes japonais considèrent comme la véritable héritière des maîtres précédents. Dignaga forma Dharmapâla, qui dut vivre entre 528 et 560 environ, et qui fut à son tour maître de Çîlabhadra, maître lui-même de Hiuan-tsang.

C'est la doctrine idéaliste, telle que l'exposent les ouvrages d'Asa*n*ga, de Vasubandhu et de Hiuan-tsang que nous allons résumer ici. Aussi bien qui l'a comprise a-t-il compris l'essentiel de la pensée bouddhique[2].

Un des axiomes fondamentaux posés par Asa*n*ga est la vieille thèse bouddhique de l'impermanence des choses, l'écoulement des phénomènes allant ici jusqu'à leur totale instantanéité. « Tout ce qui est opéré est instantané » enseigneront Asa*n*ga et Hiuan-tsang ; et ils expliqueront qu'il se produit à chaque instant « une autre chose » qui a pour cause la précédente, et que, la cause cessant à la seconde où elle a produit sa conséquence, cette conséquence cesse à l'instant suivant après être devenue cause à son tour. « Mais parce que ce changement est trop subtil pour être délimité, on se laisse entraîner à ne voir que la ressemblance qui subsiste entre les états successifs » : par exemple, selon la comparaison d'Asa*n*ga, on ne discerne pas, de minute en minute, le passage du lait au beurre. Asa*n*ga établit ainsi que les *sa*m*skâra*, les éléments constitutifs de la matière (*rûpa*), sont instantanés, car qui dit matière dit mouvement, chose en évolution perpétuelle. Comme nous le verrons, il cherchera tout à l'heure à démontrer par le même raisonnement que les éléments constitutifs du moi sont également éphémères, la pensée étant changement perpétuel et série sans fin d'instantanés.

---

1. Cet auteur, dont la chronologie est mal établie, est généralement placé à cheval entre la fin du Ve et le VIe siècle. Il semble qu'il vivait encore vers 560.

2. Sans entrer dans le détail de la bibliographie de l'idéalisme bouddhique, mentionnons ici les travaux suivants auxquels sont plus particulièrement empruntées nos citations : Sylvain Lévi, traduction du Sûtrâla*m*kâra d'Asa*n*ga ; — de La Vallée-Poussin, articles divers parus dans le *Museon* de Louvain, et traduction de la *Siddhi* de HIUAN-TSANG (Geuthner, éd.) ; — L. Finot, traduction de la *Marche à la lumière* de ÇANTIVEDA, aux Classiques de l'Orient (éd. Bossart).

Le fond dernier des choses, ce que l'Ecole appellera l'*âlaya-vijñâna* (sensation du tréfonds), ne sera pas exempt lui-même de cette éternelle instabilité. « L'*âlaya vijñana*, dira Vasubandhu, évolue en un courant continu comme le flot d'un fleuve. » Cette manière de Subsconscient Universel, dont on verra l'importance dans le système et qui supporte tout le connu, ne sera également donnée par Hiuan-tsang que comme une série perpétuelle : « Depuis toujours l'*âlaya vijñâna* naît et périt à chaque moment et change d'avant à après ; il est cause et fruit, naissance et destruction. » On a voulu y voir la transposition de l'*âtman*, de la substance psycho-ontologique du brahmanisme, mais ce serait (termes par trop contradictoires) une substance sans permanence ni unité. Toutefois s'il n'est ni un ni permanent, ce subconscient universel — et c'est sa définition même — est continu. « Comme l'eau du courant coule en série, de tout temps, avec tout ce qu'elle charrie, de même, écrit Hiuan-tsang, l'*âlaya vijñâna*, de tout temps, naissant et périssant, portant les *kleça* et les actes, charrie l'être en haut et en bas, et fait que l'être ne sorte pas de l'existence. » « Et de même, écrit-il encore, que le fleuve, frappé par le vent, donne naissance à des vagues sans que son courant soit interrompu, de même l'*âlaya vijñâna*, sans que son flux perpétuel soit coupé, produit les pensées temporaires... Depuis toujours l'*âlaya vijñâna* çoule ainsi comme un fleuve sans coupure. » Dignaga écrira de même : « En raison de la continuité avec laquelle la cause et le fruit se succèdent sans arrêt, on peut dire que le temps est sans commencement. »

Le monde, dans le système d'Asa*n*ga, de Vasubandhu et de Hiuan-tsang, se ramènera donc à un subconscient universel, éternel, continu, impermanent jusqu'à l'instantanéité ou, pour tout dire, à une série perpétuelle. Reconnaissons d'ailleurs que ce n'est là rien d'autre que la mise en formule philosophique du phénoménisme de tendance des bouddhistes primitifs.

Un autre point de la doctrine d'Asa*n*ga, de Vasubandhu et de Hiuan-tsang est l'irréalité du monde sensible (*dharma nairâtmya*), thèse poussée ici jusqu'au plus pur acosmisme.

Cette thèse rencontrait devant elle un des principaux systèmes indo-brahmaniques du temps, le *Vaiçeshika*, qui reposait tout entier sur l'atomisme. Nos trois métaphysiciens lui déclarent une guerre acharnée et commencent pour cela par détruire la notion d'atome (*paramânu*).

« L'atome, écrit Vasubandhu, n'est pas prouvé comme tel », ni, *a fortiori,* l'agglomération d'atomes qu'est l'objet. L'objet, nous dit-il, est soit un, soit formé de plusieurs atomes ou agglomérations d'atomes. Or l'un n'est pas l'objet, car on ne saisit nulle part un tout qui soit autre que ses parties ; et le multiple non plus n'est pas l'objet puisqu'on n'a pas saisi celui-ci dans les atomes composants, pris un à un. Comme on le voit, le philosophe indien cherche ici à acculer l'idée d'atome à une série d'antinomies : « Si l'atome, écrit encore Vasubandhu, est uni en même temps à six autres atomes, chaque atome aura six côtés, six parties, car à la place où se trouve chaque atome un autre atome ne se trouve pas », ce qui revient à dire que les atomes ne sont plus atomiques. Si au contraire les six atomes, pour éviter leur division spatiale, sont donnés comme étant à la même place, ils se confondent, ils se réduisent à un seul, et l'agglomération qui crée toute la matière est impossible. Du reste, poursuit Vasubandhu[1], c'est l'idée même d'atome qui est contradictoire : « Ce en quoi il y a division en parties spatiales (= ce qui est étendu), il est inadmissible que ce soit un. La partie orientale de l'atome serait distincte de sa partie occidentale. Les diverses parties de l'atome étant différentes, comment l'atome qui consiste en elles serait-il un ? Si on n'admet pas cette division spatiale de l'atome, si aucun atome n'a de parties, où, en quel point un atome entrera-t-il en contact avec un autre atome ? Et s'il n'y a pas contact, tous les atomes occupent la même place, tous les agglomérés se réuniront en un seul atome. Voilà qui est dit », conclut Vasubandhu. Et il tire aussitôt la conséquence : « Les atomes n'étant pas prouvés, les objets des sens (*artha*) ne sont qu'idée (*vijñaptimatra*).»

A l'exemple de ses maîtres, Hiuan-tsang, dans son traité de l'*Idéalisme absolu,* réfute la théorie atomique, telle que l'école brahmanique des *Vaiçeshika* l'avait érigée en doctrine. La démonstration est la même chez le philosophe chinois que chez les prédécesseurs indiens : « Si les atomes sont étendus, ils sont divisibles, comme une armée, une forêt. S'ils ne sont pas étendus, comme la pensée et les actes mentaux, ils n'ont pas nature d'entités réelles, à part de la pensée et des mentaux. Et de plus, étant inétendus, ils ne peuvent s'agglomérer et la matière n'existe pas. » En d'autres termes, si les atomes sont étendus ils sont divisibles et ce ne sont plus des atomes. Et

1. Traduction de M. de La Vallée-Poussin.

s'ils sont inétendus, ce ne sont pas non plus des atomes, mais des « mentaux » et ils ne peuvent engendrer la matière.

Hiuan-tsang conclut : « Les *Yogâcâra,* non pas avec un couteau, mais avec la pensée, divisent et redivisent la matière massive jusqu'au moment où elle n'est plus saisissable. A cette extrême fraction, d'existence toute fictive, ils donnent le nom d'atome. Ils pensent d'ailleurs que l'atome est étendu, qu'il comporte une division spatiale et que cependant on ne peut le diviser, car si on poursuivait la dissection, l'atome apparaîtrait semblable à l'espace, au vide (*âkâça*) et ne pourrait plus être nommé matériel. C'est pourquoi il est dit que l'atome est la limite de la matière. Concluons que la matière est développement de pensée, et ne consiste pas en atomes[1]. »

L'Ecole développe alors le processus du monde sensible, tel que le crée le phénomène de représentation. Parfois la déduction est assez faible : Les *samskâra*, les composés psycho-physiques de la réalité, écrit Asa*n*ga, « étant présidés par la pensée, lui sont subordonnés ; donc ils sont les fruits de la pensée ». Souvent l'argumentation est plus serrée. Du reste, comme tout le système de l'Ecole repose sur cette théorie, le mieux est de multiplier ici les citations.

Tout d'abord voici, sous la plume de Vasubandhu, dans son *Vimçakakârikâ prakarana*, la formule même du système : « Le triple monde (*dhâtu*) n'est qu'idée (*vijñaptimâtra*) ou que pensée (*cittamâtra*). C'est la connaissance (*vijñâna*) elle-même qui apparaît comme objet... Tout cela n'est qu'idée qui apparaît comme objets, lesquels (en réalité) n'existent pas. » Et plus loin : « C'est l'idée qui apparaît comme visible, comme tangible », ou encore : « L'idée pure se produit comme chose visible. » « La connaissance, résumera son disciple Dignaga, se produit sous forme d'objets. » (Traduction Yamaguchi.)

Hiuan-tsang, toujours fidèle commentateur de ses maîtres indiens, nous dira de même que la pensée (*vijñana*) apparaît sous deux formes : la pensée-image (*nimittabhâga*), qui apparaît comme extérieure, et la pensée-vision (*darçanabhâga*), qui porte sur ce simili-extérieur. En d'autres termes, « parce que la pensée s'attache à elle-même, elle se développe en forme de choses extérieures. Ce visible n'existe pas. Il y a seulement la pensée. »

1. Traduction de M. de La Vallée-Poussin.

Mais si l'objet n'existe pas, dira-t-on, qu'est-ce qui « déterminera » les idées ? « Les idées, répond ingénieusement Vasubandhu, sont déterminées par leur action réciproque. » L'objection est cependant sérieuse : si l'idée n'a pas d'objet, il n'y aura détermination ni de lieu, ni de temps, ni de différenciation. Par exemple, si l'idée de couleur se produit sans objet, pourquoi cette idée se produit-elle en tel lieu, en tel moment, et non pas partout et toujours ? Dans le rêve aussi, répond Vasubandhu, la pensée a une détermination locale et temporelle et cependant le rêve n'est qu'un rêve. Cet argument des états de rêve et autres erreurs des sens sera toujours employé par l'Ecole pour nier la valeur objective de la connaissance. De même pour « la comparaison du tableau » par Asa*n*ga et Vasubandhu : « Sur un tableau peint d'après les règles, il n'y a ni creux ni saillie, et pourtant on en voit : ainsi dans l'imagination il n'y a jamais dualité, et pourtant on en voit » C'est par des analogies de cet ordre qu'Asa*n*ga arrive à démontrer que « la pensée, c'est la sensation et la forme », autrement dit que l'Esprit devient le Cosmos.

Cependant, s'inquiète Vasubandhu, si les choses (*dharma*) n'existent d'aucune manière, comment peut-on établir (l'existence de) l'idée pure, car elle aussi n'existe pas ? Argument de poids, surtout si l'on songe que c'était la grande objection que devaient formuler contre l'idéalisme *yogâcâra* les fidèles de l'absolue vacuité nâgârjunienne. Vasubandhu, qui a bien senti la menace, répond, dans une formule singulièrement nuancée : « Sans doute les choses sont irréelles (*nirâtmânas*) de cette réalité (*âtman*) qui consiste dans la nature propre, mais elles ne sont pas sans exister de l'indicible manière d'être qui est du domaine des Bouddhas... »

Asa*n*ga est, lui aussi, trop avisé pour laisser son acosmisme exposé aux critiques du sens commun. Le subtil métaphysicien a pris ses précautions. Il écrit dans un curieux balancement : « L'existence des choses dans le mirage de la représentation ne saurait être proprement réduite à l'inexistence. En effet, en tant qu'il y a existence de telle ou telle figure, on ne peut pas dire qu'elle n'existe absolument pas. Cependant ce n'est pas une existence réelle, pas plus qu'on ne peut dire que l'inexistence (métaphysique) des objets n'est pas du tout de l'existence. Mais l'existence de telle ou telle figure dans le mirage de la représentation, c'est bien l'inexistence de l'objet, comme l'inexistence de l'objet comporte une (relative) existence des figures correspondantes. Ainsi la dualité s'y trouve en apparence, mais non en réalité. »

Comme le monde extérieur, le moi va disparaître. N'est-il pas le grand obstacle au salut, combattu comme tel par tous les bouddhistes ? L'Ecole détruira d'abord le moi social et corporel. Il n'y a rien là qui nous change de l'attitude des écrivains antérieurs, mais l'accent des mahâyânistes est particulièrement émouvant : « Regarde ce cadavre, s'écriera Çantideva. Traîné çà et là par les vautours avides, pourquoi ne fait-il aucune résistance ? Pourquoi, ô mon cœur, veiller sur cet amas, le prenant pour ton moi ? Et s'il est distinct de toi, que t'importe sa disparition ? Insensé, tu ne prends pas pour ton moi une poupée de bois qui, au moins, est propre. Alors pourquoi veiller sur une machine destinée à la pourriture ? Enlève d'abord par la pensée cette enveloppe de peau, puis, avec le couteau de l'intuition, sépare la chair de son armature d'os ; romps les os eux-mêmes, regarde la moelle qui est à l'intérieur et dis-moi ce qu'il y a d'essentiel... Sans doute ce misérable corps est pour les hommes un instrument d'action. Mais tu as beau le garder, la mort impitoyable te l'arrachera pour le jeter aux vautours. Alors que feras-tu ? » Après avoir ainsi rejeté ce corps misérable, fausse apparence du moi, le poète, dans un accès extatique, s'écrie : « Quand irai-je au charnier, propre demeure du corps, pour mettre en présence les cadavres des autres, et mon corps à moi voué à la corruption ?... Voilà mon corps, voilà la pourriture qu'il deviendra : son odeur écartera jusqu'aux chacals. » (Trad. Finot.)

La dissociation du moi psychologique, dans la doctrine d'Asa*n*ga, de Vasubandhu et de Hiuan-tsang, est liée à la dissociation du monde extérieur. Reconnaissons-le d'ailleurs : la négation du moi, en tant qu'entité métaphysique permanente, remontait au bouddhisme primitif. Le brahmanisme philosophique s'étant fondé sur la divinisation de l'âme humaine (*brâhman-âtman*), le bouddhisme, par une réaction qui alla jusqu'à l'attitude inverse, partit de la négation de l'âme (*nairâtmya*). Le premier texte proprement philosophique de l'Eglise celui qui, sous le nom de Milinda, met en scène le roi indo-grec Ménandre discutant avec le moine Nâgasena, n'a d'autre but que de montrer l'inexistence substantielle du moi, conçu ici comme un simple torrent de phénomènes. C'est sur cette conception que le patriarche mahâyâniste

Nâgârjuna, au Ier siècle de notre ère, dans sa doctrine de la Voie Moyenne (*Mâdhyamika*). avait fondé tout son système. Sa critique de l'esprit n'a d'autre but que d'établir l'irréalité de tout substrat, et de toute constante psychologiques. « Les créatures, dira un de ses disciples tardifs, Candrakîrti, sont mobiles et dépourvues de nature propre, semblables à la lune reflétée dans une eau agitée. De même que dans une eau très pure et secouée d'un vent violent, le reflet de la lune est d'abord aperçu et disparaît aussitôt en même temps que la ride qui lui sert de point d'appui ride et reflet ayant pour nature propre l'instantanéité et l'absence de substance, de même les créatures sont comme un reflet projeté sur l'océan de l'hérésie du moi. »

Mais depuis Nâgârjuna, entre le Ier et le Ve siècle de notre ère, les systèmes philosophiques du brahmanisme s'étaient développés, et tous reposaient sur la notion de l'*âtman*, c'est-à-dire de l'âme ou du moi doté d'un maximum de plénitude ontologique, substantiel, éternel, universel, divin, identique à l'absolu. Aussi Hiuan-tsang emploiera-t-il les premiers chapitres de son traité de l'*Idéalisme radical* à détruire sur ce point les systèmes brahmaniques en essayant de les opposer l'un à l'autre : si, comme le veulent les philosophes brahmaniques de l'école *vedanta*, l'*âtman* est éternel, universel, omniprésent, identique à l'absolu, il est incapable de mouvement et dès lors comment agit-il ? Et s'il est, comme le pensent les brahmanistes des écoles *vaiçeshika* et *sâmkhya*, une sorte d'atome spirituel, comment peut-il mouvoir l'immensité de l'étendue ? S'il est intelligence, il ne peut être éternel, la mobilité des phénomènes intellectuels paraissant à Hiuan-tsang en contradiction avec la pérennité de la substance. Quant à la perception directe de l'*âtman* dans la conscience psychologique, Hiuan-tsang estime que, dans ce cas, l'*âtman* devenant objet de perception, doit à ce titre, et de même que tout autre objet, être considéré non plus comme une substance mais comme un ensemble de phénomènes.

Avec Asa*n*ga et Vasubandhu la vieille théorie bouddhique de l'irréalité du moi a d'ailleurs reçu une confirmation nouvelle. Plus que jamais l'âme, le moi, la personne morale et toutes les notions qui en dérivent sont battus en brèche. « L'individu, écrivent Asa*n*ga et Vasubandhu formulant la doctrine de l'Ecole, existe comme une notation (*prajñapti*), non comme substance (*pudgala*). » L'idée du moi, enseignent-ils plus loin, a son origine dans la vue du corps humain ; mais cette vue, comme toute perception matérielle, est un faux-semblant. L'Ecole rencontre ici l'argument du sens commun, frère aîné et plus modeste du *Cogito ergo sum* : « L'individu est, puisque c'est lui qui sent, agit, qui éprouve du plaisir, qui connaît », etc. Elle répond : « Non, car, dans ce cas, il serait l'agent des sensations ou pensées en tant que rencontre (= rapport) et en tant que maître (= substance). Or si la sensation n'est possible que par la rencontre de deux termes, ce simple rapport ne peut être l'individu. Et si l'individu était « le maître » (= la substance), il ne saurait, comme tel, comme permanent, faire fonctionner l'impermanent (qu'est le phénomène de connaissance). » L'individu n'est donc pas celui qui voit, sent, etc., puisqu'il n'est ni agent permanent ni fonction éphémère.

Cette doctrine de l'irréalité de l'individu (*pudgala nairâtmya*) tenait si fort au cœur des bouddhistes qu'elle leur faisait passer sur ce qu'un esprit occidental prendrait pour une antinomie. En effet, en même temps qu'ils niaient l'âme, ils acceptaient comme tous les Indiens la responsabilité morale reculée même à l'infini dans le passé, projetée à l'infini dans l'avenir, en vertu du dogme indiscuté de la transmigration. L'âme et le moi n'existent pas, et cependant l'être humain transmigre de réincarnation en réincarnation, apportant avec lui dans chaque nouvelle existence le bilan — mérite ou démérite — de ses existences précédentes, avec toutes leurs virtualités de récompense ou d'expiation. Il faut d'ailleurs avoir toujours présente à la pensée cette croyance quand on étudie le « dogme » bouddhique de l'inexistence du moi. A notre avis elle faisait plus que corriger et compenser dans la pratique les négations théoriques de tout à l'heure.

Quoi qu'il en soit de ces revanches de l'instinct vital Hiuan-tsang se montre sur ce point comme sur tous les autres l'élève docile de ses maîtres indiens. A la lumière de l'idéalisme absolu il reconstitue la genèse du moi et du monde extérieur. « Par la force des impressions (antérieures) qui ont laissé dans l'esprit les idées d'âme et de monde (*âtman-dharma*), l'esprit, en même temps qu'il naît, se développe en âmes et en monde. Ces images, bien qu'elles soient dans l'esprit même, apparaissent cependant, par la force des fausses notions, comme si elles étaient extérieures. C'est pourquoi les êtres, depuis toujours, perçoivent, comme étant réellement âme et monde, ces images pareilles à l'âme et au monde. En réalité âme et monde n'existent pas d'une existence absolue, mais seulement de vérité relative. » Seul, ajoute-t-il, l'esprit existe en tant que se manifestant en apparence de moi et en apparence de monde.

Poussant plus loin son analyse, Hiuan-tsang trouve l'origine de l'*âtman*, c'est-à-dire de la notion d'âme ou de moi, dans le subconscient universel, en sanscrit *âlaya vijñâna*, terme que M. Sylvain Lévi traduira par « sensation du tréfonds » et M. de La Vallée-Poussin par « pensée réceptacle ». C'est cette sensation du tréfonds psychologique universel qui, élaborée dans la conscience phénoménale, y donnera naissance à l'image d'un réel *âtman*. L'âme, on va le voir, sera l'aspect que prend à ses propres yeux la subconscience cosmique.

Spectacle sans doute assez curieux dans nos associations d'idées occidentales que celui de ces philosophes idéalistes, de ces poètes mystiques, de ces moines piétistes s'acharnant — au moins dans les mots — à combattre comme une hérésie toute notion d'âme. Certes, on pourrait faire remarquer que leurs tendances inconscientes n'étaient peut-être pas sans tourner leurs propres positions ; on a pu insinuer que, tout en conservant les postulats négatifs de l'ancienne Eglise, tout en restant fidèles à la lettre du positivisme bouddhique, ils trouvaient dans des notions comme celle de la pensée réceptacle, sensation du tréfonds ou subconscience universelle — quelle que soit notre traduction du terme d'*âlaya vijñâna* — de sensibles équivalents de la notion d'*âtman*. « Le *manas*, dit en propres termes Hiuan-tsang, le moi individuel s'attache à l'*âlaya vijñâna* comme à son *âtman*. » Mais malgré cette indirecte et inconsciente restauration, il est évident que la condamnation de l'âme et du moi par les premiers textes sacrés du bouddhisme ancien était trop formelle pour que les théoriciens du Mahâyâna pussent jamais passer outre. Il faut donc que notre mentalité occidentale s'habitue à ce spectacle d'esprits profondément religieux, d'idéalistes, de mystiques et de piétistes combattant irréductiblement toute notion d'âme et d'absolu.

Ces postulats une fois admis, Hiuan-tsang aura beau jeu à pourfendre les thèses du brahmanisme philosophique — du système Sâ*m*khya notamment — en ce qui concerne les modalités ou hypostases dont celui-ci dotait le moi absolu et la Nature, les « qualités essentielles » (*guna*) de la Nature, d'une part et, d'autre part, les composantes du moi psychologique et social, de l'esprit individuel (*manas*) apparu à la surface de la subconscience universelle. « Ces principes, répond Hiuan-tsang aux philosophes brahmaniques, étant constitués par une multiplicité, ne sauraient être réels ; ils sont fictifs comme une armée ou une forêt. » Par ailleurs, Hiuan-tsang demande comment la réunion de ces modalités — les *guna* pour la nature, les facultés pour l'âme — peut créer des substances unes comme l'*âtman* ou la substance cosmique, et son argumentation ingénieuse et spirituelle fait le plus grand honneur à ses qualités dialectiques.

Que sera-ce donc en définitive que le moi dans le système de l'Ecole idéaliste ? Comme nous l'annoncions tout à l'heure, le jeu d'une illusion à la surface de l'océan mental. Vasubandhu et Hiuan-tsang répondent en effet, et presque en termes identiques : « L'esprit pensant (*manas*) prend pour objet le subconscient universel (*âlaya-vijñâna*) qui est son support. Il conçoit ce dernier comme « je », comme son âme (*âtman*), il conçoit les phénomènes associés au subconscient comme « miens » (*âtmiya*). ». En d'autres termes le moi est l'apparence sous laquelle la pensée perçoit son tréfonds, étant entendu que celui-ci n'est nullement une réalité ontologique, mais seulement un emmagasinement et aussi un écoulement incessant de phénomènes.

Hiuan-tsang, cependant, a bien senti les difficultés auxquelles l'exposait le postulat antisubstantialiste de sa doctrine. Et tout d'abord, s'il n'existe pas de moi permanent, comment s'expliquer la mémoire, la perception des objets, les sentiments, etc. Le métaphysicien chinois s'en tire en disant que toute pensée actuelle comporte une pensée antérieure ou « pensée-racine » (*mûlavijñâna*) qui constitue la base d'une série ho-mogène et porte les germes de tous les phénomènes mentaux, lesquels, à leur tour, produiront d'autres germes, et ainsi de suite. Et, sans doute, est-ce bien là admettre sous d'autres noms une constante psychologique. Quant à la question de savoir ce que devient l'acte si on supprime l'agent, le phénomène de représentation si on supprime le sujet pensant, Hiuan-tsang nous répondra que l'*âtman* de ses adversaires, étant supposé immuable, ne saurait être le siège de l'acte de représentation qui est, par définition, purement phénoménal. Et il conclut ainsi, avec toute l'Ecole : « La vérité est que les êtres sont des séries (*samtâna*) corporelles et mentales, qui, par la force des passions et le poids de leurs péchés antérieurs, tournent dans les destinées. Enfin tourmentés par la souffrance et dégoûtés de ce cycle sans fin, ils cherchent et obtiennent le *nirvâna*. »

Les adversaires nihilistes d'Asa*n*ga et de Hiuan-tsang n'ont-ils pas quelque raison d'insinuer que l'idéalisme de ces deux maîtres ne cherche à détruire le spiritualisme brahmanique que pour lui substituer, sous un autre nom, de sensibles équivalents ?

Mais il n'importe. Au point de vue de la logique du système, le résultat est atteint. Le non-moi et le moi ont ensemble disparu. Le philosophe a forcé la pensée à avouer que c'était elle et elle seule qui revêtait l'apparence de la dualité, ou, comme dit Asa*n*ga, l'aspect du prenant et l'aspect du prenable. Le moi et les phénomènes matériels ont dû confesser qu'ils n'étaient pas en soi des choses réelles, mais, comme dit Hiuan-tsang, « des êtres de raison ». On nous a appris que « la pensée intérieure se développe pareille à des choses extérieures », mais pour ajouter aussitôt qu'au reste la pensée n'est intérieure à rien. Remarquons que la pensée, surnageant seule après le naufrage de tout le reste, peut se trouver de ce fait dans une position assez précaire. Asa*n*ga est le premier à le reconnaître (il le doit d'ailleurs pour éviter les attaques des « vacuitaires » *mâdhyamika*) : « Dès que le sage, écrit-il, a compris qu'il n'y a pas d'autre phénomène saisissable que la pensée, il s'aperçoit aussi que ce Rien-que-pensée lui-même n'existe pas, puisque là où il n'y a pas de prenable il n'y a pas de prenant. » Allons-nous donc, avec Nâgârjuna et l'école *mâdhyamika*, retomber dans la vacuité universelle ? Vasubandhu nous répond par une formule célèbre : « Le *cittamâtra*, l'existence de l'idée pure, se trouve établi par la connaissance même qu'on a de l'irréalité (substantielle et objective) de l'idée. » C'est encore le *Cogito ergo sum* bouddhique : l'idée pure ne correspond à rien de réel, l'idée pure est une illusion, donc l'idée pure est.

On discerne tout de suite l'importance de cet argument, véritable plaque tournante du système par laquelle nous passerons de la vacuité universelle ou, si l'on préfère du nihilisme[1] mâdhyamika, à l'idéalisme absolu de Hiuan-tsang.

A ce degré dans l'élaboration du système, l'horizon commence à s'éclairer.

1.Il est bien entendu que nous ne qualifions ici le mâdhyamika de « nihiliste », que par clause de style, pour emprunter le vocable de Fujishima. En réalité, comme nous le montrerons dans un autre ouvrage, nous pensons avec le professeur Yamaguchi que la « vacuité » ou plutôt la « non-substantialité » nâgârjunienne n'implique nullement le nihilisme.

D'un côté, les décombres, tout ce que le *yogâcâra*, en cela fidèle héritier du *mâdhyamika*, a détruit. Détruite toute dualité dans le phénomène de représentation. Selon l'expression d'Asa*n*ga, il n'existe plus ni prenant ni prenable, ou, selon les termes de Hiuan-tsang, ni moi (*âtman*) ni phénomènes (*dharma*). Détruits le moi et le non-moi, l'âme et le monde.

De l'autre côté ce que l'Ecole restaure à la place : l'idéalité de tout ce qu'elle a substantiellement abattu.

Le monde et le moi une fois dissociés, évaporés, il reste en effet leur souvenir et leur fantôme, ce que M. Sylvain Lévi traduisant Asa*n*ga, appelle le Rien-que-pensée (*cittamâtra*, *vijnâptimâtra*). Il reste le plan des idéaux (*dharmadhâtu*).

Avant d'aller plus loin, une remarque préalable, à laquelle nous convie Hiuan-tsang, est nécessaire, tant toute cette dialectique mahâyâniste se développe en finesse et en nuances. Si le philosophe yogâcâra nous donne les choses comme étant pensée sans plus (ou mieux : comme n'étant que *leur* pensée sans plus), c'est, il nous en avertit, pour opposer à l'irréalité totale des choses la réalité relativement plus grande de leur pensée. Mais il ajoute aussitôt que cette pensée elle-même n'existe pas en soi, substantiellement, car admettre l'existence absolue de la pensée, ce serait, par un détour, condamner l'idéalisme lui-même. Et, quelque opinion que l'on ait sur la question, on ne peut que se complaire aux jeux de cette dialectique ailée et subtile, de cette métaphysique fluide et même fluente jusqu'à l'évanescence entre les mains de qui veut la saisir.

Les Idéaux[1], tels qu'ils nous sont donnés par Asa*n*ga, ne sont — il nous le dit lui-même — que de l'ordre des phénomènes. Les phénomènes, on l'a vu, se combinent pour créer d'une part l'illusion du moi, d'autre part l'illusion du monde extérieur. Quand le sage a exorcisé cette fallacieuse dualité, quand il a dissipé la magie du sujet et de l'objet, du moi et du monde, il ne reste que l'acte de connaissance fonctionnant désormais à vide — ce qu'Asa*n*ga nomme le verbe mental — ou, mieux encore, la pensée indifférenciée, indéterminée et virtuelle,

1.Notons d'ailleurs que ce même terme de *dharmas* qu'avec M. Sylvain Lévi nous traduisons par « Idéaux » est rendu par M. de La Vallée-Poussin par « phénomènes ».

antérieure au sujet, à l'objet et à l'acte de connaissance. C'est là proprement ce qu'Asa*n*ga appelle le *Plan des Idéaux*.

Cette connaissance impersonnelle et virtuelle, ce Plan des Idéaux peut à son tour se sublimer. Car si tout est apparence — les corps, l'esprit, la différenciation — les idéaux eux-mêmes sont aussi des apparences, des imaginaires, « pareils à un trompe-l'œil, à un rêve, à un mirage, à une ombre, à un écho, à la lune réfléchie dans l'eau ». Lorsque toute notion non seulement de dualité substantielle mais même de pluralité mentale aura été bannie, on découvrira enfin, sous les idéaux, ou plutôt en eux, la siccéité ou Nature Absolue des choses (*Tathatâ*) qui est aussi leur absolue vacuité.

Nous arrivons ici à une des notions les plus délicates de la philosophie mahâyâniste. Qu'est-ce au juste que cette Nature Absolue des choses, que cette *Tathatâ*, qui joue un si grand rôle dans le système ? Notion singulièrement complexe dans son apparente simplicité, et qui, dans un positivisme radical, doit faire fonction d'absolu, dans un idéalisme en écoulement incessant faire fonction de donnée permanente. Notion presque impossible à définir. En vain Hiuan-tsang, dans son traité de l'*Idéalisme*, essaiera-t-il par une accumulation et un balancement des contraires — être et non-être, idéalité et réalité, etc. — d'arriver à une approximation de la nature absolue : la seule définition plausible est qu'elle est ineffable, inexprimable. Aussi bien la « Nature Absolue » ne saurait-elle être perçue en pleine lumière par l'intelligence active. Elle peut seulement être appréhendée par voie de communion mystique dans la pénombre du subconscient.

Mais c'est tout le problème de la transcendance mahâyâniste qui se pose ici. Hiuan-tsang, voulant nous pénétrer de la transcendance de la *Tathatâ*, nous dit que celle-ci est supérieure à l'être comme au non-être. Dans les premiers chapitres de son *Sûtrâla*m*kâra*, Asa*n*ga pose de même la transcendance comme une ineffable « non-dualité », supérieure à l'être comme au non-être. Disons par parenthèse que cette définition de la transcendance entraînera une conception toute nouvelle du nirvâna : « Au sens transcendant, écrit Asa*n*ga, il n'y a aucune distinction entre transmigration et nirvâ*n*a. » Une telle doctrine, on le verra, mettra le salut à la disposition immédiate de tous les cœurs purs.

Parvenu à ce degré, le saint atteint la connaissance sans différenciation, état surnaturel où l'être humain appréhende directement et dépasse le moi et le non-moi, la transmigration et le nirvâ*n*a, l'être et le non-être, et qu'Asa*n*ga appelle proprement une extase.

En effet, dès que le philosophe est parvenu à cet état d'absolue pureté mentale, son idéalisme cède le pas à son mysticisme. Le *vijñânavâdin* devient un *yogâcâra*. Parlant de l'Unique et de l'Ineffable, Asa*n*ga s'écrie dans un accent lyrique : « En vérité il n'y a rien d'autre que Lui et le monde entier ne Le connaît pas. Comment donc a-t-elle grandi, cette singulière folie du monde, qui fait qu'on s'obstine à ce qui n'existe pas (le moi et le non-moi) et qu'on laisse complètement de côté ce qui est ? » Et il oppose à cette Nature Absolue, à ce sublime Plan des Idéaux, la nature seconde faite d'une fallacieuse pluralité, avec son erreur essentielle, l'imaginaire dualité du sujet et de l'objet. La Nature Absolue offre enfin à l'esprit du sage le port attendu. Le saint, libéré d'un seul coup du double mensonge du moi et du monde, y trouvera le salut, la mystérieuse bouddhéité.

CHAPITRE XVIII

AUX CIEUX MYSTIQUES DU BOUDDHISME

Par la connaissance universelle et synthétique, par la connaissance sans différenciation, par la communion directe de la Nature Absolue, le sage a obtenu le pouvoir surnaturel (*prabhâva*). Désormais, selon les termes mêmes d'Asa*n*ga, « il est perpétuellement dans l'état brahmique, saint, divin, incomparable, sublime... Les mondes avec les créatures, avec les créations et les destructions périodiques, il les voit tous comme une illusion et il les montre à son gré, par des procédés variés, car il a la Maîtrise. En émettant des rayons, il fait passer au ciel les malheureux qui souffraient aux enfers. En purifiant ceux qui sont allés renaître aux enfers, il les fait renaître au ciel. Il a, par une maîtrise suprême, conquis la compréhension, il a remis sous son empire le monde qui ne se possédait plus. Il ne se plaît qu'à faire le salut des êtres. Il marche dans les existences comme un lion[1]. »

En un langage magnifique, Asa*n*ga insiste sur les joies infinies de l'Illumination, de la Bouddhéité ainsi obtenue : « Par d'innombrables épreuves, par d'innombrables accumulations de Bien, la Connaissance totale est atteinte. Tous les obstacles s'écartent et la Bouddhéité se découvre comme une cassette de pierreries, grande en pouvoir. » De la Bouddhéité, d'ailleurs, comme, tout à l'heure, de la Nature Absolue, aucune définition n'est possible. Elle est ineffable et ne peut être entrevue que dans un ruissellement d'images. « Parce qu'elle est la raison d'être des Joyaux de l'Idéal, on l'a comparée à une mine de joyaux ; parce qu'elle est le signe des moissons du Bien on l'a comparée à un nuage. Tous les idéaux sont la bouddhéité, puisque la

1. Ces citations d'Asa*n*ga sont empruntées à la belle traduction de M. Sylvain Lévi.

bouddhéité est inséparable de la Nature des Choses... La bouddhéité, c'est l'ensemble de tous les idéaux. Et en même temps elle est par-delà tous les idéaux. »

L'être qui a atteint cette perfection de sagesse domine le monde et le prend en pitié. « Installé là (dans la Bouddhéité), il jette ses regards sur le monde comme s'il était au sommet d'une haute montagne. Et il prend en pitié tous les êtres. » Car tous les êtres, affirme Asa*n*ga, sont susceptibles d'être élevés aux mêmes sommets : « L'universalité de la Bouddhéité dans les multitudes des êtres se constate à ce qu'elle les admet tous en soi. Comme l'espace est universel dans la multitude des formes, ainsi elle est universelle dans la multitude des êtres. » Invisible dans la plupart des créatures elle se manifeste soudain dans les Bouddhas : « Comme une musique, dit encore Asa*n*ga, qui proviendrait d'instruments sans qu'on les ait battus, ainsi, spontanément, chez le Vainqueur, naît la prédication. Comme une pierrerie montre sans aucun travail son propre éclat, ainsi les Bouddhas, spontanément, déroulent leur activité. »

Nous arrivons à la notion dernière de la doctrine, celle de l'essence des Bouddhas, raison d'être et cause finale de toute chose. Une question se posait en effet : en quoi consiste la personnalité des Bouddhas par rapport à la bouddhéité, à la Suprême Sagesse que nous venons de poser ? « Leur personnalité, répond magnifiquement Asa*n*ga, consiste dans l'impersonnalité capitale », en ajoutant d'ailleurs que cette Impersonnalité transcendante n'est autre que la Nature Absolue des choses (*tathatâ*). Aussi, « bien que les Bouddhas soient innombrables, ils confondent leur activité unique ». Certains bouddhistes japonais tardifs, comme les fidèles du Tendai, restaurant dans les mots comme dans les tendances l'ontologie brahmanique, en concluront que l'âme des Bouddhas est l'âme universelle.

Asa*n*ga rencontre ici une des questions les plus délicates de la doctrine, question souvent posée par les non-bouddhistes comme par les fidèles : la Bouddhéité est-elle plénitude de l'Etre ou en est-elle l'évanouissement total ? En d'autres termes, le nirvâna, but et récompense de la bouddhéité, est-il l'Absolu ou le Néant ? Asa*n*ga refuse de se prononcer. Il répond en métaphysicien subtil : « La bouddhéité n'est ni l'existence ni la non-existence. Elle n'est pas l'existence puisqu'elle a pour caractéristique l'inexistence de l'individuel et du phénoménal, et que c'est là son essence même. Et il n'est pas dit non plus qu'elle soit la non-existence puisqu'elle existe en tant qu'ayant pour nature la nature des choses. Aussi la question étant posée de savoir si le Bouddha existe ou non, il n'y a pas eu de dogme prononcé. » Signalons seulement ici cette indécision capitale, et notons en même temps qu'à côté de l'ancienne conception hînayâniste du nirvâ*n*a comme cessation totale (*pratish*th*ita*), Asa*n*ga et Hiuan-tsang placent un « nirvâ*n*a-qui-n'est-pas l'arrêt (*apratish*th*ita*) », ce qui paraît bien montrer leurs secrètes préférences...

Il semble par moments que la pensée du philosophe gandhârien va se préciser. A tel tournant de sa démonstration, la Bouddhéité nous apparaît presque comme une *natura naturans* spinozienne, animant et éclairant à la fois la « nature naturée » : « L'Etre de bouddhéité fait voir tantôt la Roue de la Loi par des centaines et des centaines d'embouchures tantôt l'Illumination intégrale, tantôt le nirvâ*n*a. Et cependant il ne bouge pas de cette place et c'est Lui qui fait tout. » Miracle rendu possible par une sorte d'harmonie préétablie, car la bouddhéité d'Asa*n*ga est, à certains égards, comme le dieu immobile et inagissant d'Aristote : « Les Bouddhas ne se disent pas : En voici un qui est mûr pour moi, en voici un que j'ai à pousser en maturité. Mais c'est la multitude des êtres qui, sans aucun Opérant, va en avant vers la permaturation par les Idéaux du Bien, perpétuellement, en tous lieux, de partout... »

Une autre image d'Asa*n*ga fait comprendre comment la Bouddhéité concilie en elle l'unité absolue et l'infinie pluralité : les Bouddhas, dit-il, sont comme les rayons de soleil qui confondent leur activité et sont à la fois multiples et identiques. Et encore : « Comme le monde est éclairé par les rayons que lance en une fois la clarté du soleil, ainsi le connaissable tout entier est éclairé en une fois par les connaissances des Bouddhas... Sans effort le soleil, par les rayons qu'il émet, étendus et clairs, agit de partout, en tous lieux pour mûrir les moissons - ainsi le soleil de l'Idéal, en émettant les rayons des Idéaux qui prescrivent la Paix, agit de partout, en tout lieu pour mûrir les créatures. »

Pour faire comprendre les rapports de la Bouddhéité et du monde, Asa*n*ga se sert encore de la théorie — canonique dans le Mahâyânisme — des Trois Corps du Bouddha : le Corps Essentiel ou Plan des Idéaux (*dharmakâya*), commun et indivis entre tous les Bouddhas qui en lui, sont indifférenciés ; le Corps Personnel qui varie suivant les « plans » des différents Bouddhas (*sam*bhogakâya) ; et le corps métamorphique ou magique qui, seul, apparaît dans l'incarnation des divers Bouddhas humains (nirmâ*n*akâya).

On voit poindre ici les raisons théologiques de l'idéalisme transcendant d'Asa*n*ga. Le corps essentiel indifférencié et universel des Bouddhas, ce corps qui est aussi le Plan des Idéaux, a pour caractéristique ce que le philosophe appelle « la connaissance du miroir », connaissance pure où le connaissant s'apparaît comme identique au connu, puisqu'elle est « sans moi ni mien », sans limite et sans fin. C'est dans cette connaissance pure et sans objet que se produit la bouddhéité. Et comme la métaphysique du bouddhisme est inséparable de sa morale, Asa*n*ga ajoute que cette connaissance absolue se traduit immédiatement en toute-bienveillance et en toute-compassion.

C'est dans le même sentiment qu'Asa*n*ga combat la théorie du Bouddha unique et celle du Bouddha primordial. « Il est impossible, écrit-il, qu'il n'y ait eu qu'un Bouddha, car alors parmi tous les bodhisattvas, un seul arriverait à l'Illumination, à l'exclusion de tous les autres ? Pourquoi cela ? Comment les mérites des Bouddhas ne serviraient-ils à rien pour promouvoir au même rang les autres bodhisattvas ? D'autre part on ne peut supposer un Bouddha originel, car il est impossible de devenir Bouddha sans les mérites d'un autre Bouddha. » Toutefois Asa*n*ga ajoute que, si l'idée d'un Bouddha unique est absurde, l'hypothèse de la pluralité des Bouddhas ne l'est pas moins, puisque le Corps Idéal (ou Nature Essentielle) est entre eux tous commun et indivis.

Le philosophe gandhârien ramène ainsi la foule des Bouddhas populaires au principe métaphysique de la seule bouddhéité. « Les eaux des rivières, écrit-il poétiquement, paraissent séparées à cause de la diversité de leurs lits, mais, une fois rentrées dans l'Océan elles n'ont plus qu'un seul lit, qu'une seule masse d'eau. De même les sages, dès qu'ils ont pénétré dans la commune bouddhéité. » Un tel système — dans la mesure où ses contours mouvants se laissent préciser — paraît bien près d'une sorte de monisme à la fois mystique et sans substance.

Cette nature, pour nous si fluctuante et presque déconcertante de la *Tathatâ* est bien marquée par Asa*n*ga quand il dit, avec infiniment de subtilité : « Dans la Quiddité sont l'inexistence de tous les Idéaux, qui sont imaginaires, et aussi leur existence, car celle-ci existe du fait même de leur inexistence. Existence et inexistence sont d'ailleurs indivises. La *Tathatâ* est à la fois souillée du fait des sous-souillures incidentes, et naturellement toute pure. Différenciée et sans différenciation puisqu'elle est hors de portée de toute différenciation », etc.

Cette identité des contraires a du moins un heureux résultat : à ce degré le bodhisattva ne fait plus de différence entre lui et les créatures : « Quand il a, par l'impersonnalité des Idéaux, pénétré leur égalité (leur identité), il a toujours à l'égard de tous les êtres, la même pensée que pour soi. Il ne fait plus de différence entre moi et autrui. Il désire également la cessation des douleurs pour soi et pour autrui. Et il ne se félicite pas plus d'un paiement de retour, qu'il vienne de soi ou d'autrui. »

Nous arrivons ici aux rapports mystiques du bodhisattva et de l'âme fidèle. Asa*n*ga chante en strophes d'une remarquable spiritualité l'envolée des créatures vers l'idéal de bouddhéité sur l'aile de l'Illumination : « La multitude, attirée par les Idéaux, est amenée par les Compatissants (les Bouddhas) qui agissent sur elle par fascination, comme les serpents. » Ou bien encore il nous montre, dans une figure d'une véhémence presque biblique, le sage « poussé en avant par les Bouddhas. Ce sont eux qui l'installent dans l'embouchure de l'Idéal et qui, le prenant pour ainsi dire aux cheveux, l'arrachent de la caverne des fautes et le campent de force dans l'Illumination ». Et alors le fidèle à son tour, « ayant entièrement subjugué le monde, l'éclaire comme un grand soleil du faîte des hauteurs ».

Puis le poète-philosophe, changeant de ton, nous dit en stances d'une douceur infinie la tendresse des bodhisattvas pour les créatures, leur sublime et totale charité : « Le bodhisattva a au fond des moelles l'amour des créatures comme on l'a d'un fils unique. Comme une colombe chérit ses petits et reste à les couver, ainsi le Compatissant avec les créatures qui sont ses enfants. » Et plus loin : « Le monde n'est pas capable de supporter sa propre douleur. Combien moins la douleur des autres en bloc ! Le bodhisattva est tout au contraire, car il est capable de supporter la douleur de toutes les créatures en bloc, autant qu'il y en a dans le monde. Sa tendresse pour les créatures, c'est la merveille suprême des mondes, ou plutôt non, puisque autrui et soi sont identiques pour lui, puisque les créatures sont pour lui comme lui-même. »

Avec quel ruissellement d'images Asa*n*ga célèbre les états mystiques ainsi atteints ! Car le métaphysicien chez lui se double d'un merveilleux poète. L'initiation suprême dont il a montré le chemin, c'est pour lui

« l'onction du sacre ». Et l'union mystique enfin obtenue, c'est « l'Union pareille au Diamant », puisque, comme le diamant, aucune dualité ne peut l'entamer.

Nous voyons maintenant l'importance capitale du rôle que joue dans la doctrine de l'Ecole la notion de bodhisattva. Les bodhisattvas, les « Etres de Sagesse », candidats à la totale bouddhéité et en attendant, intermédiaires entre elle et le monde, sont, si l'on peut dire, la clé de voûte du système. Et ici la métaphysique purement abstraite du Mahâyâna trahit tout à coup une émotion franchement piétiste.

S'ils sont venus, les Compatissants, c'est sans doute qu'ils répondaient à un besoin du cœur humain. La préparation du salut individuel dont s'était contentée la Communauté primitive, dont se contentaient encore les Hînayânistes — les « Auditeurs », comme les appelle dédaigneusement Hiuan-tsang — ne pouvait plus suffire aux aspirations des âmes. Faire intervenir le Bouddha lui-même pouvait paraître illogique à certains puisqu'il était définitivement nirvâné. Mais les Bodhisattvas restaient toujours présents et tout proches. Héros de sainteté, ils attendaient et méritaient, en veillant sur le monde, de parvenir à leur tour à l'Illumination définitive. Avalokiteçvara, « Celui qui regarde d'en haut », Maitreya, « issu du lumineux Mitra », et qui doit être le Bouddha des temps à venir, Bhaishajyaguru, le sauveur des malades, Kshitigarbha, le juge toujours miséricordieux des âmes, Mañjuçrî qui, de son épée flamboyante, pourfend les démons et sauve les captifs de l'enfer, tous ils se penchaient sur la détresse humaine pour lui procurer ce qui est la raison d'être du bouddhisme : un Refuge.

« Le bodhisattva, écrit Asa*n*ga, à chaque instant, pour chaque créature, voudrait fabriquer des mondes aussi nombreux que les grains de sable du Gange et tout remplis des sept joyaux, pour leur en faire don. Car la tendance du bodhisattva au don est insatiable. Et le bodhisattva est plus joyeux en donnant que les créatures en recevant. » Le poète-philosophe insiste sur ce point. « Cette tendance du bodhisattva c'est sa tendance joyeuse au don. Et le bodhisattva considère les créatures auxquelles il rend ainsi service par le don comme plus bienfaisantes que lui-même, en se disant qu'elles sont la charpente de la toute-parfaite et insurpassable Illumination. »

Vers l'époque où Hiuan-tsang achevait son traité de l'idéalisme absolu, un autre saint bouddhiste, Çântideva, allait exprimer dans un magnifique poème la mystique du mahâyânisme. Le pèlerin chinois aurait pu rencontrer ce jeune homme lors de son passage dans l'Inde orientale. Çântideva était en effet le fils d'un roi du Surâsh*t*ra, l'actuel Gujerat, et il fleurit sous le règne de Çila, fils de l'empereur Harsha. Le jour où il devait recevoir le sacre royal, il vit en songe le bodhisattva Mañjuçrî — le même qui était jadis apparu à Hiuan-tsang. Sur l'ordre de l'apparition, il renonça aux honneurs, s'enfuit dans la jungle et y embrassa la vie monastique. Nul n'a évoqué comme lui les cieux mystiques du bouddhisme. Voyez par exemple, dans la belle traduction de M. Finot, cet hymne qui est comme l'appel de vocation des futurs Bouddhas :

« Puissé-je devenir pour tous les êtres Celui qui calme la douleur !

« Puissé-je être pour les malades le remède, le médecin, l'infirmier, jusqu'à la disparition de la maladie !

« Puissé-je calmer par des pluies de nourriture et de breuvage le supplice de la faim et de la soif, et, pendant les périodes de famine, devenir moi-même breuvage et nourriture !

« Puissé-je être pour les pauvres un trésor inépuisable !

« Toutes mes incarnations à venir, tous mes biens, tout mon mérite passé, présent, futur, je l'abandonne avec indifférence pour que le but de tous les êtres soit atteint.

« Je livre mon corps au bon plaisir de tous les êtres. Que sans cesse ils le frappent, l'outragent, le couvrent de poussière. Qu'ils se fassent de mon corps un jouet, un objet de dérision et d'amusement. Je leur ai donné mon corps. Que m'importe ! Qu'ils lui fassent faire tous les actes qui peuvent leur être agréables. Si leur cœur est irrité et malveillant à mon sujet, que cela me serve à réaliser les fins de tous ! Que ceux qui me calomnient, me nuisent, me raillent, ainsi que tous les autres, obtiennent la Bodhi !

« Puissé-je être le protecteur des abandonnés, le guide de ceux qui cheminent et, pour ceux qui désirent l'Autre Rive être la barque, la chaussée, le pont ! Etre la lampe de ceux qui ont besoin de lampe, le lit de ceux qui ont besoin de lit, l'esclave de ceux qui ont besoin d'esclave, être la Pierre du Miracle, la Plante qui Guérit, l'Arbre des Souhaits, la Vache du Désir ! »

On trouve d'ailleurs chez Asa*n*ga des élans d'une semblable émotion, — par exemple cette définition de la pitié des bodhisattvas : « Le Compatissant souffre en considérant que le monde est douleur. Il souffre, il a pitié. Il sait exactement ce qui en est ; il sait exactement ce qu'est la douleur et par quels moyens la faire cesser... L'eau qui arrose sa compassion, c'est la bonté... Par compassion le bodhisattva souffre des douleurs d'autrui. Comment donc serait-il heureux s'il ne mettait son bonheur dans les créatures ? C'est pourquoi le bodhisattva fait son propre bonheur en mettant le bonheur dans autrui... Un jouisseur éprouve moins de satisfaction à jouir que le Compatissant n'en éprouve à prodiguer, l'esprit tout gonflé des trois bonheurs. »

Nous atteignons ici l'essence du bouddhisme : la pitié par-delà même la justice : « Pitié des misérables, s'écrie Asa*n*ga dans une splendide litanie, pitié des furieux, pitié des emportés, pitié des négligents, pitié des serviteurs de la matière, pitié de l'opiniâtreté dans l'erreur ! »

Çântideva, dans sa *Marche à la Lumière*, commente magnifiquement une pensée analogue : « L'auteur des crimes les plus affreux s'en tire à l'instant en s'appuyant sur la Bodhi comme on échappe à un grand danger par la protection de quelque héros. Comme l'incendie de la fin du monde, elle consume en un instant les plus grands péchés... Les hommes se jettent dans la souffrance pour échapper à la souffrance ; par désir de bonheur ils détruisent follement leur bonheur comme s'ils étaient leurs propres ennemis. Ils sont affamés de bonheur et torturés de mille façons. Celui qui les rassasiera de tous les bonheurs, qui coupera court à leurs tortures et supprimera leur folie, où trouver un homme aussi bon, un tel ami, un tel mérite ? On loue celui qui reconnaît un service par un autre : que dire du bodhisattva généreux sans qu'on l'en prie ?... Je rends hommage au corps des bodhisattvas, je prends mon refuge dans ces mines de bonheur qu'on ne peut même pas offenser sans en recevoir quelque récompense. »

Je ne puis m'empêcher de citer aussi dans la traduction ailée de M. Sylvain Lévi le merveilleux hymne au bodhisattva, par lequel Asa*n*ga termine son ouvrage :

« Tu es dégagé de tout obstacle, tu as la supériorité sur le monde entier, ô Muni, tu occupes tout le connaissable par ta Connaissance ! Ta pensée est délivrée. Hommage à Toi !

« Tu as l'impassibilité, tu n'as pas d'attaches, tu es en union mystique (*samâdhi*). Hommage à Toi !

« Tous les êtres, quand ils t'ont vu, reconnaissent que tu es vraiment l'homme ! Tu fais la limpidité rien qu'à te voir. Hommage à Toi !

« Jour et nuit tu veilles sur le monde. Tu es appliqué à la Grande Compassion. Tu ne recherches que le Salut. Hommage à Toi !

« Tu as parachevé le sens transcendant. Tu es sorti de toute la terre, tu es devenu le chef de tous les êtres, tu es le Libérateur de tous les êtres !

« Appliqué à des vertus inépuisables et sans égales, tu te manifestes dans les mondes et dans les cercles célestes, et pourtant tu restes invisible aux dieux comme aux hommes ! »

Que nous importent désormais les négations métaphysiques de la doctrine ? Le sentiment religieux, à cette intensité, soulevait l'âme au-dessus d'elle-même et transformait vraiment l'idéalisme initial d'Asa*n*ga et de Hiuan-tsang en une mystique ardente. Au reste, qu'on le voulût ou non, la Bouddhéité jouait ici le rôle du Divin. Présente au cœur de tous les hommes et commune à eux tous, elle les unissait entre eux en une ineffable communion.

Remarquons combien la charité bouddhique sortait confirmée de semblables conceptions. Car cette mystique aboutit logiquement à une soif de charité dont Çântideva devait chanter en de brûlantes strophes l'ardeur inassouvie :

« Cette parcelle insigne qui fait lever en nous les vertus d'un Bouddha, elle est présente dans toute les créatures, et c'est en raison de cette Présence que toutes les créatures doivent être honorées.

« D'ailleurs quel autre moyen avons-nous de nous acquitter envers les Bouddhas, ces amis sincères, ces bienfaiteurs incomparables, que de plaire aux créatures ?

« Pour des créatures ils déchirent leurs corps, ils pénètrent en enfer. Ce qu'on fait pour elles, on le fait aussi pour eux. Il faut donc faire le bien même à nos pires ennemis.

« Alors que nos maîtres eux-mêmes se dévouent sans réserve pour leurs enfants, comment pourrai-je, moi, témoigner à ces fils de nos maîtres de l'orgueil au lieu d'une humilité d'esclave ?...

« Dès aujourd'hui donc, pour complaire aux Bouddhas, de toute mon âme, je me fais le serviteur du monde. Que la foule des hommes mette le pied sur ma tête et me tue, et que le Protecteur du monde soit satisfait !

« Servir les créatures, c'est servir les Bouddhas, c'est réaliser ma fin, c'est éliminer la douleur du monde, c'est le vœu auquel je m'oblige ! »

— Et pour finir cette pensée presque chrétienne : « Si la souffrance du grand nombre doit cesser par la souffrance d'un seul, celui-ci doit la provoquer par compassion pour autrui et pour lui-même. » (Traduction Finot.)

Ainsi, par les chemins terrestres des grands pèlerinages comme par la voie spirituelle de la mystique et de l'art, les sages de l'Extrême-Asie s'acheminaient vers la terre de leur rêve. Des appels mystérieux s'y faisaient entendre qui leur disaient :

« Pour la caravane humaine qui suit la route de la vie, affamée de bonheur, voici préparé le banquet du bonheur où tous les arrivants pourront se rassasier. »

Ces vers de Çântideva pourraient clore notre exposé. Nous n'avons pas à juger ici du point de vue de sa valeur philosophique ou religieuse la doctrine du Mahâyâna. Convenons du moins qu'elle inspira des dévouements sublimes, qu'elle créa des images merveilleuses, qu'elle fut au plus haut point — l'art et l'histoire en témoignent — génératrice de bonté et de beauté.

Du reste il est en ces matières un témoignage peut-être plus précieux que celui des penseurs et des poètes. C'est celui des humbles qui trouvèrent dans les promesses bouddhiques un peu de consolation et d'espoir. Ecoutons leur voix qui s'élève du fond du passé sur les stèles funéraires, les statues commémoratives et les ex-voto chinois de l'époque Wei ou T'ang.

Sur une pierre sculptée portant un Bouddha entre deux Bodhisattvas : « Moi, serviteur du Bouddha, Ts'ouei Cahn-tö, depuis longtemps je suis abandonné, seul, de mes parents morts. Devant un arbre agité par le vent, je pense à mes parents longuement, et je questionne le ciel sans obtenir de réponse. Je voudrais me confier aux génies pour qu'ils m'arrachent de ce chemin solitaire. Alors je donne les richesses de ma famille pour faire faire avec respect cette stèle avec images. Sur le devant je fais graver l'image de Maitreya (Mi-lo-Fo), derrière celle de Kshitigarbha (Ti-tsang). J'espère que le bonheur se répandra sur les vivants et sur les morts, et que les animaux comme les êtres doués de sentiment, tous atteindront le fruit (des mérites du Bodhisattva). » Et cette mélancolique et touchante prière fut écrite la première année de la période Hien-heng, qui est notre année 670, « par le grand-père Ts'ouei Fa-ying, avec toute sa famille ».

Ou bien : « Sous la grande dynastie des T'ang, la deuxième année de la période Tch'ouei-kong (686) le huitième mois et le huitième jour. La Porte Sombre (le bouddhisme) est profonde et solitaire. Sa doctrine est unique qu'expriment des paroles subtiles, et les principes de sa Loi sont profonds comme le Vide... Le bouddhiste Yang Tche-yuan et sa sœur, pour le profit de leur tante défunte, font faire avec respect une image du Bouddha en pierre, pour que toute leur famille serve le Bouddha de tout son cœur. »

Est-il rien de plus émouvant que ces humbles voix qui, par-delà les siècles et les tombes, nous confient ainsi leurs angoisses et leur espérance ? Voix en prière vers le Refuge, elles attestent combien le mysticisme des Asa*n*ga et des Hiuan-tsang correspondait à l'invincible besoin de consolation, latent au fond de nos cœurs. Voix en prière des profondeurs du passé, voix fraternelles, pauvres voix humaines...

CHAPITRE XIX

LA RÉVÉLATION DE L'ESTHÉTIQUE INDIENNE

La métaphysique du Mahâyâna avait créé une nouvelle vision des choses.

Le monde extérieur s'était dissipé comme un songe. A peine flottait-il maintenant aux yeux du sage comme l'écharpe de buées ou la mer de nuages qui, sur les lavis Song, estompe les objets et noie les horizons. L'essence de l'univers, la réalité ultime elle-même ne se dessinaient plus que comme une vision de rêve, pareille à ces montagnes abruptes qui, sur les paysages de Hia Kouei ou de Ma Lin, dressent à des distances indéterminées leurs grandes lignes idéales sur l'irréalité des lointains.

Sur ce fond de lointains et de brumes où la matérialité du monde se dissocie dans une idéalité vaporeuse, quelque sage, au premier plan, poursuit sa méditation solitaire. Sur son visage comme indifférent erre le demi-sourire de la suprême sagesse devant l'universelle vanité. Son regard d'une si intense vie intérieure est comme perdu dans l'immensité des profondeurs aériennes et vide de tout contenu matériel. C'est que, comme la face du monde, l'âme du sage s'est vidée de toute réalité concrète. Libérée des attaches du moi, sa personnalité transitoire a été dissoute ou plutôt s'est impersonnalisée, et les purs idéaux dans lesquels elle s'est fondue sont allés rejoindre l'idéalité de l'univers.

Que reste-t-il alors du monde et de l'âme humaine ? Nous voici pour l'âme comme pour le monde au milieu de cet océan de nuées que du haut de quelque pic himâlayen les voyageurs nous montrent se mouvant à l'infini au-dessus des vallées cachemiriennes.

Mais soudain les brumes s'éclairent. Leur fluidité inconsistante et grise revêt sous la magie des soleils un éclat, des colorations que le monde des formes concrètes ne connaîtra jamais. C'est un univers plus beau que les nôtres qui s'édifie fabuleusement là-haut, par-delà les dernières arêtes des sommets. Ainsi l'idéalisme mahâyâniste a été transfiguré par l'apparition des bodhisattvas.

Tout le reste n'est qu'apparence et que rêve. Mais, rêve plus beau que tous les autres, ils demeurent. Dans la dissociation du monde et du moi voici que leur apparition revêt soudain un éclat surnaturel. Qu'importe que tout ait disparu puisqu'ils sont là pour consoler les âmes ? Ou plutôt, diront les bouddhistes, tant mieux puisque c'est de la disparition des choses qu'a pu naître et se préciser leur image. Figures tendres et merveilleuses dont le monde des formes concrètes eût empêché de voir l'éclat, ils rayonnent maintenant dans cette atmosphère sublimée — et toute l'esthétique se trouve transformée par leur présence.

Ecoutons, dans la belle traduction de M. Finot, chanter Çântideva : « Toutes les fleurs et les fruits et les simples, tous les trésors de l'univers, les eaux pures et délicieuses les montagnes faites de précieuses gemmes, les solitudes des bois, les lianes éclatantes dans leur parure de fleurs, les arbres dont les branches ploient sous le poids des fruits, les parfums des mondes divins et humains, les arbres aux souhaits et les arbres de pierreries, les lacs ornés de lotus et agrémentés de cygnes, les plantes sauvages et les plantes cultivées et les mille parures répandues dans l'immensité de l'espace, toutes ces choses qui n'appartiennent à personne, je les prends en esprit et je les offre aux Grands Saints et à leurs Fils. Qu'ils les acceptent, eux qui sont dignes des plus belles offrandes qu'ils aient compassion de moi, Eux, les Grands Compatissants !...

« Dans des salles de bains parfumées qui enchantent les yeux par leurs colonnes resplendissantes de joyaux, leurs éblouissantes courtines brodées de perles, leur pavé de pur et brillant cristal, avec de nombreuses urnes incrustées de mille gemmes, pleines de fleurs et d'une eau odorante, je prépare le bain des Bouddhas et de leurs Fils au son des chants et des musiques.

« Avec des étoffes incomparables, imprégnées d'encens et lavées de toute tache, j'essuie leurs corps et je les revêts de robes brillantes et embaumées.

« De vêtements célestes, doux, fins, éclatants, d'ornements variés je pare Samantabhadra, Mañjuçrî, Avalokiteçvara, Kshitigarbha et les autres bodhisattvas.

« Avec des parfums exquis, dont l'arôme pénètre l'immensité de l'univers, j'oins le corps de tous les Bouddhas, étincelant comme l'or épuré, poli et lustré.

« Je leur offre des flambeaux, des pierreries rangées sur des lotus d'or, et, au long du pavé enduit de parfums, je sème une jonchée de fleurs charmantes.

« J'offre à ces Miséricordieux une foule de chapelles aériennes ornées de festons de perles, retentissantes d'hymnes mélodieux... Je présente aux Grands Saints de hauts parasols de pierreries au manche d'or, à la forme précieuse, d'un éclat rayonnant...

« Formés au cœur des grands lotus parfumés et frais, développant leur corps brillant, les bodhisattvas sortent des calices épanouis aux rayons du Saint et naissent sous ses yeux dans leur parfaite beauté...

« Voici que, levant les yeux à la vue du flamboyant Vajrapâ*n*i debout dans le ciel, les damnés se sentent délivrés de leurs péchés et volent le rejoindre avec un joyeux empressement.

« Voici que tombe une pluie de lotus mêlée d'eau parfumée. O bonheur ! on voit s'éteindre sous son onde le feu des enfers. Qu'est-ce que cela, se disent les damnés, brusquement inondés de plaisir ? C'est l'apparition de Padmapâ*n*i ! puisse-t-elle se montrer à eux !

« Frères, s'écrient-ils, nous sommes appelés à la vie. Voici venir, apportant la paix dans la géhenne, un jeune prince coiffé de bandelettes. (C'est Manjuçrî.) Regardez-le ! Sous les lotus de ses pieds brillent les diadèmes de centaines de dieux prosternés ; ses yeux sont humides de pitié ; sur sa tête une pluie de fleurs tombe des palais charmants où résonnent les chants de milliers d'*apsaras* célébrant sa louange... »

Ces strophes du poète bouddhiste pourraient servir de commentaire aux fresques d'Aja*n*tâ. Rapprochement d'autant plus légitime que Çântideva était originaire de Valabhî, pays assez voisin du district mahratte où ont été creusées les célèbres grottes, et qu'il fut vraisemblablement contemporain des maîtres inconnus qui, dans cette localité, peignirent les merveilleuses figures de bodhisattvas de la grotte I.

Le Mañjuçrî évoqué par Çântideva, n'est-ce pas lui, le « beau Bodhisattva » qui nous apparaît à gauche sur le mur de fond ? Derrière lui, voici s'étager les « chapelles aériennes » entrevues par l'auteur de *la Marche à la Lumière*, des pavillons aux colonnettes légères surgis au milieu d'élégants palmiers, et, plus loin, autres édifices de féerie, de grands rochers stylisés, presque géométriques, « formant comme des consoles et des niches ombreuses où s'ébattent des génies de toute espèce, réunis par couples amoureux ». Dans ce paysage de rêve, voici se dresser le Bodhisattva. Sa tête est couronnée d'un kirî*t*a-muku*t*a, haute coiffure en forme de tiare à filigrane d'or. Au cou un collier de perles, à l'avant-bras un bracelet de rubans, aux hanches un pagne rayé. Les épaules, d'une largeur olympienne, l'irréprochable torse, svelte et long, la noblesse et la sérénité apolliniennes du visage disent le « Vainqueur » dans la plénitude de la force. Et c'est aussi un prince charmant, un héros de conte hindou aux gestes d'une élégance souveraine ; la main droite élève délicatement le symbolique lotus bleu, le bras gauche est allongé, la main s'appuyant légèrement à la hanche. La physionomie, attentive et grave, est empreinte d'une infinie douceur. Les paupières sont à demi baissées, et le regard étrangement long, penché sur la douleur du monde. Le visage aussi se penche, la tête un peu inclinée sur l'épaule gauche, dans une attitude de miséricorde et de tendresse. La bouche, enfin, d'un dessin ferme et pur, présente une expression très complexe, allant de la sérénité divine à la tristesse humaine devant toutes les souffrances entrevues, l'impression d'ensemble restant celle d'une immense commisération. C'est vraiment « le héros paré de pudeur et de virilité » dont nous parlait tout à l'heure Asa*n*ga, mâle et suave figure qui — toutes les Ecritures du Mahâyâna eussent-elles disparu — suffirait à nous rendre, avec l'âme des siècles passés, le sentiment de la grande pitié bouddhique.

Les créatures de grâce qui entourent le bodhisattva de la grotte I participent à son atmosphère. La jeune princesse — sans doute son épouse — qu'on voit à droite, le torse nu jusqu'à la ceinture, coiffée, comme lui, de la tiare royale, nous présente, avec la même suavité de lignes, la même attitude pensive. Il n'est pas jusqu'aux couples de génies du second plan assis deux à deux, dans l'attitude des Çiva et Pârvatî d'Ellora, qui, dans la douceur inclinée de leur corps, ne respirent la même religiosité. La tendresse de leurs effleurements se résout encore en gestes mystiques tant ils sont empreints de recueillement et de silence.

Et il ne s'agit là que d'une entre vingt parmi les apparitions de la première grotte. Après le « beau bodhisattva », voici surgir la grande figure qui orne le mur du fond de la salle principale, à la droite du vestibule. Qu'il s'agisse d'un bodhisattva, comme nous le croyons, ou d'un simple *dânapati* coiffé du *mukuta* royal somptueusement orfévré, nous ne pouvons plus, après l'avoir entrevue, échapper à cette pensée qui, depuis treize siècles, vit dans la pénombre d'Aja*n*tâ d'une si étrange et si intense vie silencieuse. Sous le firmament de l'immense front où court, comme un arc céleste, une grande ligne méditative doublant les sourcils, les paupières sont à demi baissées. Le regard, ainsi défendu, semble replongé dans l'Essence intérieure, dans l'ineffable bouddhéité — regard qui voit au-delà, regard obsédant, lourd de toute la pensée métaphysique du Mahâyâna, chargé, dans sa fixité ardente, de toutes les virtualités du jeu cosmique, et s'évanouissant au-dedans dans la vacuité de la substance.

L'art d'Aja*n*tâ se révèle ainsi à nous comme l'illustration même de la mystique du Mahâyâna. Et partout où le Mahâyâna a pénétré, il a apporté avec lui la même esthétique. De sorte qu'aujourd'hui à Bôrôbudur, à Touen-houang, à Long-men, à Nara, c'est l'idéal de la Grande Eglise, le rêve des Asa*n*ga et des Hiuan-tsang que peintres et sculpteurs font revivre devant nous.

Ne seraient surpris de cet immense rayonnement artistique que ceux qui oublieraient les rapports intimes établis par les pèlerins bouddhistes à travers la moitié de l'Asie. Les voyages et les récits d'un Hiuan-tsang et d'un Yi-tsing nous ont montré avec quelle facilité on circulait alors par terre ou par mer de Chine en Inde. D'autre part les témoignages de Hiuan-tsang et de Yi-tsing attestent l'importance que les pèlerins attachaient aux œuvres d'art. Leur grande préoccupation, autant que de rapporter des textes sanscrits, était de ramener des statues et des peintures indiennes.

Nous avons vu, notamment, l'importance qu'occupait dans le récit de Yi-tsing le royaume sumatrano-javanais de Çrîvijaya, l'actuel Palembang. C'était comme une Inde seconde où les pèlerins chinois faisaient halte à l'aller comme au retour pour se perfectionner dans l'étude du sanscrit ou pour traduire les textes rapportés du Gange. Ne soyons donc pas surpris de retrouver sur les reliefs de Bôrôbudur, au VIIIe ou au IXe siècle, la même inspiration, la même atmosphère, les mêmes figures qu'un siècle plus tôt sur les fresques d'Aja*n*tâ. Feuilletons dans les albums de Krom les centaines de reliefs de Bôrôbudur avec toutes leurs figures de bodhisattvas. Sous la haute tiare royale, avec la sveltesse de leurs membres, l'élégance de leur taille longue, la grâce de leurs gestes de douceur et de mansuétude, avec leurs poses nonchalantes, « assis à l'indienne » parmi les dais et les coussins, les Fils des Bouddhas nous y apparaissent bien tels qu'à Aja*n*tâ, — figures d'une irréprochable noblesse indo-européenne, parfois un peu désenchantées, comme lassées de leur propre perfection et n'aspirant qu'à se pencher vers la douleur des êtres. Autour d'eux, dans une pareille attitude de recueillement, conservée ici aussi jusque dans la tendresse amoureuse, les mêmes cortèges féminins qu'à Aja*n*tâ, nus allongés aux poses inclinées, à la grâce rêveuse, aux mêmes gestes de ferveur et de beauté. Et comme fond, les mêmes constructions un peu irréelles, où la pierre gothique ouvrée en dentelle arrive à produire les mêmes effets aériens que, jadis dans la fresque, les palais fabuleux d'Aja*n*tâ.

Nous retrouverions les mêmes évocations encore à Touen-houang, à la frontière du Turkestan et de la Chine. On a trop voulu ne voir dans les peintures rapportées des célèbres grottes que des œuvres d'artisans. En réalité nous connaissons, parmi les bannières et les fresques des missions Pelliot et Aurel Stein, de très nobles œuvres. Comment ne pas être ému devant ces bodhisattvas de la fin des T'ang qui, pour être évidemment inférieurs aux peintures d'Aja*n*tâ et de Nara, n'en constituent pas moins d'inappréciables témoins du passé ? Nous songeons ici à tel Samantabhadra, encore purement indien, au torse nu, dans ses longues écharpes vert éteint ou jaune pâle, à ces Kshitigarbha portant la Perle, déjà plus sinisés mais si élégants dans leur draperie classique aux tons rouges encore si frais. Œuvres de foi devant lesquelles ont sans doute médité les pèlerins de jadis, en prononcant peut-être devant elles les invocations ardentes de Çântideva...

D'ailleurs voici se dérouler, plus évocateurs encore, les paradis même entrevus par Çântideva et Hiuan-tsang. Dans tel paradis d'Avalokiteçvara de la mission Pelliot au Musée Guimet, c'est tout le rêve des grands moines de jadis qui revit devant nous. Voici le Bodhisattva dans toute sa gloire, irradiation d'or passé où les fidèles pouvaient entrevoir, avec les 40 bras tenant les 40 attributs du Compatissant, le prodige perpétuel de sa providence. Au pied du lotus mystique d'où sort le bodhisattva, un *preta*, un damné reçoit, comme dans le poème de Çântideva, la goutte de rosée salvatrice. Et tout autour de l'immense auréole qui entoure l'Etre de sagesse, voici se presser l'assemblée des saints, des dieux et des génies. En haut, avec les Bouddhas des Cinq Régions, les fées Apsaras, venues de l'Inde védique jusqu'au seuil du Kansou médiéval pour y revêtir la toilette rouge de belles jeunes filles chinoises. Plus bas, à gauche et à droite, les dieux indiens Brahmâ, Indra et Çiva combinant dans leur type et leur costume les souvenirs indiens et un commencement de sinisation. Puis le Bouddha des temps futurs Maitreya, doux et beau jeune bonze chinois représenté mains jointes, dans une écharpe rouge et blanche sur un halo grenat. Puis le saint religieux Vasubandhu, le père de l'idéalisme mahâyâniste, figuré ici sous la forme d'un bon vieillard en costume indien, à genoux, mains jointes, à la gauche et tout près du Bodhisattva. Aux deux coins du bas, deux Vajrapâ*n*i, protecteurs de la Loi, combattent, dans une haute flamme rouge, deux petits démons (d'ailleurs charmants) à tête d'éléphant ou de sanglier. Dans le registre inférieur, à droite, le moine Tao-ming en adoration devant un aimable Kshitigarbha en robe verte et rouge aux pieds duquel se dresse le Lion d'or. A gauche le donateur de la peinture, un excellent mandarin chinois de l'an 981, avec sa cassolette d'offrande, et qui attardé dans ce poste-frontière, porte encore le costume des T'ang.

Mêmes visions mystiques dans les paradis d'Avalokiteçvara rapportés de Touen-houang au British Museum par sir Aurel Stein. L'un, entre autres, daté de 864, reste une pure féerie. Dans un immense cercle vieux rose le bodhisattva trône sur le lotus, la tête ceinte d'une auréole étoilée ; son visage encore indo-européen dégage une impression de sérénité et de gravité vraiment surnaturelle. Le buste et le torse nu restent d'une irréprochable douceur avec des chairs d'une matité ambrée tournant au brun. Les jambes, dans la pose assise dite du « siège de lotus » (*padmâsana*), sont drapées dans une robe violacée. Au-dessus du bodhisattva, à droite et à gauche dans les deux disques d'un soleil rose traîné par des chevaux, et de la lune jaune portée par des oiseaux, deux divinités charmantes présentent leurs torses nus et délicieux. De même, en bas, de chaque côté, dans des lotus, deux autres personnages dont un ascète au visage d'une spiritualité étrange, lèvent le bras droit en signe d'adoration vers le Compatissant. Images tendres et merveilleuses qui, dans leur irradiation de vieil or et de rose ancien, nous émeuvent encore du fond du passé. Quelle impression devaient-elles produire, aux siècles de foi, sur l'âme ardente des lecteurs de Çânti-deva, de Yi-tsing et de Hiuan-tsang...

Passons les mers. Suivons, à leur voyage de retour, les pieux pèlerins qui, comme Doshô, rapportaient de Chine dans l'archipel nippon, avec les enseignements de Hiuan-tsang, le culte mahâyâniste. Sur les fresques du Kondô, le Temple d'Or de Hôryûji, à Nara, nous verrons apparaître les mêmes figures surnaturelles qu'à Aja*n*tâ.

D'une beauté surhumaine sous l'immense auréole qui nimbe leur visage, avec la tiare hindoue d'or ciselé ou le *mukuta* orné de fleurs, ces héros de sainteté gardent la grâce inexprimable dont les para la terre indienne. Comme pour leurs frères d'Aja*n*tâ, la noblesse apollinienne de leurs traits et la suavité reposée de leur visage n'enlèvent rien à leur caractère de force olympienne. Comme leur père spirituel à tous, Çâkyamuni, ils restent les « Lions des Hommes ». Peut-être même le Japon a-t-il accentué, avec la pureté aryenne de leur visage, leur gravité voluptueuse de princes charmants. Quelle triomphante élégance dans leur hanchement indien, comme aussi dans la richesse des colliers et des bracelets jouant sur la matité des chairs. Quelle mâle douceur dans ces épaules, dans ces bustes et ces torses nus, parfois moins sveltes peut-être, mais plus fondus encore que ceux d'Aja*n*tâ !

Surtout dans ces beaux corps à la fois hautains et tendres, chez ces Olympiens d'une religion idéaliste, la fierté d'une éternelle jeunesse est si imprégnée de gravité, intellectuelle, si pénétrée du sentiment de l'universelle vanité, si mûrie de religiosité et de mysticité ardente qu'il s'en dégage par moments comme une lassitude de la vie. Ainsi qu'à Aja*n*tâ, l'ample dessin des sourcils en arc méditatif sur le front semble ouvrir les ailes à l'envol de tous les problèmes métaphysiques. Et, comme à Aja*n*tâ toujours, quel mystère intérieur se cache sous ces paupières légèrement abaissées d'où coule pourtant l'insondable regard, quel mot se tait sur ces lèvres qui savent la vanité de toute chose et qui gardent un silence d'attente, de douceur et de compassion ?

Et les gestes enfin ! Quelle mysticité encore tremble dans leur grâce presque hautaine d'être si pure ! Geste du bras svelte, allongé, avec la main délicatement ouverte à hauteur de la hanche et qui porte une immense tige de lotus en fleur, jaillie d'un seul jet. Geste « d'absence de crainte », « geste qui rassure », prenant, sur ces grandes figures surhumaines dignes de Léonard, une si intense signification de salut et de refuge. Gestes enfin des mains orantes, non point proprement jointes, comme dans notre art chrétien, ni simplement appuyées paume à paume comme dans l'*añjali mudrâ* indienne, mais, dans cette dernière pause, laissant seulement s'entrecroiser avec une délicatesse infinie l'extrémité des doigts. Gestes de Hôryûji et d'Aja*n*tâ, gestes de recueillement, de détachement ou de tendresse, gestes de foi où tient toute l'âme des siècles mahâyânistes...

En quittant ces visions des au-delà, ce serait presque redescendre sur terre que d'évoquer la sculpture bouddhique sino-japonaise de l'époque T'ang. Et cependant quel accord profond se révèle encore entre le statuaire de Long-men et de Nara et la pensée de cette grande époque !

Que l'art T'ang de Long-men ne vaille plus en spiritualité celui des Wei, nous ne saurions y contredire. Mais que de beauté encore dans les têtes de bodhisattvas tiarées du VIIIe siècle chinois, des collections Stoclet et Doucet. Les lignes, simples, fortes et pures, sont-elles indignes de l'idéal d'Aja*n*tâ ? L'arc des sourcils stylisés est-il autre qu'à Hôryûji ? La bouche immobile, les yeux mi-clos disent-ils moins la haute méditation mahâyânique ? Enfin la noblesse et la sérénité un peu froides du type jointes à la douceur inégalée de l'expression, ne symbolisent-elles pas, ici encore, l'alliance de la tendresse bouddhique primitive avec la transcendance de la métaphysique nouvelle du Mahâyâna ?

Et tel « moine au *patra* », ronde-bosse en grès de l'ancienne collection Goloubev, simple, direct, fervent et fruste comme une statuette gothique, ne dit-il pas toute l'ardeur des grands pèlerins dont nous avons rappelé l'histoire ? Un soir que notre pensée suivait l'itinéraire de Hiuan-tsang, n'avons-nous pas vu le Maître de la Loi passer devant nos yeux sous l'aspect de ce grand moine ?

Allons plus loin : comme symbole des constructions idéales presque démesurées du Mahâyâna, ne peut-on citer aussi le Bouddha colossal de Long-men qui date précisément de l'époque qui nous occupe (672-676) ? Sous l'immense auréole en flammes qui entoure sa tête, le front émergeant bien au-delà des choses humaines, les yeux, cette fois, non plus abaissés sur les créatures mais regardant par-delà le monde, par-delà le moi, dans l'insondable vacuité intérieure et cosmique, c'est tout le Mahâyâna, un Mahâyâna qui même, à ces hauteurs, a presque cessé d'être spécifiquement bouddhiste pour devenir universel...

Les terres cuites les plus frustes elles-mêmes s'animent parfois pour nous d'une vie spirituelle insoupçonnée, quand nous lisons sur le piédestal de l'une d'elles la légende de l'ex-voto : « Sous la dynastie des grands T'ang avec de la terre de bienfaisance on a moulé cette image comme si la beauté du Bouddha l'enveloppait. »

Il n'est que trop vrai, cependant, que le réalisme T'ang, fruit d'un siècle d'épopée, legs d'une société belliqueuse et conquérante, n'était pas sans exercer une influence défavorable sur la sculpture bouddhique. Là encore, comme pour la peinture, c'est au Japon qu'il faut aller pour voir les vrais chefs-d'œuvre de l'art religieux. Il suffirait de citer comme exemple le *Bonten*, terre sèche laquée du Sangwetsudo de Nara, visage recueilli, mains jointes, draperie qui, comme l'expression du personnage, est toute pureté, toute simplicité, toute douceur : l'âme même de la prière.

Ou encore, dans une valeur spirituelle plus haute, le *Mirôku Bosatsu*, sculpture sur bois du VIIe siècle, au Chûgûji de Hôryûji. Buste nu, si lisse, si pur qu'il est comme immatériel. Plis arrondis de la robe, sur la jambe, si stylisés qu'ils donnent une impression de fluidité. Une jambe croisée sur l'autre. La main gauche appuyée sur cette jambe. La droite, soutenant le visage. Les yeux, mi-clos, songent au loin. Toute la Méditation.

D'autre part cette grande tradition d'art mahâyâniste se perpétuait aussi à Java jusqu'à la veille de l'islamisation. N'est-elle pas de Singhasâri, au XIIIe siècle, la merveilleuse statue du musée de Leyde, représentant la Prajña Pâramitâ, c'est-à-dire la Perfection de Sapience, comme traduit M. Sylvain Lévi, la Sainte Sagesse bouddhique ? Œuvre dont la force doctrinale, l'élégante simplicité, l'élan spirituel, et aussi la beauté peut-être un peu froide, malgré toute sa douceur, évoquent — une fois de plus — une sorte de gothique oriental. Et c'est, au seuil des temps nouveaux, comme la pensée d'Asa*n*ga, de Vasubandhu et de Hiuan-tsang se dressant une fois encore pour dire au monde oublieux la grandeur du Moyen Age bouddhique.

FIN

TABLE DES MATIÈRES

TABLE DES MATIÈRES

ACHEVÉ D'IMPRIMER
LE 4 NOVEMBRE 1991
PAR L'IMPRIMERIE
DE LA MANUTENTION
A MAYENNE
N° 389-91